卷烟工厂数字化

转型建设指南

CIGARETTE FACTORY DIGITAL
TRANSFORMATION GUIDE

陶智麟　廖柏华　曲　振◎主编

经济管理出版社
ECONOMY & MANAGEMENT PUBLISHING HOUSE

图书在版编目（CIP）数据

卷烟工厂数字化转型建设指南/陶智麟，廖柏华，曲振主编．—北京：经济管理出版社，2022.8
ISBN 978-7-5096-8669-0

Ⅰ.①卷…　Ⅱ.①陶…　②廖…　③曲…　Ⅲ.①烟草加工厂—数字化—中国—指南
Ⅳ.①F426.89-39

中国版本图书馆 CIP 数据核字(2022)第 145516 号

组稿编辑：赵亚荣
责任编辑：赵亚荣
一审编辑：杜羽茜
责任印制：黄章平
责任校对：董杉珊

出版发行：经济管理出版社
（北京市海淀区北蜂窝 8 号中雅大厦 A 座 11 层　100038）
网　　址：www.E-mp.com.cn
电　　话：（010）51915602
印　　刷：北京晨旭印刷厂
经　　销：新华书店
开　　本：720mm×1000mm/16
印　　张：14.25
字　　数：272 千字
版　　次：2022 年 11 月第 1 版　　2022 年 11 月第 1 次印刷
书　　号：ISBN 978-7-5096-8669-0
定　　价：78.00 元

联系地址：北京市海淀区北蜂窝 8 号中雅大厦 11 层
电话：（010）68022974　　邮编：100038

本书编委会

主　编：

陶智麟　廖柏华　曲　振

副主编：

刘　巍　刘晓东　秦承刚　李东方　胡业伟

梁祖龙　杨　瑞　陶铁托　张占涛

编　委：

尤长虹　张立冬　王　丽　车　敏　王志强

江志凌　李　杰　段连飚　孙　熠　曾昭振

徐江元　程　欣　周萍芳　刘　昇　杜云鹏

黎伟雄　魏　斌　周　锋　常剑峰　宋　睿

前　言

在全球化背景下，产能过剩，市场竞争激烈，生产制造企业面临着空前的竞争压力；同时，就业人口的下降和劳动力成本的急剧上升，也在不断倒逼社会生产组织方式的转型升级。为保持竞争力，全球制造业领域不约而同地将智能制造选为下一个中长期的愿景目标，世界主要工业国也纷纷将智能制造上升到国家战略高度，致力于在关键智能制造技术上取得领先地位。

智能制造既是落实我国“制造强国”战略的重要举措，也是深入推进烟草行业转型升级、高质量发展的一个重要命题。卷烟行业发展智能制造，需要推进信息技术在行业内实现更广范围、更深程度、更高水平的融合发展，以更高水平、更深层次的信息化、数字化能力促进资源要素优化配置和合理流动，从而持续提升卷烟工业智能制造水平，推动行业高质量发展。

为了聚焦智能制造及推动智能工厂建设，卷烟工厂的数字化转型乃是必由之路。纵观整个烟草行业，各卷烟工厂自动化、信息化、智能化的现状及水平参差不齐，大家对于数字化转型概念的认知也未尽系统和完整，迫切需要一套相对完整的理论实践手册来学习和参考。

本书在结合国内外数字化转型及智能制造的先进思想和卓越实践的基础上，紧密围绕烟草行业的发展要求，并落实确定烟草行业制造业相关核心业务的发展能力需求，对烟草行业和卷烟工厂的数字化现状进行了深入分析，提出卷烟工厂数字化转型的两大核心驱动力，即业务需求驱动和技术发展驱动。同时，本书详细描绘了卷烟工厂的生产管理、物流配送、能源精控、质量管控、设备管理和供应链管理的数字化转型需求。

“智能制造”侧重于智能化技术变革，对数字化转型的业务实现提供先进的技术支撑和管理提升。本书从物联网、数据治理、人工智能、区块链、模拟仿真、数字孪生和工业应用等技术发展的角度，阐述了数字化转型的技术应用现状和发展方向。另外，本书还重点阐述了具体的业务设计、应用场景、建设方案和实施路径，这也是未来构建智能工厂等具体实体化实践的重要参考内容。本书给出了一整套卷烟工厂数字化转型的建设方案，即在总体设计的基础上，从信息安全建设与运营、智能感知执行层建设、数字资产管理层建设和智能仿真决策层建设四个方面规划数字化工厂的建设；同时规划了实施路径，并提出了典型应用场景和单点案例方案。最后，为了保障数字化转型建设能够有效落地并可持续开展，本书创新性地提出了建立组织人才支撑体系和转型结果量化评估体系的建议。

本书将理论和实践充分结合，既站在一定的理论高度对卷烟工厂数字化转型进行了顶层设计，又结合具体应用场景对部分生产制造环节的痛点、难点问题提出了有针对性的解决方案，相信本书对于大多数处于转型期的卷烟制造企业都能起到一定的指导和借鉴作用。

目　录

第一章　数字化转型概述

第一节　智能制造与制造企业的数字化转型

当前全球经济普遍面临转型压力，作为经济体系的“稳定器”，制造业迎来了前所未有的发展机遇，同时也面临着多重挑战。以数字化、网络化、智能化为特征的第四次工业革命正在兴起。智能制造的概念研究、技术研究和实施落地正成为越来越迫切的需求，这主要基于如下几个原因：首先在市场层面，越来越多的行业面临着全球性产能过剩问题，市场竞争激烈，需求端从过去的大批量、规模化逐渐转向小规模、个性化定制的新型模式。其次在社会层面，由于就业人口的不断下降和劳动力成本的急剧上升，以及现有环境资源负担沉重，整个社会生产组织方式面临着转型升级的压力。最后在技术层面，在普遍自动化的基础上，物联网、边缘计算、云计算、大数据、人工智能等技术的发展为制造业的进一步升级提供了强大的技术支撑，同时也提出了更高的管理要求。可以说，智能制造是技术、社会和市场多方面要素驱动的结果。近年来，世界主要工业国纷纷将智能制造上升到国家战略高度，致力于在关键智能制造技术上取得领先地位。

在世界范围内，德国、美国和日本当前仍然是智能制造发展的焦点地区。德国在 2013 年正式推出“工业 4.0”战略。分别于 2013 年和 2016 年发布的《保障德国制造业的未来：关于实施“工业 4.0”战略的建议》和《数字战略 2025》，提出将物联网及服务技术融入制造业，希望通过将信息通信技术和物理生产系统相结合，打造全球领先的装备制造业，使德国成为先进智能制造技术的主要创造国和供应国。美国于 2009 年开始推动制造业回归，希望通过智能制造解决美国制造业在人力成本等方面的劣势，重振美国高端制造业。2012 年和 2014 年先后发布 AMP（Advanced Manufacturing Partnership）报告《获取先进制造业国内竞争优势》和《加速美国先进制造业发展》，明确了三个制造技术优先领域（制造业中的先进传感、先进控制和平台系统，虚拟化、信息化和数字制造，以及先进材料制造）及技术战略建议。此外，日本的智能制造领域发展也是一大亮点。作为机器人领域强国，日本于2015年提出“机器人新战略”，通过将机器人与IT技术、大数据、网络、人工智能等深度融合，在日本建立世界机器人技术创新高地，营造世界一流的机器人应用社会，继续引领物联网时代机器人的发展。

作为智能制造水平体现的重要主体，制造企业的数字化转型在中国经济转型升级以及国际分工的重新划分中占据着至关重要的地位，决定了这次“史诗级战役”的成败。在高新技术密集爆发的大背景下，制造企业的数字化转型无疑是制造业发展的重要驱动力，是推动制造业高质量发展的主攻方向。大力推进制造企业的数字化转型发展，是创造新动能、打造新优势，不断增强核心竞争力，推动我国产业迈向中高端的关键举措。

在政府层面，国家和地方一起发力，积极制定政策驱动制造企业的数字化转型，为我国智能制造发展把握好大方向。我国提出实现制造强国的战略任务和重点之一是要推进信息化和工业化的深度融合，要把制造企业的数字化转型作为“两化”深度融合的主攻方向。2016年，工信部、财政部联合发布《智能制造发展规划（2016—2020年）》，提出智能制造发展“两步走”战略。2017年11月，国务院发布《关于深化“互联网+先进制造业”发展工业互联网的指导意见》，提出要加快建设和发展工业互联网，推动互联网、大数据、人工智能和实体经济深度融合，发展先进制造业，推进制造企业的数字化转型，支持传统产业优化升级。2019年政府工作报告中提出要推动传统产业数字化转型。

同时，中央经济工作会议于2018年首次提出“新基建”这一概念，截至2020年，已有7次中央级会议或文件明确表示加强“新基建”。“新基建”提出的5G、特高压、城际高速铁路和城市轨道交通、新能源汽车充电桩、大数据中心、人工智能、工业互联网七个方向的建设内容，适应中国当前社会经济发展阶段和转型需求，在补短板的同时将成为社会经济发展的新引擎。特高压、城际高速铁路和城市轨道交通、新能源汽车充电桩等应用行业的竞争力建设依赖于智能制造相关技术的快速发展，而5G、大数据中心、人工智能、工业互联网等基础性技术的进步，又将持续推动我国制造企业数字化转型升级的进程。“新基建”目标的提出，为我国智能制造升级、制造企业数字化转型进一步明确了方向，增强了内在推动力，夯实了技术基础。

第二节　我国烟草工业发展趋势与挑战

我国是世界第一人口大国，也是世界烟草消费第一大国。中国烟草总公司披露的数据显示，2019 年我国烟草行业实现工商税利总额 12056 亿元，同比增长 4.3%，上缴财政总额 11770 亿元，同比增长 17.7%，占国家税收收入的 7%左右，烟草行业税利总额和上缴财政总额创历史最高水平，为国家和地方财政增收、经济发展做出了积极贡献。进入新的发展时期，烟草行业发展已由高速增长阶段转向高质量发展阶段。烟草行业坚持稳中求进的工作总基调，坚持新发展理念，以供给侧结构性改革为主线，强化创新驱动、品牌带动、改革推动，加快培育创新动能，经济运行总体平稳、稳中向好。烟草行业的网信建设贯彻落实新发展理念，确立适应时代发展要求的网信工作新思维、新模式、新机制，在推动“两化”深度融合和创新应用方面集中发力、精准施策，充分发挥数据、信息、知识作为新生产要素的作用，助推产业升级、结构优化、动力转换，推动烟草产业在智慧农业、智能制造、现代流通、政务服务等领域的融合创新，进一步激发行业创新活力、发展潜力和转型动力。

以“去产能、去库存、去杠杆、降成本、补短板”为重点的供给侧结构性改革的全面开展，标志着我国供给侧结构性改革进入实质性推进阶段。烟草行业要主动顺应新时代的新要求，践行新发展理念，推进供给侧结构性改革，切实通过质量变革、效率变革和动力变革，推动行业发展从“数量追赶”转向“质量追赶”、发展动力从“要素驱动”转向“创新驱动”、发展速度从“高速”转向“合理增速”、发展重点从“规模扩张”转向“结构优化”、发展方式从“外延粗放”转向“内涵集约”，实现行业发展从“有没有”转向“好不好”。具体主要体现在以下几个方面：

第一，创新动力要强。始终把创新摆在行业发展全局的核心位置，创新体系特色鲜明、要素集聚、活力迸发，实现创新环境好、创新机制优、创新水平高，有效推动体制、科技、产品、管理、文化等全方位、多维度的创新。

第二，全要素生产效率要高。在传统要素的基础上，更加重视知识、人才、技术、数据、信息等新要素的投入，加快形成有利于要素合理流动和高效配置的体制机制，优化要素投入结构，改进要素使用方式，提高要素配置效率，全面提升发展质量和效益。

第三，环境成本要低。更加注重生态安全、低碳循环、清洁环保和节约集约，广泛应用绿色低碳新技术，持续加大节能、减排、降碳力度，实现能耗、物耗及污染物排放量持续降低，全面建设资源节约型、环境友好型行业。

第四，综合效益要好。将经济效益、社会效益、生态效益有机统一，更好地服从和服务于国家战略，发展成果惠及广大消费者、烟农、零售户和行业职工，与人民日益增长的美好生活需要相适应，推动烟草行业整体素质和社会影响持续提升。

当前，信息技术领域成为“新创新高地”、数字经济成为“新经济引擎”、数据资源成为“新生产要素”，工业互联网、物联网等成为“新基础设施”，对经济社会发展产生更为重要的推动作用。面对烟草行业建设现代化烟草经济体系的总任务，需要准确把握网络强国建设的基本方向和现代信息技术发展的基本趋势，切实找准行业网信工作的着力点，坚持规划引领和创新驱动，深入推进信息化融合创新应用工作和数据资源应用工作，有效促进现代信息技术与烟草产业深度融合，推动烟草产业向数字经济新生态不断迈进，驱动行业高质量发展。

第三节　卷烟工厂数字化转型建设背景与意义

工业是建设现代产业体系的重要支撑，中共中央、国务院高度重视工业的智能化发展，近些年，国务院和工信部出台了一系列政策、标准规范，积极推进发展工业互联网。2017 年 11 月，国务院印发《关于深化“互联网+先进制造业”发展工业互联网的指导意见》，明确提出“工业互联网通过系统构建网络、平台、安全三大功能体系，打造人、机、物全面互联的新型网络基础设施，形成智能化发展的新兴业态和应用模式，是推进制造强国和网络强国建设的重要基础，是全面建成小康社会和建设社会主义现代化强国的有力支撑”。《中华人民共和国国民经济和社会发展第十四个五年规划和 2035 年远景目标纲要》提出实施“上云用数赋智”行动，推动数据赋能全产业链协同转型。在重点行业和区域深化研发设计、生产制造、经营管理、市场服务等环节的数字化应用，培育发展个性定制、柔性制造等新模式，加快产业园区数字化改造。加快第五代移动通信、工业互联网、大数据中心等建设，推动数字经济和实体经济深度融合。

当前，立足新发展阶段、贯彻新发展理念、构建新发展格局，卷烟工厂数字化转型是提升工业制造领域应用水平的重要内容，是贯彻落实国家战略的重要举措，将有效提升卷烟生产制造现代化水平，培育以数字化、网络化、智能化为主要特征的新型生产方式，促进生产提质、经营提效、服务提升。

按照工信部的工作要求，烟草行业先前已陆续组织多家省级中烟公司开展了基于信息物理系统（Cyber-Physical Systems，CPS）的卷烟智能工厂试点工作。试点期间，5 家中烟、7 家卷烟厂共连接 20 个车间、641 台套设备，数据采集点 174 多万个，构建设备和零件模型 340 多万个，试点单位自主研制工业 App 20 个。通过 CPS 试点，行业探索了数据采集、边缘计算、数据建模、数字孪生的实现路径和技术架构，并形成了相关标准，为推动智能工厂的建设奠定了基础。

在此基础上，国家烟草专卖局进一步要求行业下属各企业推进烟草行业与互联网融合发展，增强“互联网+协同制造”重点领域的创新能力，旨在推动互联网和烟草行业融合发展，发展智能制造，提升网络协同制造水平，加速制造业服务化转型，培育转型升级新功能；同时，明确了烟草行业 CPS 的建设目标和方向，要求各企业应构建基于数据自动流动的状态感知、实时分析、科学决策、精准执行的闭环管理体系，解决生产制造、应用服务过程中的复杂性和不确定性问题，提高资源配置效率，实现资源优化的目的。

国家烟草专卖局第一批挑选了多家试点企业，以卷烟智能工厂建设为切入点，在试点企业研究和试行智能工厂的系列标准、规范和平台，重在推动卷烟生产企业打造生产设备数字化、生产数据可视化、生产过程透明化、生产决策智能化的“四化”智能工厂规范，以便全行业进行推广和实施。

第二章　卷烟工厂的数字化现状

我国卷烟工厂的数字化水平参差不齐，但结合其情况进行数字化现状分析，不外乎从以下几个方面入手：基础设施方面、IT 治理方面、应用建设方面、数据应用方面、信息安全方面和业务管理闭环方面。下面结合某卷烟工厂现状进行分析。

“十三五”期间，某卷烟工厂依托易地技改的契机，建设新工厂顺利投产并稳定运行。在此期间，单独设立信息化管理部门专门负责整个工厂的信息化建设工作，并通过相关基础设施、平台和应用的建设，构建了该卷烟工厂新的信息化整体架构体系（见图 2-1）。

该卷烟工厂的数字化依托研销一体化、供应链一体化、生产管控与执行一体化三大应用为主线逐步推进系统建设，同时完善战略管控、支撑性职能管理应用体系，到“十三五”末，基本实现对公司业务的全域覆盖，为业务发展提供基础支撑。

基础设施方面：构建了稳定可控的网络平台和系统平台，支撑了工厂各类应用的顺畅稳定运行。“十三五”期间建成了覆盖厂区的管理网络、工业控制网络和安防管控网络三个相对独立、有限联通的网络平台，并通过各省级中烟互联网出口形成了卷烟工厂的互联网出口；计算、存储资源层面整合了各车间零散的服务器资源，全部采用虚拟化的技术由信息中心数据机房统一管理。在系统平台层面形成了 X86 云平台、小型机与 Oracle 数据库一体机并存的基础硬件平台，有效支撑了工厂各类应用的稳定高效运行。

IT 治理方面：成立了专门的信息管理组织，完善了信息管理运行体系，由信息管理办公室专门负责工厂信息化整体管理。在新的组织架构中，明确了人员编制和职责分工，制定了信息化相关流程和制度文件，实现了信息化在平台建设、应用建设、系统运维、安全管控等各个方面的专业化管理。

应用建设方面：两大应用平台初步构建。以“1+4”架构为核心的生产管控平台支撑了生产、工艺、质量、物流、设备等相关领域的业务管理；综合管控平

信息化愿景
打造全面感知、深度洞察、敏捷响应的一体化数字平台
信息化目标
数字运营、智能架构、卓越治理

构建两个体系
数据分析服务运营体系
企业指标管理
企业洞察分析
数字化知识管理
知识管理
信息资源管理
创新管理
创业协同管理

完善三大应用
研销一体化系统
品牌管理
产品研发（PDM）
客户服务（CSM）
市场营销（CRM）
产品与市场洞察分析
供应链财务一体化平台——供应链系统
供应链计划协同（SCM）
物资管理（MM）
生产管理（PP）
物流管理（WMS+TMS）
供应链洞察分析
生产制造执行系统
生产制造执行系统（I-MES）
智能设备（PLC+IoT）
生产制造洞察分析
供应链财务一体化平台——财务系统
财务会计
成本核算
报账中心
资产管理
资金管理
预算管理
产品质量追溯及批次跟踪管理
人力资源管理
投资管理
内控监管管理
企业管理
职业健康与安全管理

打造一个平台
智能基础平台
计算资源
存储资源
网络资源
业务流程服务化
平台资源服务化
基础设施服务化

实现一套架构
卓越信息治理架构
IT战略
IT管控
架构管理
建设实施
服务管理与安全运维
资源管理

图 2-1　某卷烟工厂新的信息化整体架构体系

台实现了对工程职能管理及综合管控相关业务的支撑。两大应用平台结合中烟垂直系统，实现了对工厂业务的全面支撑。

信息安全方面：通过软硬件+管理的信息安全体系建设，成立了网信领导小组和网信办，构成了全面覆盖的信息安全管控组织架构；制定了各省级中烟网络安全管理办法实施细则等体系制度文件；通过网络、基础硬件、管控软件及管理相结合的方式，实现了对全厂信息安全的有效管控。

在“十三五”时期取得相关建设成果的同时，也存在一定不足，如系统建设的价值驱动、能力驱动、数据驱动作用不凸显，省级中烟信息延伸系统和卷烟工厂自建系统的定位不清晰、边界不明显，具体体现在以下方面：

基础设施方面：基于工业互联网的新型 IT 基础架构需要构建，无线网络的管理、生产需要逻辑隔离，虚拟化平台网络支撑不足，工控环网的网络稳定性需要优化，边缘计算的建设工作尚未起步，lot 层的网络资源、计算资源尚未统一纳入管理。

IT 治理方面：信息管理人员配置严重不足，无法满足高质量发展信息化团队的要求；相关制度标准不够完善，需要持续编制新标准，并完善现有标准；对信息化的治理工作缺少信息化应用的支撑，信息化管理和治理的质量和效率有待提高。

应用建设方面：信息化建设对企业整体业务的支撑不足，特别是在企业战略管控、职能管理方面未实现对业务的全面覆盖；信息系统基本按需建设，仅考虑与周边系统的关联关系，顶层架构理念不足，应明确应用功能和边界，使应用与业务能力保持协同；数据采集基础较薄弱，数据感知能力不足，数据运用缺少支撑。

数据应用方面：初步建立了数据架构体系，但企业完整的数据流向、数据分布视图尚未形成，数据建模流程和模型设计标准有待进一步规范化；数据管控体系有待完善，未形成统一的数据治理机制和专门的数据治理组织；数据标准规范工作初步开展，尚未建立相对完整的数据标准、安全、质量、生命周期管理机制；尚未建立全面的企业级数据分析应用体系；部分环节虽然实现了商业智能（Business Intelligence，BI）统计分析功能，但无法支持实时监控及预警、全过程管控及分析预测、综合分析。

信息安全方面：网络安全责任制的落实存在压紧、压实的问题，信息系统生命周期建设、网络安全组织机构和人员职责等方面需要进一步细化、明确；工控安全建设尚处于起步阶段；终端安全、边界安全、出口安全的技术手段需要持续夯实。

业务管理闭环方面：工厂自身内部东西向业务管理环、工厂与中烟各条线协同的南北向业务管理环的管理均存在一定问题，以核心生产计划为例，完善的生产计划管理体系是整个卷烟工厂生产运营的龙头，也是有序生产和保障市场的基础，中烟生产指挥系统和制造执行系统（Manufacturing Executiom Sytem，MES）没有集成贯通，导致中烟系统中每周滚动一次的卷包进度计划不能通过系统及时对接到 MES 系统；MES 系统中的计划管理体系不完善，整体上缺少支撑物流部门进行物料调运、采购跟踪以及配盘准备的以周为单位的计划；卷包工单生成的职责未界定清楚，现场数采数据不完备，无法满足调度人员实时精准掌控生产进度的需求；现有的计划还是以手工为主，自动化程度不够。

以上对某卷烟工厂的现状分析代表一种典型分析方法，其结论也具有一定的代表性。总体来说，我国卷烟生产企业在生产制造智能化方面存在以下瓶颈：

第一，数据孤岛问题突出，工业数据体系有待建立。数据间的关联程度不高，大部分企业已通过 ERP①、MES、TPM② 等信息化系统覆盖其主要业务范围，但各信息系统间的数据流没有打通，没有实现有效集成，卷烟制造环节的工艺过程、设备状态、能源耗用等关键数据采集及数据解析的完整性、精确度、规范性不足，生产数据割裂，缺乏关联，难以形成生产数据全视图，无法全面准确反映卷烟制造环节的生产状况。

第二，传统控制模式能力不足，工艺生产智能化有待提升。卷烟制丝过程属于流程型生产，松散回潮、润叶加料、烘叶丝等关键主机设备均实现了自动化，各工序具有多输入、多输出、非线性、强约束、大滞后等特性，各输入间耦合性及相互干扰强。生产过程虽采取 PID 控制（比例积分控制，Proportional Integral Derivative Control）模式，但过程自动控制效果与当前质量控制精度高要求间存在差距，需人工依赖经验对工艺质量参数频繁进行调整，产品过程质量受操作者技能影响较大。卷烟制丝区域生产环境多为非空调环境，而生产环境温湿度对卷烟制丝过程影响明显。针对制丝整体流程中多参数共同影响这一复杂过程，当前控制系统以单机自动控制为主，不具备工序间、系统间自适应调整加工参数能力，对卷烟感官质量稳定性保障能力有待进一步提升。

第三，生产经验知识碎片化，知识积累、共享能力有待加强。关键工序质量管控与员工经验密切相关，但由于不同员工对设备、工艺理解程度存在差异，操作、维修等作业手法各有特点，难以通过标准作业加以统一。主要原因是生产经验和知识存在个体化、碎片化、隐性化特征，难以积累，传递、检索困难，优良经验难以复制传承。缺乏有效的知识创新管理平台，无法形成企业知识创新系统

① ERP，即 Enterprise Resource Planning，企业资源计划。

② TPM，即 Total Productive Maintenance，全员生产维护。

的良性循环，知识资产管理的适应性、吸引力和灵活应变能力有待加强。需要通过有效的载体，实现隐性知识显性化、个体知识系统化、系统知识信息化、知识价值最大化。

第三章　卷烟工厂数字化转型的需求驱动

卷烟工厂数字化转型的需求驱动在于转型后在五大关键业务域——生产管理、物流配送、能源精控、质量管控、设备管理实现生产效益的提升。

未来卷烟工厂的核心业务域能够对中烟条线指标体系（部分）进行有效支撑，从而保障中烟对烟厂的考核。生产业务域，卷烟工厂设定生产指令执行率和打码报废率指标，支撑中烟条线生产品种未完成计划指标；设定现场定置率和生产现场管理指标，支撑中烟条线生产现场定置率指标。物流业务域，卷烟工厂设定烟用材料报损率、烟用材料入库质量抽检合格率、零配件库存周转率指标，支撑中烟条线物资指标；设定烟叶等级结构符合率、烟叶质量符合率、烟叶控量、基地工作质量达标率，支撑中烟条线原料指标；设定物流重大投诉、成品卷烟送货及时率、原材料生产配送及时准确率、生产出库烟叶实现“双零”、物流质量烟反馈率、原料仓损率、标准货位利用率，支撑中烟条线物流管理指标。能源业务域，卷烟工厂设定动力单箱综合能耗（折算标准煤）、比功率、功率因数、气汽比指标，支撑中烟条线万支卷烟综合能耗指标。质量业务域，卷烟工厂设定成品包装卷制得分、成品包装卷制A类缺陷、成品包装卷制百分率、烟用材料物测外观合格率指标，支撑中烟条线产品实物质量水平指标。设备业务域，卷烟工厂设定P-G机组设备净效率、P-G机组设备效率，支撑中烟条线设备净效率指标。

构建卷烟工厂数字化转型后的运行场景，并甄别在智能工厂环境下的关键业务域，为后续提升“智造力”夯实基础，如图3-1所示。

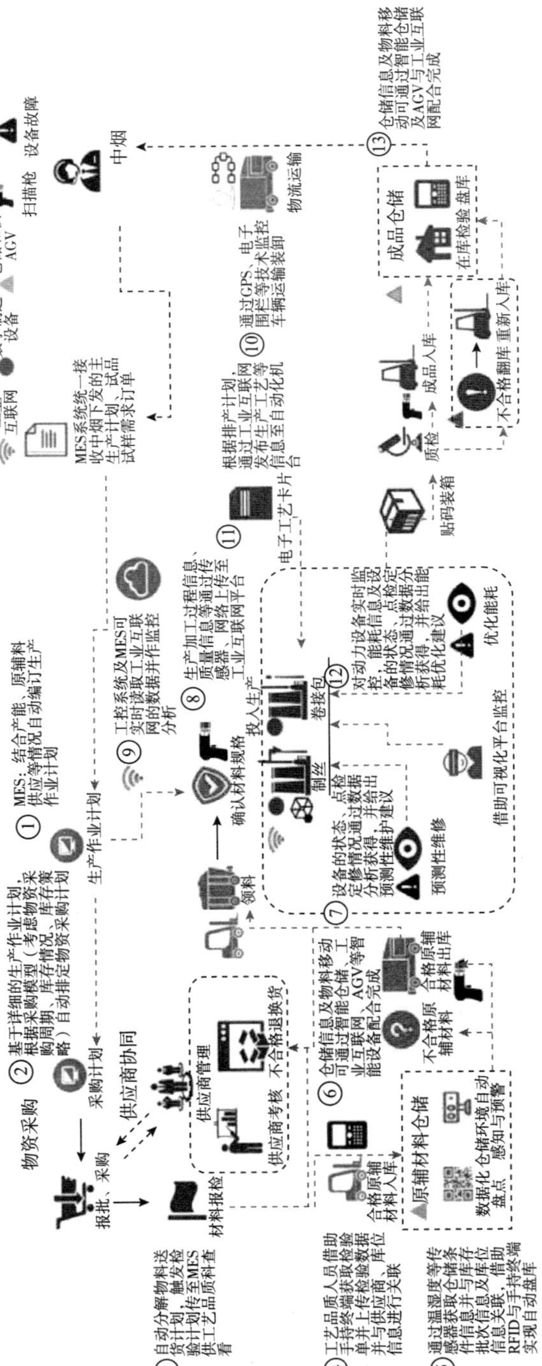

图 3–1　卷烟厂数字化转型后的运行场景

第一节 生产管理

卷烟工厂数字化转型完成后，在“四自”视角下分析对生产管理的要求及进行运行场景设计，利用排产模型、流程算法并借用信息化技术手段，实现生产计划的协同及拆分管理，并通过对生产计划执行情况和生产现场的实时感知、分析、决策、优化，实现生产管理的智能化。

生产管理业务包括生产布局管理、生产计划管理、生产现场管理、生产实绩管理。智能工厂要求包括：自感知，即自动感知并汇集生产执行过程中的情况，如执行状况、物料状况、产能状况等；自分析，即自动分析并调整生产计划以加强生产计划的指导性，同时分析生产计划执行过程中指标的完成情况并进行生产改进；自执行，即生产过程执行高度自动化，包括生产执行调度、进度监控、问题处理等生产异常情况的执行与处理；自优化，即依据生产执行历史数据和问题总结，对从计划排产到执行进行自动优化，以达到生产管理的改进。

基于“四自”视角设计生产管理运行场景，如图 3-2 所示。

以业务流为导向，生产管理运行场景包括以下内容：

（1）中烟生产计划，并通过生产指挥系统和 MES 集成下发至烟厂。

（2）计划预下发：根据中烟生产计划初步制订生产计划。

（3）生产能力评估：根据产能模型和生产资源日历评估计划能否及时完成。

（4）计划调整：根据生产能力评估结果，应用产能模型和计划工具，重新调整计划。

（5）计划正式下发。

（6）计划排产：在 APS① 中应用基于约束理论的模拟仿真排产模型，选择排产原则，对正式计划自动排产，生成生产工单。

（7）生产工单：将生产工单通过 MES 下达给各生产车间。

（8）资源调度：根据生产工单，组织各类生产资源保障，包括原辅料配送、能源供应、设备准备、人员准备等。

（9）生产资源齐套检查：正式生产前，由操作工在车间管理系统中对生产相关资源的完备性进行检查。

（10）生产执行：数字化产线设备根据生产指令进行生产制造，相关人员对

① APS，即 Advanced Planning and Scheduling，高级计划与排程。

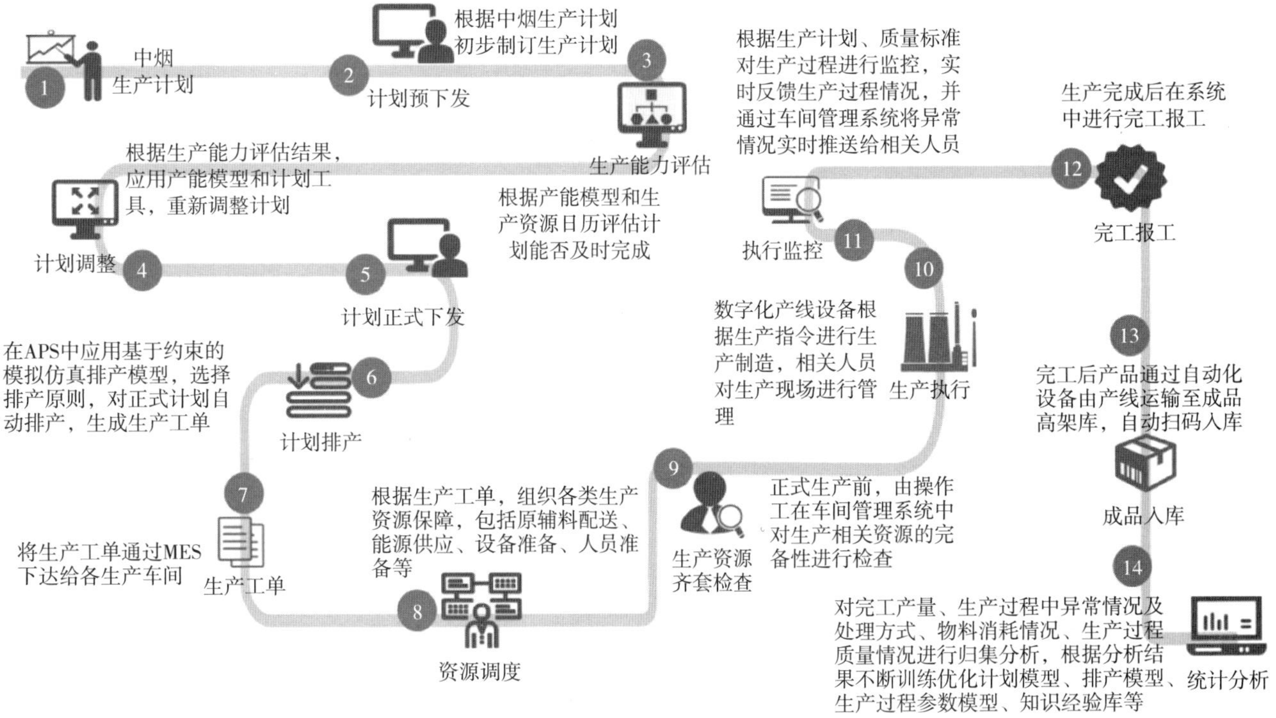

1 中烟生产计划
2 计划预下发
根据中烟生产计划初步制订生产计划
3 生产能力评估
根据产能模型和生产资源日历评估计划能否及时完成
4 计划调整
根据生产能力评估结果，应用产能模型和计划工具，重新调整计划
5 计划正式下发
6 计划排产
在APS中应用基于约束的模拟仿真排产模型，选择排产原则，对正式计划自动排产，生成生产工单
7 生产工单
将生产工单通过MES下达给各生产车间
8 资源调度
根据生产工单，组织各类生产资源保障，包括原辅料配送、能源供应、设备准备、人员准备等
9 生产资源齐套检查
正式生产前，由操作工在车间管理系统中对生产相关资源的完备性进行检查
10 生产执行
数字化产线设备根据生产指令进行生产制造，相关人员对生产现场进行管理
11 执行监控
根据生产计划、质量标准对生产过程进行监控，实时反馈生产过程情况，并通过车间管理系统将异常情况实时推送给相关人员
12 完工报工
生产完成后在系统中进行完工报工
13 成品入库
完工后产品通过自动化设备由产线运输至成品高架库，自动扫码入库
14 统计分析
对完工产量、生产过程中异常情况及处理方式、物料消耗情况、生产过程质量情况进行归集分析，根据分析结果不断训练优化计划模型、排产模型、生产过程参数模型、知识经验库等

图 3-2　生产管理运行场景

生产现场进行管理。

（11）执行监控：根据生产计划、质量标准对生产过程进行监控，实时反馈生产过程情况，并通过车间管理系统将异常情况实时推送给相关人员。

（12）完工报工：生产完成后在系统中进行完工报工。

（13）成品入库：完工后产品通过自动化设备由产线运输至成品高架库，自动扫码入库。

（14）统计分析：对完工产量、生产过程中的异常情况及处理方式、物料消耗情况、生产过程质量情况进行归集分析，根据分析结果不断训练优化计划模型、排产模型、生产过程参数模型、知识经验库等。

为进一步阐明上述四项生产管理业务，对生产管理进行详细的二级业务架构设计。生产布局管理下设产线设计、产线仿真两项二级业务；生产计划管理下设计划协同管理、生产计划排产两项二级业务；生产现场管理下设计划执行管理、6S 现场管理、定置管理、防差错管理、高架库管理五项二级业务；生产实绩管理下属统计分析、绩效考核两项二级业务。

根据卷烟工厂数字化转型完成后生产管理模式的转变，定义生产管理智造能力，借助数学分析工具与信息化工具，实现从计划制订、排产到执行的全过程数字化管控。

当前，生产管理存在以下问题：制丝、卷包、能源等生产计划未实现有效联动；排产计划的制定以经验为主而非模型决策；生产现场管理信息化支撑覆盖不全面；生产调度所需基础信息不足，主要依靠人工经验，易打乱生产计划；缺乏前后贯通的绩效指标对生产管理进行评估和考核；等等。未来，将构建各级生产计划的协同机制；建立完善的各级排产模型，有效指导生产计划的制订；构建一套完善的计划排产考核指标体系，以验证排产的准确性；融合装备、系统、流程，实现生产过程的自动化监控和分析执行；完善基础数据，利用信息技术和优化算法实现最优生产调度计划；建立精确贯通的绩效指标，指导生产管理的持续提升和优化。

通过一系列举措，促进生产管理模式转变，实现生产计划管理由依靠经验测算向基于模型计算并实现生产资源最优利用转变，完善生产计划制订所需的基础信息，构建各级生产计划的协同机制；借助信息化系统，将生产计划由依靠经验测算并下发转变为依靠模型科学自主计算并下发，提升生产资源最优利用的自动排产能力；生产执行管理由人为巡查上报向实时监控预警转变，通过融合信息系统、智能设备、作业流程以及操作人员等关键生产资源全要素，打造数字化作业场景，实现生产过程的实时监控以及生产问题的及时预警、自动分析和纠错执行，达到生产现场管理的智能化；生产作业过程由大量人力劳动向先进数字化设备应用转变，通过引进数字化装备，减少人工工作强度，提升工作效率，从而达到降低成本、提高产品质量的目的。

基于生产管理模式的转变，最终将生产管理“智造力”定义为：第一，基于约束理论模拟仿真的高级自动排产能力，以生产瓶颈因素为出发点，通过推拉结合的方式，考虑多种策略模拟仿真自动生成多种排产方案，自主对比并选择最优方案，对于异常插单现象能够自适应地进行动态调整。第二，基于精益生产的作业管控能力，通过现场信息的全面感知和可视化，实时反馈生产运作相关信息，结合分析模型预警、报警，及时反馈并有效处理异常情况，保证生产稳定运行。结合不断改善的方法体系，持续提升现场执行能力。第三，基于数字化的生产应用融合能力，提升先进的数字化物流装备、检验设备、清洁设备、智能可穿戴装备等在生产中的应用融合能力。

为支撑生产管理有效落地，提出生产管理指标体系提升建议：生产管理业务域应重点管理计划、现场、码段及成本，其中，计划管理包括生产计划完成的及时准确性、生产作业计划执行率；现场管理包括生产现场日常检查问题项、现场定置率、生产过程控制准确率；码段管理包括一号工程码打码报废率；成本管理包括单箱可控费用、单箱耗烟叶量、单箱耗嘴棒量、单箱耗盘纸量、单箱耗商标纸（小盒）量。

第二节　物流配送

卷烟工厂数字化转型完成后，在“四自”视角下分析对物流配送的要求及进行运行场景设计。

物流配送业务包括物资体系管理、采购管理、仓储配送管理及发货管理。智能工厂要求包括：自感知，即实时获取原辅料库存信息、在途信息、消耗信息及供应商生产加工信息并进行信息关联；自分析，即根据生产执行、库存状况、供应商生产等情况自主分析物资对计划的满足度，并进行采购计划的调整，以及对供应商供应状况及能力进行分析和评估；自执行，即根据物资对计划的满足度进行采购订单自动下单及供应商送货协同，以及根据供应商评估结果自动触发供应商处置流程；自优化，即自适应调整和优化辅料安全库存水平、采购周期、采购策略、原材料配送等。

基于“四自”视角设计物流配送的运行场景，如图 3-3 所示。

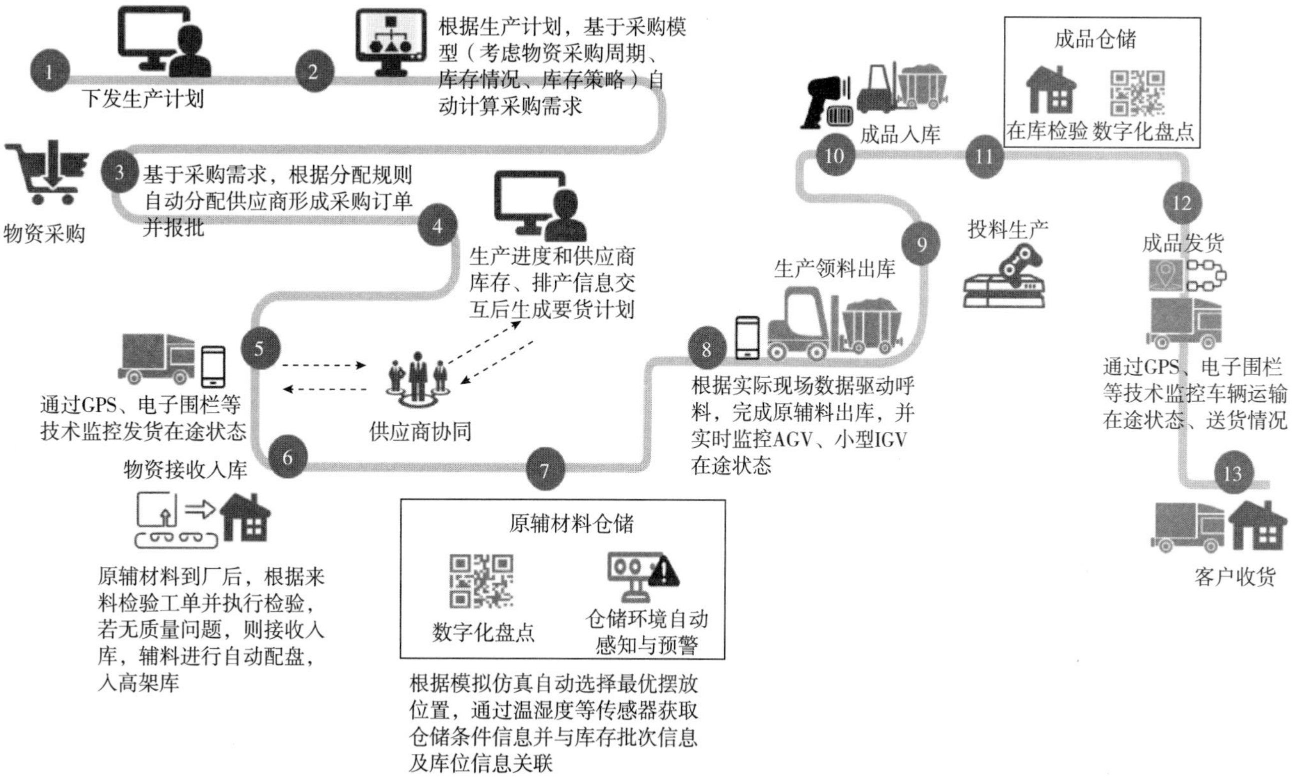

1 下发生产计划
2 根据生产计划，基于采购模型（考虑物资采购周期、库存情况、库存策略）自动计算采购需求
物资采购
3 基于采购需求，根据分配规则自动分配供应商形成采购订单并报批
4 生产进度和供应商库存、排产信息交互后生成要货计划
5 通过GPS、电子围栏等技术监控发货在途状态
供应商协同
6 物资接收入库
原辅材料到厂后，根据来料检验工单并执行检验，若无质量问题，则接收入库，辅料进行自动配盘，入高架库
7 原辅材料仓储
数字化盘点
仓储环境自动感知与预警
根据模拟仿真自动选择最优摆放位置，通过温湿度等传感器获取仓储条件信息并与库存批次信息及库位信息关联
8 根据实际现场数据驱动呼料，完成原辅料出库，并实时监控AGV、小型IGV在途状态
9 生产领料出库
投料生产
10 成品入库
11 成品仓储
在库检验 数字化盘点
12 成品发货
通过GPS、电子围栏等技术监控车辆运输在途状态、送货情况
13 客户收货

图 3-3　物流配送运行场景

以业务流为导向，物流配送运行场景包括以下内容：

（1）下发生产计划。

（2）根据生产计划，基于采购模型（考虑物资采购周期、库存情况、库存策略）自动计算采购需求。

（3）物资采购：基于采购需求，根据分配规则自动分配供应商形成采购订单并报批。

（4）生产进度和供应商库存、排产信息交互后生成要货计划。

（5）通过 GPS①、电子围栏等技术监控发货在途状态。

（6）物资接收入库：原辅材料到厂后，根据来料检验工单并执行检验，若无质量问题，则接收入库，辅料进行自动配盘，入高架库。

（7）原辅材料仓储：根据模拟仿真自动选择最优摆放位置，通过温湿度等传感器获取仓储条件信息并与库存批次信息及库位信息关联。

（8）生产领料出库：根据实际现场数据驱动呼料，完成原辅料出库，并实时监控 AGV、小型 IGV② 在途状态。

（9）投料生产。

（10）成品入库。

（11）成品仓储：在库检验、数字化盘点。

（12）成品发货：通过 GPS、电子围栏等技术监控车辆运输在途状态、送货情况。

（13）客户收货。

为进一步阐明上述四项物流配送业务，对物流配送进行详细的二级业务架构设计。物资体系管理下设专卖管理、供应商协同管理、一号工程管理三项二级业务；采购管理下设采购计划协同、烟叶运输管理、辅料运输管理、调拨管理四项二级业务；仓储配送管理下设仓储配送管理、配送管理两项二级业务；发货管理下设发货管理、成品运输管理两项二级业务。

根据卷烟工厂数字化转型完成后物流配送模式的转变，定义物流配送智造能力，在智能工厂的环境下物流管理的方式发生了改变，通过对物资库存实时感知，结合采购定额，自动生成匹配生产计划的采购计划，在生产过程中自动匹配物料消耗进度，并实施自动配送，实现物资供应由被动式响应向主动式供应转变。

---

① GPS，即 Global Positioning System，全球定位系统。

② AGV，即 Automated Guided Veohile，自动导引运输车；IGV，即 Intelligent Guided Vechile，智慧型导引运输车。

当前，物流配送存在以下问题：供应商协同不足，不能及时触发供应商自行补货；暂未实现采购计划与生产计划的实时协同，导致采购提前期长，物资采购量与生产的匹配度不高；采购物资运输在途状态不明，以人工经验判断为主；物资采购量测算不准确，精细度不足；原材料的库存管理分散，烟叶的养护靠人工经验判断；原材料配送以人工经验为主，没有根据生产现场的实际需求准时配送；等等。未来，将优化供应商协同机制，提升采购效率；实现采购计划与生产计划的实时协同，提升采购的有效性；利用新型信息和通信技术（Information and Communication Technologies，ICT）实现运输状态实时追踪；基于采购定额模型自动确定采购定额，提高准确度；集中库存管控，通过对环境数据的感知，实现基于模型驱动的烟叶科学化养护；通过对生产现场数据的感知分析，自动生成配送计划和任务，拉动原辅料的及时、准确配送。

上述举措将推动原辅料配送由经验配送向基于生产执行的动态感知和自主执行转变，借助信息化系统，实现原材料在库状态的实时感知；同时，可根据生产计划的执行、成品的物料配盘等信息实现材料自主配盘、自动配送；对于原材料在库和配送中的异常状况进行及时预警，帮助操作人员采取相关措施以减少物料异常的不良影响。

基于物流配送模式的转变，最终将物流配送“智造力”定义为：第一，基于生产实时需求拉动内部原辅料的及时配送能力，即基于对原辅料实时数据的全面感知，包括机台现边库存和实际消耗等，以自动配盘的方式推动辅料准时配送；第二，基于动态采购需求拉动外部物资的协同管理能力，即基于生产计划、库存信息、物料清单（Bill of Material，BOM），结合到货计划，自主计算采购需求，形成采购订单和要货计划，并通过远程监测实时掌握来料状态。

为支撑物流配送管理有效落地，提出物流配送指标体系提升建议：物流配送业务域应重点管理物料。物料管理包括原辅料供应保障管理、生产进度频次管理、烟用材料报损率管理、生产现场管理、生产时间管理、原料仓损率管理等重点内容。

第三节　能源精控

卷烟工厂数字化转型完成后，在“四自”视角下分析对能源精控的要求及进行运行场景设计。

能源精控业务包括能源计划、能源运行、能耗管理、设备管理。智能工厂要求包括：自感知，即利用传感器等技术实时获取设备运行参数，提供可分析使用的数据；自分析，即通过历史数据的积累，建立模拟仿真模型，自行根据仿真模型对动力设备运行参数进行分析，动态调整运行参数；自执行，即可自动根据生产需求调整动力设备运行参数以达到精准供能要求，降低能耗，保证产品质量；自优化，即利用生产前、生产中、生产后模拟仿真的方法，不断根据实际生产过程中的设备参数来优化模型，从而实现更加精准的能源供给。

基于“四自”视角设计能源精控运行场景，如图 3-4 所示。

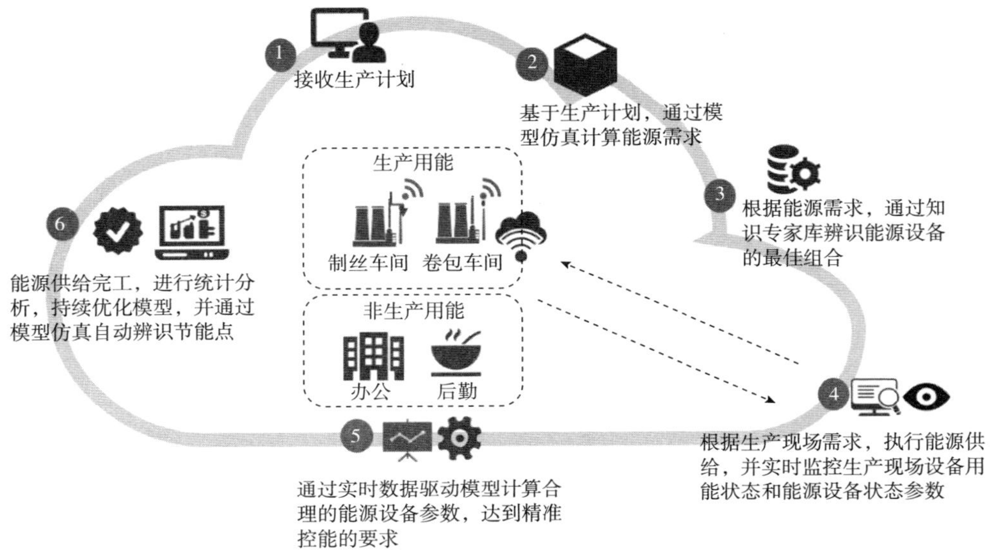

图 3-4　能源精控运行场景

以业务流为导向，能源精控运行场景包括以下内容：

（1）接收生产计划。

（2）基于生产计划，通过模型仿真计算能源需求。

（3）根据能源需求，通过知识专家库辨识能源设备的最佳组合。

（4）根据生产现场需求，执行能源供给，并实时监控生产现场设备用能状态和能源设备状态参数。

（5）通过实时数据驱动模型计算合理的能源设备参数，达到精准控能的要求。

（6）能源供给完工，进行统计分析，持续优化模型，并通过模型仿真自动辨识节能点。

为进一步阐明上述四项能源精控业务，对能源精控进行详细的二级业务架构设计。能源计划下设供能模型、耗能模型、仿真预测、能源排产工单、动能设备调度五项二级业务；能源运行下设运行状态跟踪与记录，工艺参数采集、交接班记录，重要操作、告警记录，调度指令分解四项二级业务；能耗管理下设能源供应与消耗对比分析、能源平衡分析、能源质量评价、能效考核、能源综合统计、临时用能申请六项二级业务；设备管理下设设备台账管理、设备维修与保养、零备件管理、计量器具管理、维修知识库五项二级业务。

根据卷烟工厂数字化转型完成后能源精控模式的转变，定义能源供给智造能力，通过对动力设备的实时感知，建立一套完整的能源生产、转换、消耗的仿真模型，实现能源保障由粗放式供给向精准化供应的转变。

当前，能源精控存在以下问题：根据人工经验制订能源计划；能源供给采用粗放的供能模式，存在过度供能现象；数据驱动能力不足，以人工调整设备参数为主，能源过程控制乏力；能耗分析不足，不能有效指导精准控能策略的优化；等等。未来，将利用仿真模型预测能源需求，并在生产过程中不断优化能源调度模型；实现粗放式供应向精细化管控转变；动力设备由独立控制向协同群控转变；基于仿真模拟由人工经验向智能决策转变；建立标准的、滚动的能源基准，通过能源分析模型不断迭代优化精准控能策略。

上述举措推动基于能耗定额和能源消耗监控实现精准能源供应的转变，即基于动能管控与工艺指标历史数据的分析，通过对生产关联的能源仿真模型的研究，运用大数据和人工智能等新型信息通信技术，优化能源调度策略，完成设备的智能群控，最终实现能源需求侧驱动的智能化控能。

基于能源精控模式的转变，最终将能源精控“智造力”定义为：第一，基于生产动态需求拉动内部能源的精准供给能力，基于对生产现场设备的全面感知，以实时模拟仿真优化动力设备参数实现能源精准供给；第二，基于能源生产过程中实时模拟仿真的精细控制能力，基于对能源在生产过程中设备本体数据的全面感知，通过数据驱动模型进行分析、决策，实现生产过程中的精细化控制。

为支撑能源精控管理有效落地，提出能源精控指标体系提升建议：能源精控业务域管理重点为能源、能耗，其中，能源包括生产能源保障管理；能耗包括水、电、空压气、蒸汽单耗，动力单箱综合能耗（折算标准煤），比功率，电制冷效能，气汽比，水损率，单箱化学需氧量排放量。

第四节　质量管控

卷烟工厂数字化转型完成后，在“四自”视角下分析对质量管控的要求及进行运行场景设计。

质量管控业务包括质量标准体系管理、质量策划与监督、质量检验管理、质量分析与改进。智能工厂要求包括：自感知，即实时获取从烟叶原辅料采购、仓储、生产加工、物流到市场反馈的全过程质量信息并实现质量信息的批次串联；自分析，即按照质量监督和判定要求，进行产品质量的自主、实时分析和判定，结合5M1E分析法对质量问题进行根因分析，并按照质量处理规则推送质量处理措施至机台、人员等；自执行，即按照处理措施对问题原辅料及成品进行自主锁定，机台进行参数自适应调整，人员根据措施进行质量问题的分析和确认；自优化，即根据质量判定结果调整和优化质量判定规则、处理措施等。

基于“四自”视角设计质量管控运行场景，如图3-5所示。

以业务流为导向，质量管控运行场景包括以下内容：

（1）原辅材料仓储：盘库、仓储过程检验，系统自动采集烟叶温湿度、碳化等指标。

（2）物资采购：运用AOI[①]和监测仪器进行监测。

（3）卷烟生产：系统通过比对生产BOM和物料条码防止物料错误使用；AOI等在线监测仪器进行自动检验；系统实时监控过程质量，并与设备等实现联动处置。

（4）产品销售：全过程批次信息进行质量问题自动追踪和定位分析。

为进一步阐明上述四项质量管控业务，对质量管控进行详细的二级业务架构设计。质量标准体系管理下设来料质量标准体系、在库质量标准体系、工艺过程质量标准体系、成品质量标准体系四项二级业务；质量策划与监督下设目标和计划管理、监督执行管理两项二级业务；质量分析与改进下设质量统计分析、质量评价管理、质量追溯管理、技术应用与推广四项二级业务。

根据卷烟工厂数字化转型完成后质量管控模式的转变，定义质量管理智造能力：借助信息化手段，通过数据的实时获取和过程监控，实现过程质量预警和实时干预，实现结果控制为主转变为过程控制为主；对数据进行贯通和整合，利用

① AOI，即Automated Optical Inspection，自动光学检测。

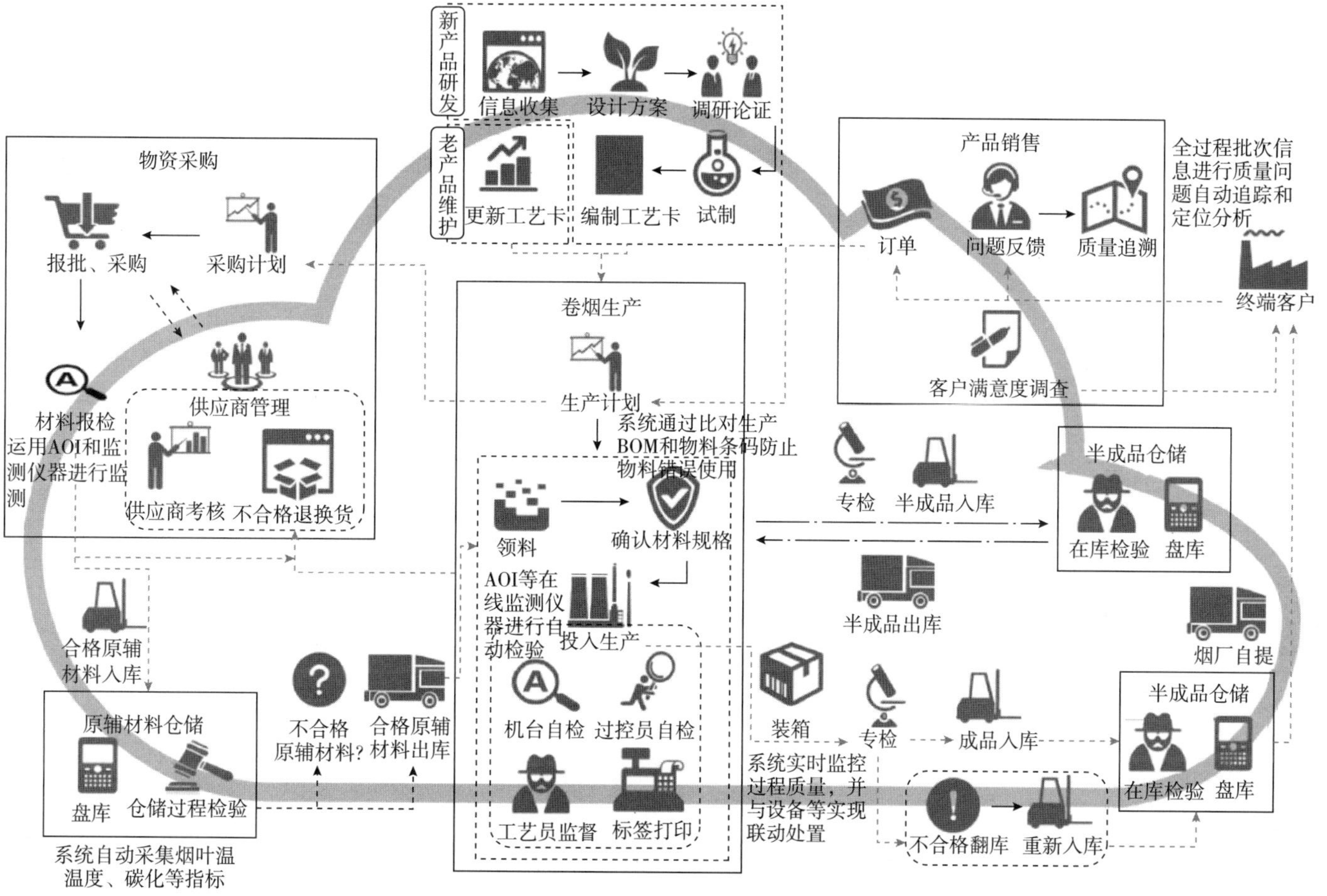

图 3-5　质量管控运行场景

新的分析技术和分析工具进一步挖掘质量数据价值，实现质量分析处理由经验控制为主向科学决策转变。

当前，质量管控存在根据经验分析问题、调整 5M1E 要素的问题。未来，将通过数据感知问题，分析模型进行自分析，根据给出的措施调整 5M1E 要素，质量问题解决后，进行问题根因分析，分析模型，积累经验，根据模型调整 5M1E 要素，进行问题自修正。通过对数据的挖掘和应用，实现质量管控模式由结果控制向过程控制转变以及质量分析处理由经验控制为主向科学决策转变。

基于质量管控模式的转变，最终将质量管控“智造力”定义为：第一，基于 SPCDA① 的过程质量稳态控制能力，即基于质量标准模型、诊断模型，通过对质量数据的全面感知，实时分析质量趋势变化，识别影响因素，自动诊断问题，及时采取措施，控制质量风险；第二，基于全过程、全要素的质量分析诊断溯源能力，即基于覆盖完整生产过程的生产管控平台支撑，实现对卷烟制造环节围绕“人、机、料、法、环”的完整过程追溯及诊断，并基于批次或条码实现对作业过程关键环节的防差错控制；第三，基于数字化质量活动的透明化管控能力，即基于动态二维码、多媒体数据，以移动终端为载体对操作人员、检验人员执行过程、执行结果进行透明化管控。

为支撑质量管控有效落地，提出质量管控指标体系提升建议：质量管控业务域管理重点包括原辅料、生产过程、成品。其中，原辅料重点指标包括标识合格率，原材料配送不合格品率，烟叶含霉、杂或有虫频次，材料入库抽检不合格重复出现次数，材料导致的质量异常事件及市场反馈次数，原料仓损率，烟用材料物测外观合格率；生产过程重点指标包括烘丝机出口水分偏差，叶丝出丝率，运行评价不符合，制丝过程评价合格率，虫情控制下降率，关键工序指标，工艺执行率，工艺空调保障合格率，气、汽控制合格率，风速合格率；成品重点指标包括市场反馈率、工厂成品抽检质量得分、卷包一次成品合格率、单箱废烟率、标识合格率、卷制包装质量加权得分、中烟抽检质量得分、烟支单支克重偏差、成品包装卷制百分率、成品包装卷制 A 类缺陷次数。

---

① SPC 迄今经历了三个发展阶段，即 SPC（Statistical Process Control，统计过程控制）阶段、SPCD（Statistical Process Control and Diagnosis，统计过程控制与诊断）阶段、SPCDA（Statistical Process Control, Diagnosis and Adjustment，统计过程控制、诊断与调整）阶段。

第五节　设备管理

卷烟工厂数字化转型完成后，在“四自”视角下分析对设备管理的要求及进行运行场景设计。利用先进的实时传感设备、数据采集技术、智能分析技术等实现对设备状态分析、设备运维指令发送、设备部件状态自调整、自动创建运维工单及工单完成情况监控，能够对设备管理运行的每个环节进行全程记录，实现智能化的设备管理。

设备管理包括设备基础信息管理、主体设备管理、备品备件管理、计量设备管理。智能工厂要求包括：自感知，即利用传感器实时感知设备运行状态，提供可分析的稳定数据流；自分析，即自动对设备状态数据进行分析，参考历史数据及经验阈值，自动预测设备运行状态，自动触发预警指令；自执行，即对无需人员进行维修的预警，自动调整设备部件状态，对需要人员进行维修的预警，自动创建具有适当优先级的运维工单，推送至运维人员，并对工单处理过程进行监控，保证运维完成的质量；自优化，即根据设备运行过程不断处理设备运行作业，优化设备管理过程，完善调整经验阈值，实现更加精准的设备运行管理。

基于“四自”视角设计设备管理运行场景，如图 3-6 所示。

以业务流为导向，设备管理运行场景包括以下内容：

（1）根据产能需要和产线布局规划等要求，提出设备购置需求，进行采购。

（2）设备采购入厂，进行安装调试。

（3）根据历史经验数据模型及相关技术文件制订维保策略和维保计划。

（4）嵌入在工厂机器或能源管网中的传感器对状态进行监控，形成稳定的数据流。

（5）数据通过终端网关路由到边缘层或云端进行分析和存储。

（6）数据在终端和云端得到分析，并提供对机器和能源管网状态的分析，比如在接下来的 1 个周期内发生故障的概率或对产品质量的影响等。

（7）异常会触发机器的自动预报警，对不需要人员进行维修的预警，自动调整设备部件状态；对需要人员进行维修的预警，报警创建具有适当优先级的运维工单。

（8）工单生成后自动与维修人员进行技能匹配，维修技术人员进行检查并进行诊断和维修。

（9）班组人员可扫描设备上的二维码，在移动终端上查询并访问该类设备的

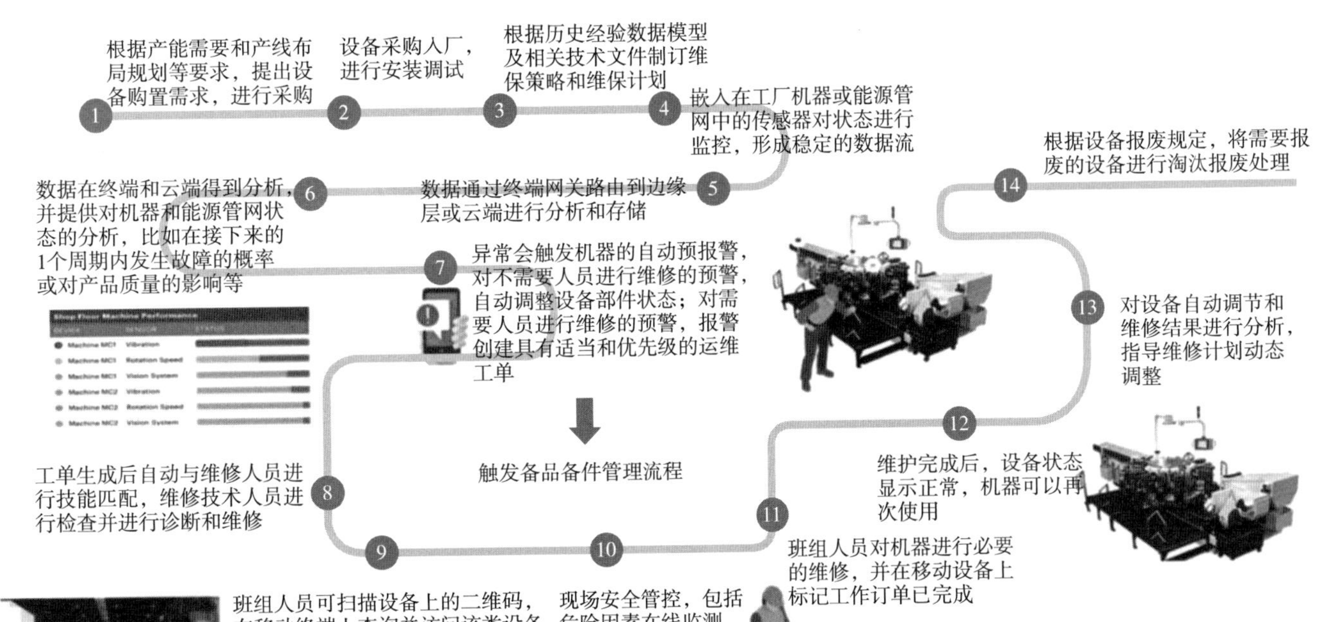

图 3-6　设备管理运行场景

技术专家库。通过一步步的可视化操作指导，以及相关图片和视频展示，班组人员可以按照指引进行设备的正确检修和抢修操作。

（10）现场安全管控，包括危险因素在线监测、人员定位。

（11）班组人员对机器进行必要的维修，并在移动设备上标记工作订单已完成。

（12）维护完成后，设备状态显示正常，机器可以再次使用。

（13）对设备自动调节和维修结果进行分析，指导维修计划动态调整。

（14）根据设备报废规定，将需要报废的设备进行淘汰报废处理。

为进一步阐明上述四项设备管理业务，对设备管理进行详细的二级业务架构设计。设备基础信息管理下设设备 BOM 管理、设备资产管理、设备履历管理、设备技术专家库管理、三维可视化管理五项二级业务；主体设备管理下设设备运行管理、设备维保管理、设备报废管理、设备绩效管理、特种设备管理五项二级业务；备品备件管理下设备件计划管理、备件采购管理、备件库存管理、备件使用管理、备件报废管理、备件成本管理六项二级业务；计量设备管理下设计量运行管理、计量检定管理、计量报废管理三项二级业务。

根据卷烟工厂数字化转型完成后设备管理模式的转变，定义设备管理智造能力：以设备状态数据的获取和分析应用为核心，实现设备、人、系统互联，实现设备单机自动化向设备的互联智能化、人工经验运维到设备状态监控的精准运维的转变。

当前，设备管理存在以下问题：设备单机自动化；依靠卷包数采、制丝数采等支持部分设备运行状态数据采集；依靠能源集控系统支持部分能耗数据采集；依靠手工进行能源动力作业计划，安排设备运维作业执行依靠人工经验为主；手工梳理维修经验；等等。未来，将进行状态监控，运用数学模型进行分析，预测趋势发展及指标变化，预警、报警并给出预防性策略，对需要进行设备运维的根据设备状态、生产进度、维护进度等形成运维优先级，推送运维工单，运用智能辅助实施维修。

通过上述举措，实现设备管理模式由单机自动化向设备的互联智能转变，形成整个制造过程的智能设备互联集成；实现人工经验运维到设备状态监控的精准运维转变，借助智能传感器及先进技术，对设备运行状态进行监控，提供可分析的稳定数据流；对数据进行积累和关联分析，判定故障趋势和设备状态趋势开展精准维修。

基于设备管理模式的转变，最终将识别设备管理“智造力”定义为：第一，基于设备互联互通的全面可视化监控能力，基于传感器或设备开放接口，利用现场总线实现设备数据的全面感知，通过现场大屏以可视化的形式进行展示；第二，基于设备健康状态实时监控的精准运维能力，基于设备故障预测模型，通过对设备实时数据的全面感知，辨识设备的健康状态，从而预测设备的工作寿命和潜在故障类型；第三，基于设备全生命周期的一体化管理能力，进行设备（主体设备、备品备件）“需求预测—采购执行—运行使用—维修维保—报废处理”的全过程闭环一体化管控。

为支撑设备管理有效落地，提出设备管理指标体系提升建议：在设备管理业务域，管理重点包括效率及运维，其中，效率重点指标包括 P-G 机组设备净效率，单台设备效率，P-G 机组设备效率，卷接、包装机设备运行效率；运维重点指标包括维修费用、设备故障维修时间、计量器具送检率、备件库资金占用额、呆滞件占比、零配件库存周转率、设备不完好次数、设备影响生产时间、测量设备三表过程识别率。

第六节　供应链管理

建设现代供应链体系的核心内容是建立以智慧型业务、管理型体系、支撑型平台为框架的供应链管理体系。在智慧型业务方面，构建物资三大智慧型业务链，即智能采购、数字物流、全景质控三大业务链，强化内外两个高效协同，打造一个供应链运营中心。在管理型体系方面，从基础设施、行业标准、管理制度、风险防控等诸多方面保证现代供应链的协同便捷、操作规范、运行有序，推动现代供应链由点到面、从规划到落地的全面提升。在支撑型平台方面，建设一体化现代供应链管理信息平台，支撑现代供应链高效运转，创建物资业务运作新模式。

在智能采购方面，依托大数据、人工智能、移动应用、物联网等技术手段，在采购计划及招投标文件审查、专家库资源配置、抽取方案校验，以及评标现场管理及智能化应用方面，实现采购评审智能化、评标环节智能化、采购过程合规化、专家资源配置统筹化，最终实现“智动评审，阳光采购”的目标。

在数字物流方面，以物资供应全过程为主线，整合仓储、配送、应急、废旧、合同、供应、结算等业务，重点应用物联网、移动互联等技术，智能开展供需精准匹配、计划滚动编制、物流全程可视、标准动态优化、资源全局调配等业务创新，实现物资供应可视化更全、精准度更高、敏捷性更强，达到“智汇资源，可视调配”“智联供需，便捷履约”的目标。

在全景质控方面，依托“实物 ID”物资供应全过程应用，以大、云、物、移、智新技术运用为纽带，打造质量监督管理、供应商管理智慧创新模式，通过远程监造信息、生产制造、试验检测信息等质量监督信息的智能或移动采集，供应商征信信息采集，开展质控信息多维度分析，检测资源优化配置，监造、抽检差异化管控策略优化，供应商核实策略优化，实现产品质量、生产进度、供应商信用风险智能辨识、动态评估及控制，物资全寿命周期质控信息智慧汇聚、供应商质量问题精准追溯，达到“智辩质态，精准监控”“智聚信息，全程追溯”的目标。

在内外协同方面，依托顶层设计，建立各业务之间的主动协同机制，增强各业务之间的互通性、数据的可用性、资源的共享性。同时，充分发挥烟草行业供应链生态圈的主导作用，积极与供应商、质检单位、第三方物流、设计单位等供应链伙伴以及公共服务、行政监督等外部服务平台开展信息集成、业务协作和资源共享，加强业务合作的紧密度，实现内外部和谐共赢，达到“高效协同，慧升效能”“开放合作，慧享社会”的效果。

在智慧决策方面，构建供应链智慧运营新模式，一方面，从采购、供应与质控三方面实现多维分析、业务预测、风险管控，全局实时监控并快速响应业务变化，提高物资业务链运作质量和效益；另一方面，为战略决策提供智慧支持，助力实施精准投资、提升精益化管理；同时，通过金融支持、对外服务、信用安全数据开放共享等，实现行业协同发展，为国家和社会发展提供优质服务，实现供应链生态圈的和谐、共赢。

智能采购电子化实现两级采购计划智能提报，网上招标投标，量化打分、智能评标、自动授标，采购结果一键生成，避免人为干预。数字物流网络化实现采购结果自动公示，双方互动完成物资合同签订、履约与结算，物流仓储可视跟踪，供需双方实时对接。全景质控可视化贯穿原材料和设备生产、监造、抽检、试验、运输、入库，以及设备到货、安装、运行、报废全生命周期，所有质量信息可视跟踪、全程在案。内外协同便捷化通过平台集成、移动互联等方式，实现内部跨专业数据融通，外部跨领域资源共享，构建和谐共赢的供应链生态圈。运营中心智慧化，搭建共享“资源池”，构建全网资源智能调配、全局实时监控、风险自动感知的智慧运营中心，推动供应链高效运营。

第四章　卷烟工厂数字化转型的技术驱动

第一节　物联网

物联网是卷烟工厂数字化转型的关键技术，以“端、边、云”为核心框架，以“网络”为基础支撑，构成“端、边、云、网”的协同扩展，使能烟草行业智能工厂在生产、研发、物流、设备监控、预测性维护等核心业务领域实现数字化转型（见图 4-1）。

一、“端”：智能终端概述

“端”是指智能物联网产品及设备，根据智能制造过程中数据流的计算过程，将智能设备分为数据采集类终端、数据传输类终端、数据处理类终端三大类。其中，数据采集类终端负责对环境数据的采集、整合；数据传输类终端负责所采集数据的传输以及设备间各传输协议的转换；数据处理类终端负责在制造过程中完成复杂环境中各种算力要求的计算和部署。

（一）数据采集类终端

1. 智能传感设备

智能传感设备负责对复杂环境各种温湿度、气体、光感、重力倾斜、压力等数据的采集和整合处理，烟草生产线上还有针对含水率、化学成分、整丝率、霉变孢子等的监测传感设备。除了终端，设备提供商还可能提供基于云的物联网可视化管理平台，实现设备管理、连接管理、业务分析管理以及应用使能管理等功能。

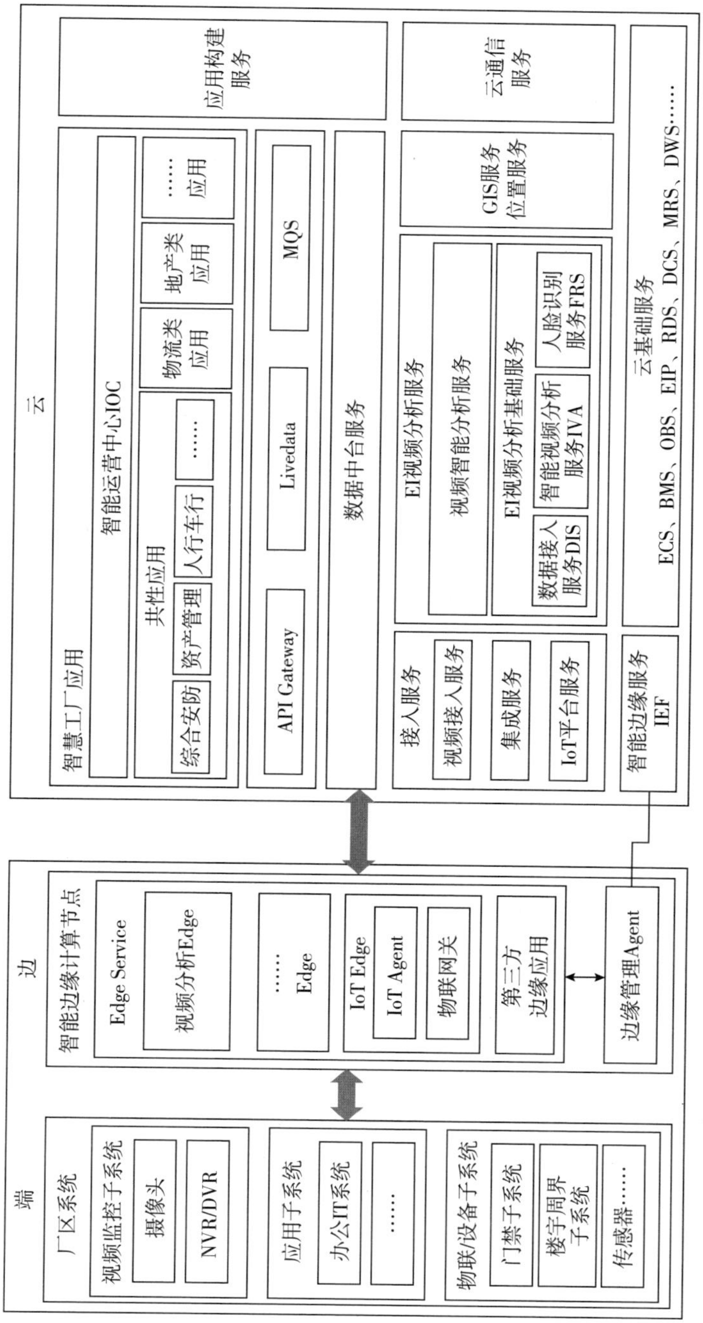

图 4-1　卷烟工厂物联网技术架构

2. 机器视觉设备

机器视觉设备是一个综合技术的集合体，包括图像处理、机械工程技术、控制、电光源照明、光学成像、传感器、模拟与数字视频技术、计算机软硬件技术（如图像增强和分析算法、图像卡等）。一个典型的机器视觉应用系统包括图像捕捉、光源系统、图像数字化模块、数字图像处理模块、智能判断决策模块和机械控制执行模块。目前非常典型的机器视觉设备形态包括人脸识别、智能摄像头、物体识别计算台等类型设备。

（二）数据传输类终端

智能网关（Edge Computing Gateway，ECG）是物联网和工控系统的核心组成器件，起的是连接计算设备和传感器的作用。它的基本功能就是将不同协议的终端传感器所获取的信息反馈给计算设备，同时进行协议转换。联想 ECG 边缘计算网关在以零售业为代表的行业应用中通过各类接口连接店内各种生产设备，实时采集数据，同步到云端管理后台的同时，在边缘端主动管控各设备的待机状态，智能降低能耗，并通过数据分析预测繁忙时段提前预热设备，减少等待时间，加速交付效率。

（三）数据处理类终端及智能单机设备

（1）嵌入式计算设备（Edge Computing Embedded，ECE）：一种加固的增强型工业计算机，是专门为工业现场而设计的机构紧凑的计算机。嵌入式工控机可以灵活应用于对温度及使用空间等苛刻的制造环境中。

（2）一体式计算设备（Edge Computing Panel，ECP）：在加固的增强型计算机的基础上整合了可触摸或者不可触摸的屏幕，集显示、计算合二为一的整体计算设备，可广泛应用在对屏显有需要的工业制造场合中。

（3）工业计算设备（Edge Computing Industrial，ECI）：标准可上架，支持壁挂等计算设备，标准的结构设计支持丰富的拓展性，支持标准 ATX（Advanced Technology Exterded）/MATX（Micro-ATX）等规格主板，支持 X86 架构各代处理平台，有丰富的硬盘、显卡、接口等拓展性能。

（4）单板计算设备（Edge Computing Board，ECB）：支持 X86 或 ARM 架构的计算单板，可用于各种形态原始设备制造商（Original Equipment Manufacturer，OEM）设备的计算核心，拥有灵活的定制能力和完善的板级支持色（Board Support Package，BSP），以及驱动支持能力。

二、“边”：边缘计算

（一）边缘计算概述

未来，超过 70%的数据需要在边缘侧分析、处理和存储，因此边缘计算领域

的多样性计算架构、产品与解决方案越发重要。边缘计算是在靠近物或数据源头的网络边缘侧，融合网络、计算、存储、应用核心能力的分布式开放平台（架构），就近提供边缘智能服务，满足行业数字化在敏捷连接、实时业务、数据优化、应用智能、安全与隐私保护等方面的关键需求。

边缘计算软件平台采用云原生（Cloud Native）架构与关键技术，硬件平台支持异构计算能力，以边云协同和边缘智能为关键特征，形态上主要包括云边缘、边缘云、边缘网关。

（1）云边缘：云边缘作为公有云的延伸，将云的部分服务或者能力扩展到边缘基础设施之上。中心云和云边缘相互配合，实现全网资源共享、全网统一管控等。

（2）边缘云：基于云计算技术与架构构建的边缘分布式开放平台，可提供集中管理和调度的能力，边缘云内及边缘云之间可以进行资源共享。

（3）边缘网关：是企业/行业数据的接入节点，是网关设备基于云计算技术的演进，可实现网关内资源共享。

丰富的应用和海量的数据对算力产生了极大的需求，摩尔定律逐渐失效，导致算力供应的稀缺和昂贵，严重制约着行业数字化和智能化的发展。产业界提出了多样性计算理念，面向不同应用，通过多种算力组合，在系统级恢复摩尔定律，推动计算创新。

（二）边缘计算的新趋势

1. 异构计算

随着云游戏、VR（Virtual Reality，虚拟现实）、AR（Augmented Reality，增强现实）与自动驾驶等应用的兴起，以及物联网、移动应用、短视频、个人娱乐、人工智能的爆炸式增长，应用越来越场景化和多样化，带来数据的多样性（如语音、文本、图片、视频等）以及用户对应用体验要求的不断提高。计算密集型应用需要计算平台执行逻辑复杂的调度任务，而数据密集型应用则需要高效率地完成海量数据的并发处理，使得单一计算平台难以适应业务场景化与多样化要求，多样性计算成为迫切需求。

异构计算可以满足边缘业务对多样性计算的需求。通过异构计算可以满足新一代“连接+计算”的基础设施的构建，可以满足碎片化产业和差异化应用的需求，可以提升计算资源利用率，可以支持算力的灵活部署和调度。

在各类边缘计算场景中，不同的计算任务对于硬件资源的需求是不同的，从计算模式、并发数、迭代深度等多方面考虑，可能需要 X86、ARM、GPU、NPU 等多种类型的芯片支持，而基于 ARM 的计算模式在边缘计算领域拥有以下差异化优势：

（1）多核并发优势：在智慧园区等场景，边缘计算需要接入海量终端，每路终端的数据量不大，但是路数比较多。边缘应用不需要特别强的单核处理性能，但是需要较高的多核并发能力。

（2）绿色节能优势：ARM 芯片的功耗相比其他同等档次芯片功耗低 20%～30%，符合绿色节能的趋势和潮流。

（3）云、边、端协同优势：端侧基于 ARM 的系统占主流；数据中心也在引入 ARM 服务器；如果边缘节点也采用 ARM 计算架构，则应用、算法、模型等可以在云、边、端便利地部署和迁移，大大降低应用开发和部署的门槛。

2. 边缘智能

边缘智能利用 AI（Artificial Intelligence，人工智能）技术为边缘侧赋能，是 AI 的一种应用与表现形式。一方面，AI 通过边缘节点能够获得更丰富的数据，并针对不同应用场景实现个性化和泛在化，极大地扩展人工智能的应用场景；另一方面，边缘节点可以借助 AI 技术更好地提供高级数据分析、场景感知、实时决策、自组织与协同等智能化服务。边缘侧轻量级、低延时、高效率的 AI 计算框架显得尤为重要。

行业数字化场景下，如果 AI 模型的训练与推理全部在云端，需要将海量企业/行业数据从边缘节点实时上传至云端，从而带来实时性、可靠性、数据隐私保护以及通信成本等方面的挑战。如果 AI 模型完全在边缘节点训练与推理，例如在本地运行深度神经网络（Deep Neural Networks，DNN）模型的计算密集型算法，非常耗费资源，需要在边缘节点中配备高端 AI 芯片。这可能不是成本最优的边缘智能解决方案，而且与计算能力有限的现有边缘设备难以兼容。

综合考虑行业场景的核心需求，如实时分析与处理、节点自活、数据安全、远程部署与自动升级等，在带宽和计算资源有限的情况下，在云端与边缘节点合理地部署人工智能模型的训练与推理功能，有利于构建成本最优的边缘智能解决方案与服务。

3. 边云协同

边缘计算与云计算需要通过紧密协同才能更好地满足各种需求场景的匹配，从而放大边缘计算和云计算的应用价值。从应用层面来说，边云协同可以有不同的表现形式。例如，应用开发在云端完成，可以充分发挥云的多语言、多工具、算力充足的优势，应用部署则可以按照需要分布到不同的边缘节点；云游戏的渲染部分放在云端处理，呈现部分放在边缘侧，保证了用户的极致体验；对于与人工智能相关的应用，可以把机器学习、深度学习相关的重载训练任务放在云端，将需要快速响应的推理任务放在边缘处理，达到计算成本、网络带宽成本的最佳平衡。

4. 5G+边缘计算

5G 为边缘计算产业的落地和发展提供了良好的网络基础，从用户面功能的灵活部署、三大场景的支持以及网络能力开放等方面相互结合、相互促进。

5G 用户面功能（User Plane Function，UPF）下沉实现数据流量本地卸载。可以将边缘计算节点灵活部署在不同的网络位置以满足对时延、带宽有不同需求的边缘计算业务。同时，边缘计算也成为 5G 服务垂直行业、充分发挥新的网络性能的重要利器之一。

5G 的三大典型场景——超高可靠低时延通信（uRLLC）、增强移动带宽（eMBB）以及海量物联（mMTC）也都与边缘计算密切相关，可以分别支持不同需求的边缘计算场景，如对于时延要求极高的工业控制，对于带宽要求较高的 AR、VR、直播，对于海量连接需求高的物联网（Internet of Things，IoT）设备接入等新兴业务。此外，对于移动业务的连续性要求，5G 网络引入了三种业务与会话连续性模式来保证用户的体验。

5G 支持将无线网络信息服务、位置服务、QoS（Quality of Service，服务质量）服务等网络能力开放给边缘应用，可以封装成边缘计算 PaaS 平台（Platform as a Service，平台即服务）的应用程序接口（Application Programming Interface，API），开放给应用。

边缘计算和云计算都是为了处理数据的计算问题而诞生的，只是两者实现的方式不同。云计算是把数据集中到一起做计算，而边缘计算则是在边缘设备上处理数据，分担部署在云端的计算资源，在物联网边缘节点实现数据优化、实时响应、敏捷连接、模型分析等业务，同时把处理后有价值的数据发往云端，使 AI 时代下的智能工厂工业数字化物联网更进一步。

工业物联网是由感知层、网络层、应用层组成的，其中感知层是最底层、最基础的，是数据的来源。将来自不同感知层的数据传递到应用层做各种的数据处理，就是工业物联网网络层的主要装置——工业边缘计算网关，也叫工业网关的作用。

工业网关是工业物联网不可或缺的设备，它就像人体的神经，将感知到的各类信息传递给大脑进行处理，大脑经过运算判断出要做出何种反应，再由神经传递到全身四肢。网关可以采集 PLC（Programmable Logic Controller，可程序化逻辑控制器）数据，进行远程维护和上下载程序，具有边缘计算、协议解析的功能。工业通信网关可以在各种网络协议间做报文转换，其功能可以通过一块芯片、一个嵌入式设备或板卡，或者是一台独立的设备实现。

（三）边缘计算的需求

结合某中烟各个卷烟工厂的实际情况，在数采领域、智能园区领域，针对边缘计算的要求及管理有以下几点需求：

1. 协议转换能力

协议转换能力包括：从不同的感知网络到接入网络的协议转换、将下层标准格式的数据统一封装、保证不同的感知网络的协议能够变成统一的数据和信令；将上层下发的数据包解析成感知层协议可以识别的信令和控制指令。

2. 可管理能力

网关支持被管理能力，如注册管理、权限管理、状态监管等。网关实现子网内的节点的管理，如获取节点的标识、状态、属性、能量等，以及远程实现唤醒、控制、诊断、升级和维护等。由于子网的技术标准不同，协议的复杂性不同，所以网关具有的管理能力也不同。

3. 广泛接入能力

目前用于近程通信的技术标准很多，国内外已经针对物联网网关进行标准化工作，如3GPP（3rd Generation Partnership Project，第三代合作伙伴计划）、传感器工作组，实现各种通信技术标准的互联互通。须支持多种对接接口，如RS485、RS232、RJ45、2G/3G/4G/5G接口等。

4. 扩展能力

工业网关支持硬件、软件的扩展能力，硬件上可支持基于扩展卡、扩展端口等扩展网络存储能力，软件上可支持基于容器（Container）扩展第三方App，实现在边缘对工业产线数据的及时处理。

（四）边缘计算的实施方案

1. 边缘计算的硬件规划

（1）边缘服务器。

边缘服务器是边缘计算和边缘数据中心的主要计算载体，可以部署在运营商地市级核心机房、县级机房楼/综合楼、骨干/普通传输汇聚节点，也可以部署在电力公司配电机房、公司运维机房等，具有较小的深度、更广的温度适应性、前维护和统一管理接口等技术特点。

由于边缘机房环境差异较大，且边缘业务在时延、带宽、GPU和AI等方面存在个性化诉求，如果使用通用硬件，则要求部分边缘机房改造水电和承重，最终给客户带来了额外的成本。有时限于机房条件无法实施改造，应采用增强型硬件，以适配机房条件，同时提性能、降成本、最优化资源利用率。

边缘节点数量众多、位置分散、安装和维护难度大，应尽量减少工程师在现场的操作，所以还需要有强大的管理运维能力保障。边缘服务器需要提供状态采集、运行控制和管理的接口，以支持实现远程、自动化的管理。

（2）智能边缘一体机。

随着云计算、网络技术、新应用和新业务的发展，IT 基础架构的部署发生了深刻的变化，逐渐形成中心和边缘站点两级拓扑结构。中心是以计算密集型、IO 密集型和弹性伸缩为主的高度集中的云数据中心架构。边缘站点是与以低时延、高带宽、地域分布广泛的小规模边缘数据中心接入型架构。

边缘站点虽然单站点设备数量有限，但设备种类覆盖广，它的 IT 堆栈与数据中心没有太大差异，因此对边缘站点的建设和运维提出了较高的要求。传统站点建设模式从设计到业务上线至少需要 3 个月的时间，需要协调多厂商招标和实施，而且无多站点集中监控和统一运维方案，增加了边缘站点管理和运维的难度。智能边缘一体机将计算、存储、网络、虚拟化和环境动力等产品有机集成到一个机柜中，在出厂时完成预安装和预连线，在交付时，无须深入了解内部原理，无须深入掌握 IT 技术，只需接上电源，连上网络，利用快速部署工具，5 步 2 小时即可完成初始配置。

智能边缘一体机的主要特性包括以下七点。①一柜承载所有业务：一柜实现虚拟化、VDI（Virtual Desktop Infrastructure，虚拟桌面架构）、视频监控、文件共享等分支机构所有 IT 诉求。②免机房：散热、供电等根据办公室环境进行整体设计，无须部署在专业或独立机房中，节约投资。③易安装：整柜交付计算、存储、网络和 UPS 资源，工具化初始部署，无须 IT 专业人员参与，节约初始上线时间，缩短项目决策周期。④管理简单：全图形化界面，所见即所得，以 GIS（Geographic Information Science，地理信息科学）地图作为背景，全图形化体现站点分布和站点的运行状态，在一个界面上展现全部站点的运行情况；以机柜设备图作为站点内操作导航，站点的操作入口均通过管理中心主页进入。⑤业务远程部署：中心提供应用仓库管理，将新业务上传到应用仓库，业务上线可从中心批量集中部署。⑥集中运维：站点统一接入运维管理中心，全方位掌握设备的运行状态，可对设备进行远程管理与维护，软故障可远程处理与排除，节省差旅费用。⑦集中灾备：采用本地备份与远程备份相结合的两极备份机制，既可满足本地备份的要求，也可实现单站点灾难后在中心拉起业务的要求。

（3）边缘网关。

边缘网关是部署在垂直行业现场的接入设备，主要作用是实现网络接入、协议转换、数据采集与分析处理，并且可通过轻量级容器/虚拟化技术支持业务应用在用户现场的灵活部署和运行。边缘网关可以配合边缘服务器、边缘一体机等方案，融合 IT 领域敏捷灵活以及 OT 领域可靠稳定的双重特点，将网络连接、质量保证、管理运维及调度编排的能力应用于行业场景，提供实时、可靠、智能和泛在的端到端服务。

在接入方式上，边缘网关既可以通过蜂窝网接入，也可以通过固网接入。在管理方面，边缘网关和边缘数据中心同样受边缘 PaaS 管理平台管理，边缘网关和边缘数据中心之间也可能存在管理和业务协同。以下是两种典型业务场景下，边缘网关的不同形态要求：①园区物联网接入。网关要具备接入温度、湿度、烟雾探测等多种类端传感器的能力，并把信号转换成云端可识别的内容进行上报，同时可以对接门禁、闸口等设备，完成基本的控制策略执行功能。②工业物联网网关。网关承担设备信息、告警信息收集和上报的功能，可能需要支持适配多样化的工业物联网接口，例如 RS232、RS485、数字化 IN/OUT 接口等。

2. 边缘计算的部署规划

（1）软硬件解耦，业务应用快速开发部署。

开放软硬件资源，边缘网关提供 SDK（Software Development Kit，软件开发工具包）支持计算、存储、网络资源的调用，实现行业 App 的业务随需部署。网关产品提供二次开发指导，支持基于 Linux 的 CentOS/Debian 等开发环境，合作伙伴使用主流编程语言聚焦开发工业数据处理业务 App（见图 4-2）。

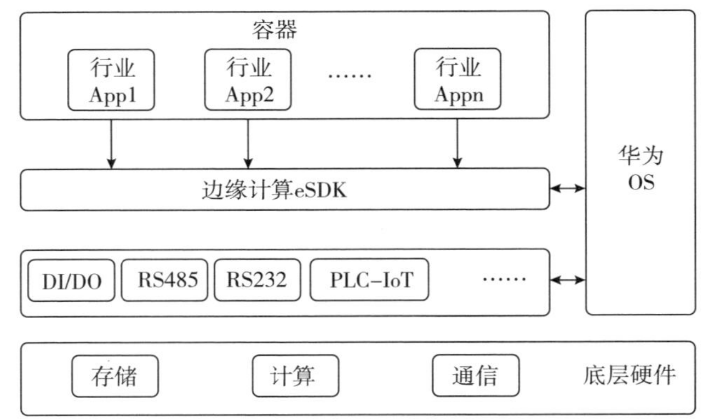

图 4-2　边缘计算快速部署

（2）多容器管理，资源安全隔离。

业务和管理通道隔离，控制器协同业务系统对设备、容器和 App 进行管理；支持多容器部署，通过加密文件系统对业务数据进行加密，保证数据安全；不同 App 间各自调用计算、存储、网络等资源，独立采集终端设备数据，保障业务安全（见图 4-3）。

（3）边缘计算的交互。

网关提供边缘计算软硬件运行环境，屏蔽应用层协议复杂度，支持接入工业及制造领域多种连接协议，使能第三方伙伴基于行业 App 实现业务数据分析处

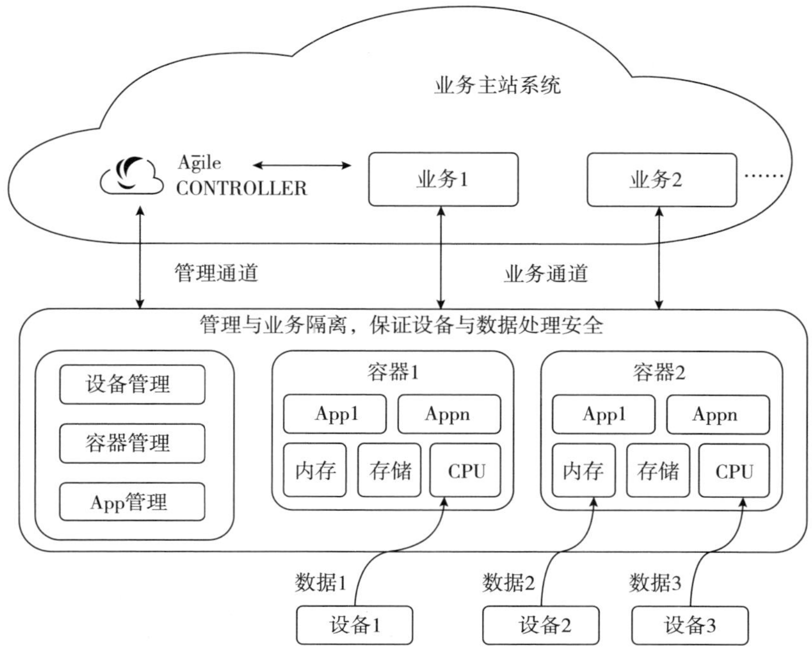

图 4-3　多容器管理与安全隔离

理。网关与 App 交互流程如下：①实时业务数据收发，AI/PLC/ETH 提供三层网络协议栈，支持 Socket 编码，以 IP 化形式在底层环境和容器间交互。DI/DO、RS232/485 这些串口通信则按照二层网络协议栈架构，开放底层驱动接口将数据透传至容器环境，由第三方 App 进行解析，如 Modbus、DTL645 等。②网关及接口配置下发，设备状态监测，App 云端管理通道。③向 App 同步设备及端口状态。各个 App 之间通过 MQTT Broker（MQTT 消息服务器）进行交互，横向打通各个 App 数据，降低业务联动开发难度，业务数据是否开放由第三方 APP 决定（见图 4-4）。

（五）边缘计算的价值场景

目前，边缘计算的价值场景中，与卷烟工厂相关的有工业物联网、视频监控、智慧园区、内容分发网络（Content Delivery Network，CDN）、虚拟现实的云化（Cloud Virtual Reality，Cloud VR）等，其中工业物联网、智慧园区、视频监控属于 2B（To Business，企业对企业的商业模式）业务，CDN、Cloud VR 属于 2C（To Consumer，面向消费者展开的商业模式）业务。边缘计算价值场景使用的关键能力主要包括：海量网络连接与管理、实时数据采集与处理、本地业务自

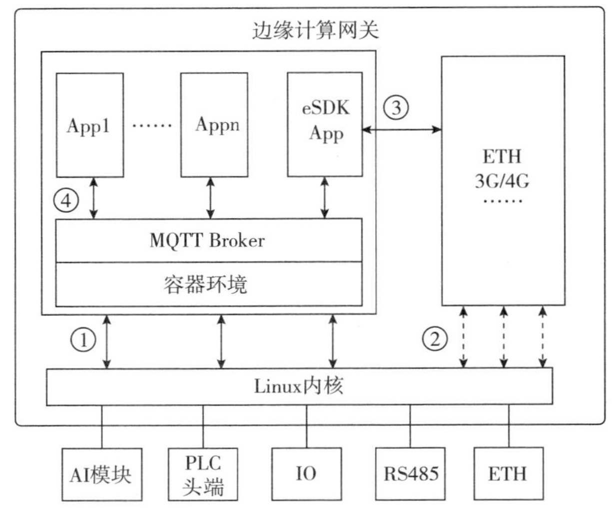

图 4-4　边缘计算网关的交互过程

治、边云协同、图像识别与视频分析、AR/VR 以及数据安全与隐私保护等。

1. 工业物联网

工业物联网应用场景相对复杂，不同行业的数字化和智能化水平不同，对边缘计算的需求也存在较大差别。以离散制造为例，边缘计算在预测性维护、产品质量保证、个性化生产以及流程优化方面有较大需求。边缘计算可以支持解决以下普遍存在的问题：①现场网络协议众多，互联互通困难且开放性差；②数据多源异构，缺少统一格式，不利于数据交换与交互操作；③产品缺陷难以提前发现；④预测性维护缺少有效数据支撑；⑤工艺与生产关键数据安全保护措施不够。

工业物联网场景中，边缘计算主要功能包括：①基于 OPC UA over TSN（基于时间敏感网络的工业通信协议）构建的统一工业现场网络，实现数据的互联互通与交互操作；②基于边缘计算虚拟化平台构建的虚拟化可编程逻辑控制器（vPLC），支持生产工艺与流程的柔性；③图像识别与视频分析，实现产品质量缺陷检测；④适配制造场景的边缘计算安全机制与方案（见图 4-5）。

2. 视频监控

视频监控正在从“看得见”“看得清”向“看得懂”发展。行业积极构建基于边缘计算的视频分析能力，使得部分或全部视频分析迁移到边缘处，由此降低对云中心的计算、存储和网络带宽的需求，提高视频图像分析的效率。同时，构建基于边缘计算的智能视频数据存储机制，可根据目标行为特征确定视频存储策

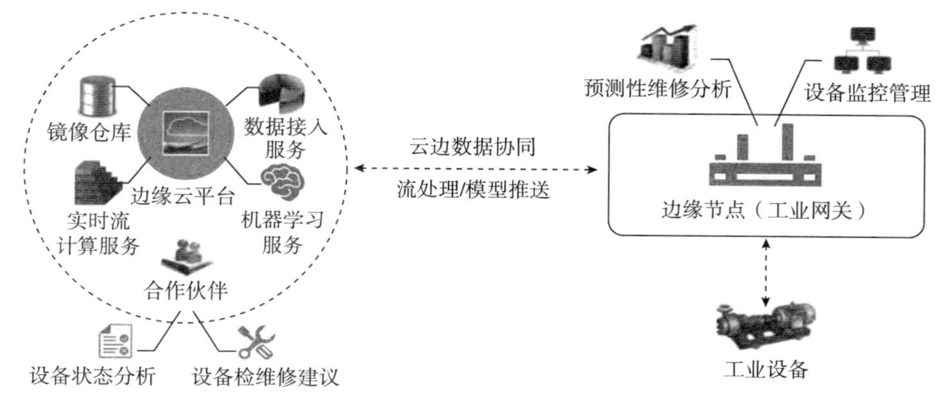

图 4-5　工业物联网中边缘计算技术架构

略，实现有效视频数据的高效存储，提高存储空间利用率。边缘计算为安防领域“事前预警、事中制止、事后复核”的理念走向现实提供了有力技术支撑。

视频监控场景中，边缘计算主要功能包括：①边缘节点图像识别与视频分析，支撑边缘视频监控智能化；②边缘节点智能存储机制，可根据视频分析结果，联动视频数据存储策略，既高效保留有价值的视频数据，又提高边缘节点存储空间利用率；③边云协同，云端 AI 模型训练，边缘快速部署与推理，支持视频监控多点布控与多机联动。

3. 智慧园区

智慧园区建设是利用新一代信息与通信技术来感知、监测、分析、控制、整合园区各个关键环节的资源，在此基础上实现对各种需求做出智慧响应，使园区整体的运行具备自我组织、自我运行、自我优化的能力，为园区企业创造一个绿色、和谐的发展环境，提供高效、便捷、个性化的发展空间。2018 年，中国园区信息化市场规模达到 2688 亿元左右，同比增长 20%。全国智慧园区存量市场超过 10000 家，复合年均增长率超过 10%。

智慧园区场景中，边缘计算主要功能包括三个方面。①海量网络连接与管理：包含各类传感器、仪器仪表、控制器等海量设备的网络接入与管理；接口包括 RS485、PLC 等，协议包括 Modbus、OPC 等；确保连接稳定可靠，数据传输正确，可基于软件定义网络（Software Defined Network，SDN）实现网络管理与自动化运维。②实时数据采集与处理：如车牌识别、人脸识别、安防告警等智慧园区应用，要求实现实时数据采集与本地处理，快速响应。③本地业务自治：如楼宇智能自控、智能协同等应用要求在北向网络连接中断的情况下，能够实现本地业务自治，继续正常执行本地业务逻辑，并在网络连接恢复后，完成数据与状态同步（见图 4-6）。

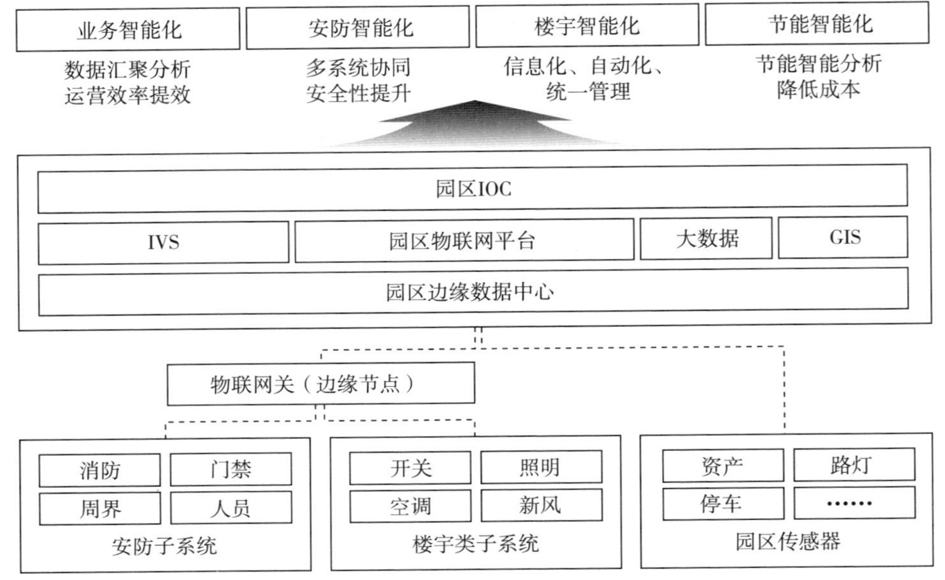

图 4-6 智慧园区边缘计算分层架构

三、“云”：云网协同

随着烟草行业企业数字化转型的逐步推进，烟草行业已经进入将业务从线下搬迁上云的阶段。在初期阶段，企业业务部署在云上，通过资源池化，解决了IDC（Internet Data Center，互联网数据中心）时代运维、部署、扩容的难题。但传统应用单体架构过于厚重、烟囱式架构带来的一系列问题并没有得到有效解决，云对业务的价值还仅仅停留在资源供给阶段，无法充分发挥出云计算应有的价值。随着烟草行业的数字化建设逐步进入智能升级阶段，企业需要充分享受云计算带来的红利，就需要让业务能力内生于云，基于云的技术架构来构建企业业务，行业构建多云、多中心的分布式架构，以及敏捷、智能的企业数字化业务，将企业的数字化建设、智能升级带入新阶段。此时，云对业务的价值不再是简单的资源供给，还要能以应用为中心，为业务赋能。

自主可控是烟草行业信息化建设的重要方向，也是保障网络安全、信息安全的前提。能自主可控意味着信息安全容易治理，产品和服务一般不存在恶意后门并可以不断改进或修补漏洞；反之，不能自主可控就意味着具“他控性”，就会

受制于人，其后果是，信息安全难以治理，产品和服务一般存在恶意后门并难以不断改进或修补漏洞。

随着当前国产化步伐的不断推进，各个卷烟厂信息化建设需要向国产化不断迈进，云领域的建设需要考虑如下几个方面：

（一）全栈自主可控云

将自主可控贯穿全IT系统，实现基础设施自主可控、底层软件自主可控、安全产品自主可控。

1. 基础设施自主可控

基础设施主要是以国产CPU（如鲲鹏、飞腾、龙芯等）平台为基础，掌握核心技术和完整知识产权，可完全自主设计和研发处理器。使用自主可控的服务器、存储设备、备份设备和网络设备，产品的核心部件全部国产化，实现数据中心的高速互联；关键部件均采用冗余架构设计，保证数据中心组网的高冗余稳定性；通过适配搭建IT设施的基础平台，确保平台运行稳定性、安全性、组网的先进性及可扩展性。

2. 底层软件自主可控

底层软件自主可控主要是实现操作系统、中间件、数据库的国产化。同时支持国产化+X86双栈并存，保证业务平滑演进，主要有以下两个优点：一是双栈应用并存，满足多样应用需求；二是有丰富的移植助手工具，应用可高效适配。

3. 安全产品自主可控

安全产品主要从内网安全、数据安全、边界安全三个层面实现安全防御体系的建设，同时对终端安全提供全方位、立体化的保护。

全栈云技术架构如图4-7所示。

（二）虚拟化技术

1. 虚拟化云计算平台

（1）按需弹性调整。

虚拟化云计算平台根据物理设备资源的利用情况，合理地进行虚拟资源的启用与休眠，在保证系统性能的同时，最大限度地降低整个系统的能耗。动态调整物理资源的使用率，使得管理员可以通过监控不同时期不同系统的负载情况，动态地进行资源的分配，确保所有资源都得到最合理、最有效的利用：在整个服务处于高负载状况下，从弹性池中分配空闲的计算资源给对应的服务；当服务处于空闲状态时，回收相应的资源到资源池中，以降低能耗。

（2）多租户。

需要考虑接入的各个部门相互独立、各自管理的需求，因此虚拟化平台应能够实现多租户，将同一个虚拟化平台虚拟成为多个按部门划分的虚拟数据中心。

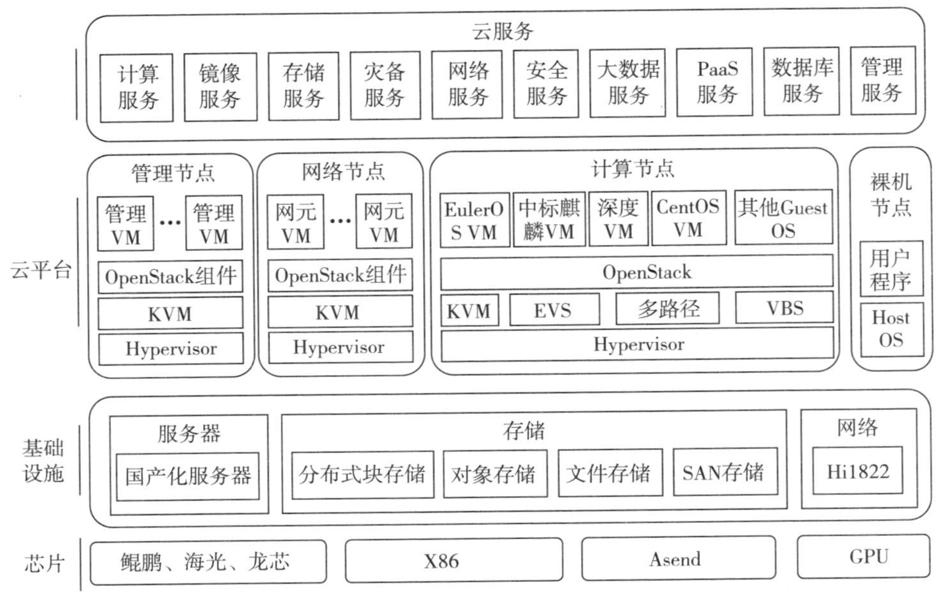

图 4-7 全栈云技术架构

2. 计算虚拟化

虚拟化平台作为云计算解决方案的关键技术平台，主要定位企业关键应用领域，采用裸金属架构的 X86 虚拟化技术，是一个基于开源内核级虚拟化（Kernel-based Virtual Mackine，KVM）技术增强的全面的服务器虚拟化平台。通过实现对服务器物理资源的抽象，将 CPU、内存、I/O 等服务器这一物理资源转化为可统一管理和分配的逻辑资源，为应用提供安全隔离的虚拟机运行环境，可充分利用硬件辅助虚拟化技术具有更高的性能、可用性和安全性的特点，结合上层云操作系统管理功能，可实现更低的运营成本、更高的自动化管理水平和更快速的业务响应速度。

3. 存储虚拟化

虚拟化平台提供基于主机的存储虚拟化功能，用户不需要再关注存储设备的类型和能力。存储虚拟化可以将存储设备进行抽象，以逻辑资源的方式呈现，统一提供全面的存储服务，可以在不同的存储形态、设备类型之间提供统一的功能。提供基于存储虚拟化平台提供的众多存储业务，可以提高存储利用率，具有更好的可靠性、可维护性，可以带来更好的业务体验和用户价值。存储虚拟化支持 IPSAN、FCSAN、NAS、本地磁盘，可以做到以文件系统进行屏蔽，统一提供文件级别的业务操作。存储虚拟化提供包括精简置备磁盘、增量快照、存储冷热迁移、链接克隆虚拟机、虚拟机磁盘扩容等众多功能，提供数据存储扩容特性，使得一个数据存储可以管理多个物理逻辑单元号（Logical Unit Number，LUN）空间，从而实现对数据存储灵活地进行空间扩容，有效提高数据存储扩展性。

4. 网络虚拟化

虚拟化平台支持运行于计算服务器节点的分布式虚拟交换机。分布式虚拟交换在服务器的 CPU 中实现完整的虚拟交换的功能，虚拟机的虚拟网卡对应虚拟交换的一个虚拟端口，服务器的物理网卡作为虚拟交换的上行端口（Uplink Port）。

分布式虚拟交换机具备如下特点。①服务器内部的通信性能：同一服务器上的虚拟机间报文转发性能好，时延低。虚拟交换机（Virtual Switch，v Switch）实现虚拟机之间报文的二层软件转发，报文不出服务器，转发路径短，性能高。②跨服务器通信性能：跨服务器需要经物理交换机进行转发，相比物理交换机实现虚拟交换，由于虚拟交换模块的消耗，性能稍低于物理交换机。③扩展灵活：服务器实现虚拟交换，由于采用纯软件实现，相比采用 L3 芯片的物理交换机，功能扩展灵活、快速，可以更好地满足云计算的网络需求扩展。④规格容量大：服务器内存大，相比物理交换机，在 L2 交换容量、ACL 容量等，远大于物理交换机。⑤支持 SR-IOV 的网卡提供虚拟交换的能力。⑥虚拟交换机提供虚拟网络安全能力，可以防止虚拟机的 IP 地址仿冒。

（三）云原生技术

云原生技术有利于各组织在公有云、私有云和混合云等新型动态环境中，构建和运行可弹性扩展的应用。云原生的代表技术包括容器、服务网格、微服务不可变的基础设施和声明式 API。

这些技术能够构建容错性好、易于管理和便于观察的松耦合系统。结合可靠的自动化手段，云原生技术使工程师能够轻松地对系统做出频繁和可预测的重大变更。

以某中烟为例，随着云原生技术的日趋成熟，IT 数字化转型战略正在经历从“Cloud First”（云优先）到“Cloud Native First”（云原生优先）的转变和升级，是中烟架构升级的新动能。容器作为新一代 IT 基础设施已经被各行业广泛接受，Kubernetes（K8s）作为容器调度平台，已经是云原生的基石和操作系统（Operating System，OS）。基于 Kubernetes 和 Docker 两种开源技术，构筑以容器应用为中心的云原生 2.0，提出三大价值主张：重定义基础设施、新赋能泛在应用、再升级应用架构，为客户提供极致性能成本、多云和云边端统一管理调度、升级云原生应用生态、提供非侵入式服务治理和有状态/AI/大数据应用生态。

1. 容器技术

LXC容器（Linux Container）技术是通过与主机共用内核，结合内核的Cgroup（Control Group，控制群组）和namespace（命名空间，也称名称空间）实现的一种虚拟化技术，极大地减少了对主机资源的占用且具有较快的启动速度。Docker就是一个LXC容器引擎技术，能够实现应用的打包、快速部署等。Docker通过LXC容器技术将App变成一个标准化的、可移植的、自管理的组件，实现了应用的“Build once，run anywhere”（搭建一次，到处能用）。

（1）Docker技术。

Docker是一个客户端—服务器（Client-Server，C/S）架构程序。Docker客户端只需要向Docker服务器或者守护进程发出请求，服务器或者守护进程将完成所有工作并返回结果。Docker提供了一个命令行工具Docker以及一整套RESTful API。Docker的技术特点是应用快速发布、应用部署和扩容简单、更高的应用密度、应用管理更简单。

Docker架构如图4-8所示。

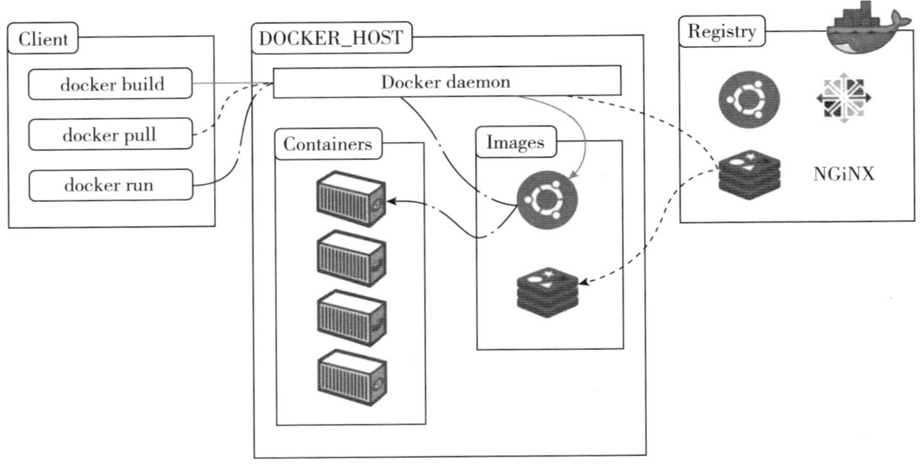

图4-8　Docker架构

（2）Kubernetes技术。

Kubernetes（K8s）是开源的容器集群部署和管理系统，是云原生领域容器调度事实的行业标准。它构建在容器技术之上，为容器化的应用提供资源调度、部署运行、服务发现、扩容缩容等一整套功能，本质上是基于容器技术的调度平台。

K8s 将 Docker 容器宿主机组成集群，统一进行资源调度，自动管理容器生命周期，提供跨节点服务发现和负载均衡；更好地支持微服务理念，划分、细分服务之间的边界，比如 lablel、pod 等概念的引入。K8s 由 Master 和 Node 组成，具有架构轻量、迁移方便、部署快捷、插件化、可扩展等优点。K8s 架构如图 4-9 所示。

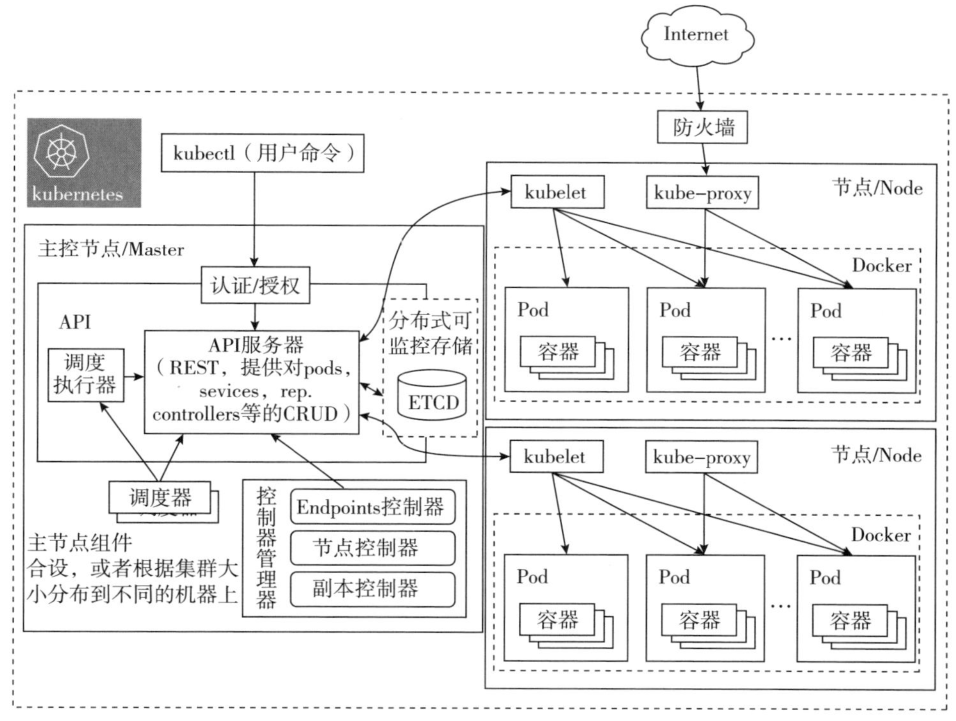

图 4-9　K8s 架构

2. 服务网格技术

服务网格（Service Mesh）是一个提供连接、保护、控制以及观测功能的开放平台，通过提供完整的非侵入式的微服务治理解决方案，能够很好地解决云原生服务的管理、网络连接以及安全管理等服务网格治理问题。

随着微服务的大量应用，服务网格构成的分布式应用架构在运维、调试和安全管理等维度变得更加复杂，开发者需要面临更大的挑战，如服务发现、负载均衡、故障恢复、指标收集和监控，以及金丝雀发布、蓝绿发布、限流、访问控制、端到端认证等。

在较高的层次上，服务网格有助于降低这些部署的复杂性，并减轻开发团队的压力。它是一个完全开源的服务网格，可以透明地分层到现有的分布式应用程序上。它也是一个平台，包括允许集成到任何日志记录平台、遥测或策略系统的API。它的多样化功能使程序员能够成功高效地运行分布式微服务架构，并提供保护、连接和监控微服务的统一方法。

服务网格的基本概念如下：从逻辑上看，服务是主要管理的资源对象，是一个抽象概念，主要包含主机名（Host Name）和模型（Ports）等属性，并指定了Service的域名和端口列表。每个端口都包含端口名称、端口号和端口的协议。不同的协议有不同的内容，相应地，对不同的协议也有不同的治理规则集合。建议将端口的协议通过“-”连接符加在端口名称上。从物理层面看，服务的存在形式就是Kubernetes的Service，在启用服务网格的集群中创建Kubernetes的Service时只要满足以上约束，就可以转换为服务并配置规则进行流量治理。

在应用场景中，灰度发布是一个重要的场景，即要求一个Service有多个不同版本的实现。而Kubernetes在语法上不支持在一个Deployment上定义多个版本，在服务网格中多个版本的定义是将一个Service关联到多个Deployment，每个Deployment都对应服务的一个版本。

服务实例是真正处理服务请求的后端，就是监听在相同端口上的具有同样行为的对等后端。服务访问时由代理根据负载均衡策略将流量转发到其中一个后端处理。服务网格的服务实例主要包括Endpoint、Service、Labels、Availability Zone和Service Account等属性，其中Endpoint是其中最主要的属性，表示这个实例对应的网络后端（ip：port），Service表示这个服务实例归属的服务。

3. 容器调度技术

容器调度是构建于Kubernetes之上的增强型高性能计算任务批量处理系统。作为一个面向高性能计算场景的平台，它弥补了Kubernetes在机器学习、深度学习、高性能计算（High-Performance Computing，HPC）、大数据计算等场景下的不足，支持TensorFlow、Spark、MindSpore等多个领域框架，帮助用户通过Kubernetes构建统一的容器平台。容器调度系统不仅包括作业调度，可以提供丰富的调度策略，如组调度、公平调度、基于任务拓扑调度、基于IO的调度、基于作业优先级调度等，还包含作业生命周期管理、队列管理、多集群调度、命令行、数据管理等功能。

针对计算型应用提供作业调度、作业管理、队列管理等多项功能，主要特性包括以下几点。①丰富的计算框架支持：通过自定资源（Custom Resource Definition，CRD）提供批量计算任务的通用API，通过提供丰富的插件及作业生命周期高级管理，支持TensorFlow、MPI、Spark等计算框架容器化运行在Kubernetes

上。②高级调度：面向批量计算、高性能计算场景提供丰富的高级调度能力，包括成组调度、优先级抢占、装箱、资源预留、任务拓扑关系等。③队列管理：支持分队列调度，提供队列优先级、多级队列等复杂任务调度能力。④异构计算：支持 GPU、NPU 异构计算资源调度。

4. 应用生命周期管理技术

（1）Helm 技术。Helm 就像是 Kubernetes 的应用程序包管理器，类似于 Linux 系统之上的 yum 或 apt-get 等，可帮助用户查找、分享及使用 Kubernetes 应用程序。它的核心打包功能组件称为 chart，可以帮助用户创建、安装及升级复杂应用。Helm 可以很好地帮助用户解决应用安装的问题。

（2）Operator 技术。

Operator 是一种封装、部署和管理 Kubernetes 应用的方法。Kubernetes 可管理和扩展无状态应用，如 Web 应用、移动后端和 API 服务，无须掌握关于这些应用的工作原理的任何其他知识。Kubernetes 的内置功能旨在轻松处理这些任务。但是，数据库和监控系统等无状态应用需要 Kubernetes 以外其他域的特定知识。有了这些知识，才能够扩展、升级和重新配置这些应用。Operator 将这些特定域知识编码了到 Kubernetes 扩展中，通过 CRD 机制实现应用生命周期的管理和自动化。Operator Framework 是提供开发人员和运行 Kubernetes 工具时的开源项目，可以加速 Operator 开发。

（四）边云协同

智能边缘平台通过纳管边缘节点，提供将云上应用延伸到边缘的能力，联动边缘和云端的数据，满足对边缘计算资源的远程管控、数据处理、分析决策、智能化的诉求；同时，在云端提供统一的设备/应用监控、日志采集等运维能力，为中烟提供完整的云边协同一体化服务的边缘计算解决方案。

1. 智能边缘平台设计架构

智能边缘服务负责边缘与云之间服务与生态的协同，从服务角度看是云上业务向边缘延伸的管道与 AI 服务、物联网、区块链以及实时音视频等服务能力打通，覆盖 AI、物联网、金融以及视频点播、直播等边缘场景，能够与云上兼容 Kubernetes 生态，支持标准镜像格式的容器业务下发，提供全面的南北向接口，便于第三方独立软件开发商（Independent Software Vendors，ISV）生态灵活集成。面向边侧，支持异构设备管理，并且能调度多种计算资源，覆盖客户的计算场景，轻量化的边缘管理组件设计，能够提升用户资源使用率。边侧针对场景协议提供良好的支持，便于边侧设备接入（见图 4-10）。

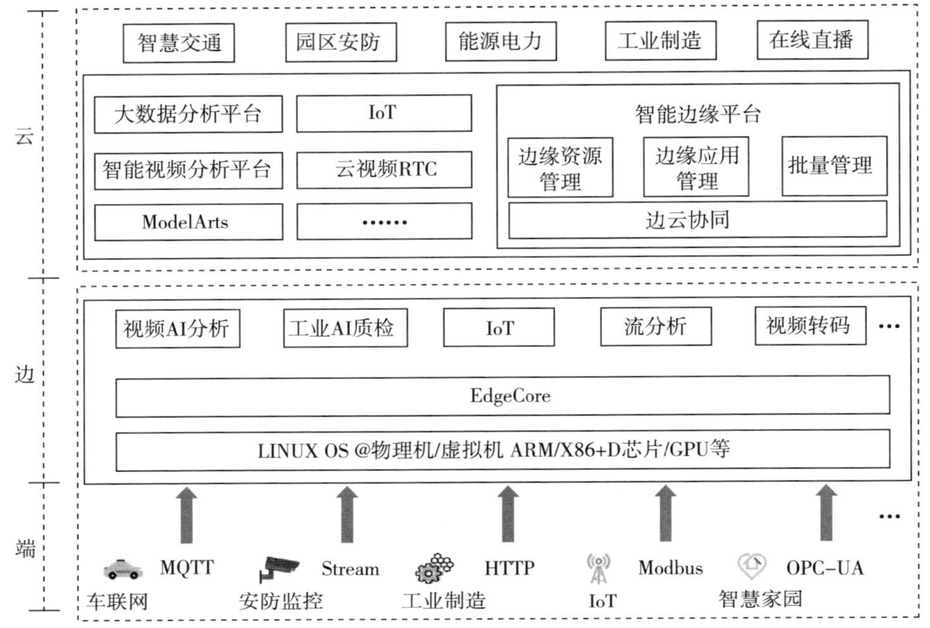

图 4-10 智能边缘平台技术架构

2. 智能边缘平台特性

智能边缘平台面向边缘计算场景，除了具备低时延、高安全、低成本等边缘计算优势，面向商用场景在边缘高可靠、统一运维、接入规模等方面做了能力增强，为客户提供全面生产可用的边缘计算管理平台。同时 IEF 基于 KubeEdge 兼容 Kubernetes 生态，拥抱开源，面向云原生，提供更开放的技术生态。

（1）边缘高可靠。

智能边缘平台提供了节点自治、故障迁移以及多实例部署的能力来保障业务的可靠性和连续性。

1）节点自治：边缘场景中网络质量难以和云上环境相比，断网、网络抖动时有发生。因此，当边缘节点出现网络问题时，应确保业务的正常运行。提供节点自治，可使边缘节点与云上管理平台断开连接时并不影响业务运行，检测到边云连接断开后，边缘侧自主监控业务应用运行状态，如业务应用异常，则自动拉起恢复。

2）故障迁移：当节点故障停止工作时，云上管理平台秒级进行故障迁移调度，将业务应用迁移至其他可用的边缘节点。

3）多实例部署：支持单工作负载多实例部署，用户可以通过多实例部署来

避免单点故障引起的服务中断。

（2）统一运维。

智能边缘平台提供完备的边缘产品功能，包含镜像管理、边缘资源管理、边缘应用管理、运维监控以及权限控制。用户能够通过界面全流程完成从资源纳管到业务下发再到后期的业务监控运维与升级更新，大大提升业务部署、运维效率，降低使用门槛。

（3）接入规模。

智能边缘平台通过优化边云连接，最大可单集群能够支持 3000 边缘节点接入，并且支持根据用户业务规模的扩大而进行集群水平扩容。

（4）面向云原生。

智能边缘平台基于 KubeEdge 构建，兼容云原生生态，解耦业务、硬件与设备，支持用户根据自身场景诉求灵活演进。

（5）异构设备接入。

边缘场景中具备大量的异构设备，智能边缘平台能够支持 X86、ARM32 及 ARM64 架构的设备，覆盖了大型服务器、智能小站甚至物联网设备，能够全面支撑客户得边缘业务场景。

（6）轻量化。

智能边缘平台优化边缘侧管理组件资源占用，EdgeCore 最低开销只需 128MB 内存。

四、“网”：融合网络

（一）无线网络

1. 5G 无线传输技术

5G 无线传输技术是第五代蜂窝移动通信技术，作为先进的通信技术手段，以其大带宽、低时延、高可靠、高连接、泛在网等诸多优势，在 5G 行业网中发挥着重要作用。5G 专网可面向不同的需求场景提供定制化的解决方案，以满足差异化的行业需求，如大带宽需求、高可靠需求、超低时延需求、定制化网络需求、高安全和强隔离需求。针对不同行业需求可引入不同的组网需求，如低时延需求将可能引入业务加速、本地业务保障、边缘云等组网需求；强隔离需求将引入端到端切片、数据不出场的组网需求。同时，针对不同行业需求会引入不同的技术手段组合，如 QoS、切片、边缘计算等。

结合高端工业制造行业痛点，现有 5G 赋能重点需求如下：第一，使能新生产要素，赋能企业实现智能化生产与数字化运维，包括基于移动需求的自动化生产过程（自动导引运输车、移动机器人）、基于视频的预防性维护和质量管理

（机器视觉）、基于 AR/VR 的新生产过程。第二，替换原有总线（部分），使能柔性生产（提升效率）：目前 95%是有线连接，5%是无线连接，呈高速增长态势；协议部分则由 OT 厂家主导，市场碎片化，大部分基于工业以太网，采用层二通信，场景丰富；总体发展趋势为时间敏感型网络（Time Sensitive Network，TSN）逐步替代总线协议。第三，感知采集更加容易，强化智能工厂全网泛感知：基于蜂窝网络的设备、物料定位；无线数据传感器，使得数据收集更加容易。第四，基于云平台促进行业整体资源优化：构建工业互联网平台，助力企业上云服务，打通企业生产、销售、运营、供应、管理等各个业务环节和流程，推动跨领域资源配置与内外部协同能力提升（见图 4-11）。

5G在智能制造领域主要聚焦以下八大业务场景

场景命名	室内定位	远程控制—场内产线设备控制	机器视觉质检	远程控制—场内产线设备控制	远程控制—AGV控制	远程控制—场内产线设备控制	AR远程协作	全方位园区安防
场景命名	资产盘点	通用设备程序加载	产品质量检测（来料、印刷、组装、包装等）	自动老化测试	AGB调试	PLC实施采集	AR远程指导	园区智能安防（身份识别）
	资源实时调度	自动化设备程序加载	智能扫码	自动加载OS	物流配送调度	PLC远程控制	AR本地引导	移动巡逻
	物料透明可视	视频监控5G化		自动加载测试	园区自动驾驶		在线维修	生产安全监控
	人员定位	手持终端5G化					参观厂验	

图 4-11　5G 智能制造应用场景

在智能工厂项目中，须统筹考虑端到端组网及资源配置方案，整体端到端解决方案包括：①端侧，产线设备 Dongle、5G 网关等，实现工业级组网；②无线网侧，共享基站（专享）/独立基站（尊享），按需配置 QoS、RB 资源预留，实现业务优先级保障；③传输网侧，SPN（Slicing Packet Network，切片分组网）传输网+IP 承载网，按需灵活以太网（Flexible Ethernet）硬切片或虚拟局域网（Virtual Local Area Network，VLAN）软切片，实现传输隔离；④核心网侧，共享或入驻边缘计算技术（Mobile Edge Computing，MEC）提供本地分流，实现数据不出园区（至少存储、处理不出园区）。

核心网 UPF 技术选择、组网：智能工厂项目按需采用边缘增强型一体化 UPF 设备或边缘 UPF 设备，按分流带宽选择模型配置。2B 终端仅在园区内移动，且仅访问园区内业务，不连接中国移动互联网（China Mobile Network，CM-NET）；终端在园区内通过边缘 UPF 访问园区 App 应用，App 存在与园区企业内网互通需求，通过传输专线与企业内网进行通信。有三种技术组网可选择，具体选用需要结合成本敏感度判断，具体如下：第一，单园区专享双节点，适用于本地只有一个园区的工厂，对数据不出厂需求强烈，可承受较高成本的场景；第二，多园区专享双节点，适用于本地有多个园区的工厂，对数据不出厂需求较为强烈，可承受中等成本的场景；第三，地市级共享双节点，适用于本地有多个园区的工厂，对数据不出厂需求不强烈，对成本敏感的场景。

基于网络切片+专用 DNN，实现业务按需隔离：智能工厂不同业务类型服务等级协议（Service-Level Agreement，SLA）要求差异性大，PLC 控制等生产类业务时延、可靠性要求高，需要端到端资源隔离需求，根据工厂不同的需求，可以按需选用如下切片方案。方案 1：默认切片+专用 DNN，通过专用 DNN 实现本地分流，保障数据不出园区。方案 2：端到端切片，按业务类型划分切片，如生产类业务、非生产类业务；端到端切片管理开通方案正在逐步完善，具体要求以集团正式下发要求为准。

MEC 容灾解决方案：关注传输链路备份和核心网 MEC 三层容灾。传输侧应确保传输满足 MEC 主备保护功能实现，并避免单点失效导致主备 MEC 同时失效；核心网侧采用 UPF 负荷分担或主备模式，消息交换模式（Message Exchange Pattern，MEP）暂无明确的容灾方案，App 可部署在 2 个 MEC 节点来现实容灾，以及自身功能开发现实容灾。采用入驻 MEC 双节点容灾组网方案，在单园区或多园区内部署两套容量相等的 UPF 负荷分担或主备相互容灾，一套 UPF 故障时，另一套 UPF 能够接管园区内所有用户和业务，实现同级容灾。

2. Wi-Fi 6/Wi-Fi 7 无线网络技术

随着 Wi-Fi 6（第六代无线网络技术）的面世，大带宽及并发通信的技术特点使工厂内部多种移动性业务成为可能，各卷烟厂目前基于无线的业务也在不断开展中，智能工厂转型升级过程中应持续开展针对 Wi-Fi 6 及 Wi-Fi 7（第七代无线网络技术）的探索和试点，构建无线化工厂，提升柔性制造水平。

Wi-Fi 6/Wi-Fi 7 能满足如下业务需求：

（1）网络速率突破 10Gbps。Wi-Fi 6/Wi-Fi 7 无线接入点（Access Point，AP）支持多达 16 条空间流，高达 10.75Gbps 的吞吐速率，为 AR/VR、4K 高清视频等大流量业务提供光纤一般的网络体验。

（2）覆盖更稳，零死角网络覆盖。Wi-Fi 6/Wi-Fi 7AP 内置多达 16 条智能天线，采用源自5G的波束成型算法，无线信号覆盖半径比传统天线远20%，信号更强，为用户提供零死角的网络覆盖。

（3）应用更稳，保障应用体验。Wi-Fi 6/Wi-Fi 7AP采用智能应用加速技术、动态感知应用类型、层次化动态QoS策略，保证关键应用时延低至10ms，让AR/VR、语音等实时类应用体验无卡顿。

（4）漫游更稳，"零"丢包无损漫游。Wi-Fi 6/Wi-Fi 7AP采用射频资源管理（SmartRadio）无损漫游技术，对传统漫游过程主动优化，使得移动终端可实现毫秒级快速无损漫游，保障视频会议、语音电话、AGV等应用在使用/移动过程中无卡顿。

（5）随时随地100Mbps连续组网。基于正交频分多址（Orthogonal Fequency Dirisicn Multiple Access，OFDMA）和多用户—多输入多输出（Multi-User Multi-Input Multi-Output，MU-MIMO）联合调度算法，Wi-Fi 6/Wi-Fi 7AP在高密接入场景下性能大幅提升，在高密度终端接入场景下也可保证每终端任意时刻、在工厂任意位置获得100Mbps的带宽体验。

Wi-Fi 6/7应用的整体架构如图4-12所示。

其架构包含如下层级：

（1）终端层：物联终端层是智慧工厂的"末端传感"，连接着物理世界和数字世界。这些终端部署在不同的网络环境中，有室内的也有室外的，有固定的也有移动的，根据场景不同需要选择合适的网络连接方式。这些物联终端的算力有限，人机交互维护界面大多不方便，安全防护能力较弱，大多是非IP化接口，导致组网复杂，配置入网复杂。为了解决这些问题，智慧工厂网络须能实现标准化连接与安全接入。

（2）接入层：边缘接入层是建设智慧工厂的关键一层。这一层向下连接着OT网络（支持物联设备之间的操作指令通信的网络），向上连接着CT网络（支持IT应用数据的通信网络）。OT网络需求是可靠连接、业务本地存活；CT网络需求是安全、可运维可管理；IT网络需求是通过CT网络与OT网络数据互通、策略联动。接入层主要包含了无线局域网接入点（WLAN AP）和工业物联网网关，WLAN AP需要根据插卡的请求与工业物联网关建立基于传输控制协议（Transmission Control Protocol，TCP）的数据管道和管理管道。WLAN AP主要负责将插卡串口的上行报文转换成以太报文头传给工业物联网关或者将IoT网关的下行数据转换成串口数据透传给插卡。

（3）网络层：回传网络是智慧工厂的"神经网络"，提供有线、无线网络的全面覆盖，主要是保障物联数据高效、可靠、安全的传输。广域回传网可采用软件定义广域网（Software Defined Wide Area Network，SD-WAN）优化投资性价

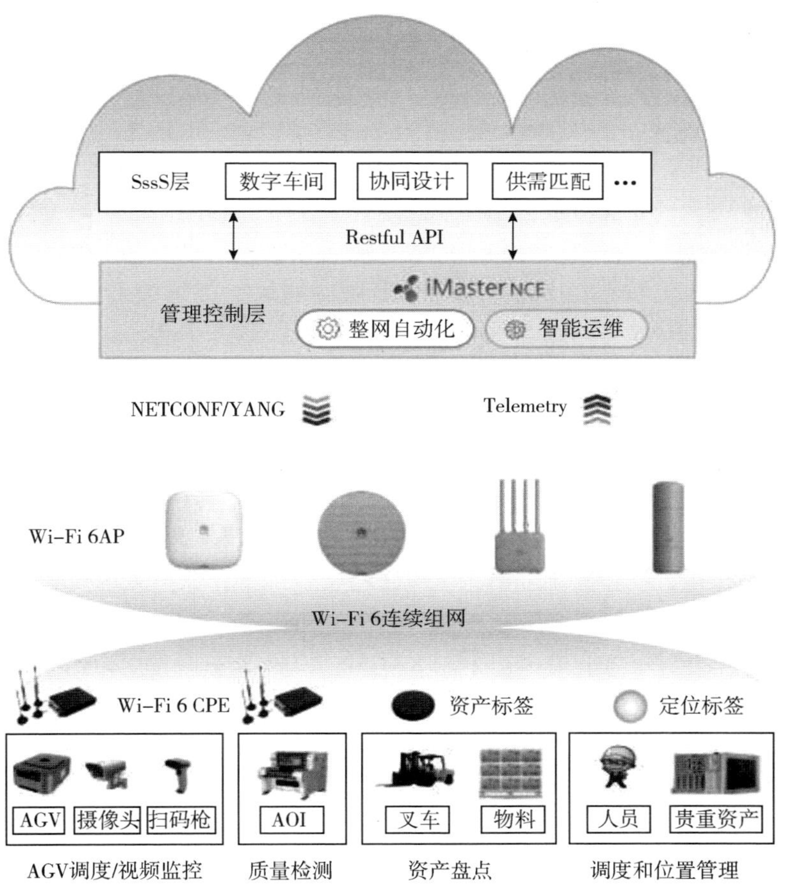

图 4-12　Wi-Fi 6/Wi-Fi 7 整体架构

比，实现对重要业务通过专网传输，对非重要业务可通过公网回传。工厂内网可采用 VXLAN（虚拟可扩展局域网，Virtual Extensible Local Area Network）或 SRv6（基于 IPv6 转发平面的段路由，Segment Routing IPv6）技术实现一网多业务承载，对不同的业务划分不同的虚拟子网以保障业务隔离安全可靠。

（4）管理层：管理控制层是智慧工厂的“神经中枢”，实现网络、安全、物联的图形化界面对数据、终端、网络的可视、可控、可管的统一管理，管理整张物联感知网，并提供开放的接口和标准化数据给应用层。

（5）应用层：智慧城市智能运行中心（Intelligent Operations Center，IOC），不仅管理着整网的业务态势，也管理着整网的网络态势与安全态势，通过对接连接使能平台，即可获取所有南向物联网的数据、网络、安全管理所需的数据和信息。智慧工厂的应用层通常包括智能生产管理、质量管理、物流管理、资产管理、能效管理、人员管理、园区安防管理、视频监控、人员/车辆管理等。

Wi-Fi 6/Wi-Fi 7 应用的整体方案具备如下价值：

（1）Wi-Fi 6 CPE，为工业设备“剪辫子”。整机速率达可到 2.98Gbps，支持双发选收功能，即插即用自动连接网络，为工业设备提供 Wi-Fi 6 无线接入能力，灵活变更产线，打造柔性制造产线，提高企业自动化程度，提升企业产能。

（2）物联融合 AP，打造 Wi-Fi/IoT 融合网络，加速创新应用。物联融合 AP，打造 Wi-Fi 和 IoT 融合无线网络，支持 RFID、ZigBee[①]、蓝牙及超宽带（Ultra Wide Band，UWB）厘米级定位协议，提供 AGV 自动运送物料和产品、资产在线盘点、贵重资产定位以及人员定位安全生产等创新型应用，并提升运维效率，降低运营成本。

（3）物联感知网，物联终端安全接入，保障工厂安全生产。物联终端自动识别，一键审批，合法终端自动入网，同时采用 AI 技术实现异常终端精准识别，零仿冒、零私接，终端安全隔离，保障工厂安全生产，保护工厂核心资产。

（4）一网多用，虚拟网络，多业务逻辑隔离，多网合一，降低总拥有成本（Total Cost of Ownership，TCO）采用 VXLAN/SRv6 技术实现虚拟网络，在物理网络上可虚拟任意网络，使业务逻辑隔离，可在一张物理网上部署多种业务，如工业生产网络、办公网络、物联网络、监控网络等，实现一网多用，且可根据业务需求的变化，极速调整逻辑网络，极大降低 TCO。

（5）连续组网，打造高品质工厂无线网络，业务体验佳。Wi-Fi 6/Wi-Fi 7AP 采用智能天线、无损漫游及端管协同等技术，为工厂打造一张拥有 100Mbps 体验速度、信号无死角、漫游无中断、拥有连续体验的全无线网络。自动光学检测（Automated Optical Inspection，AOI）智能质检和视频监控等高带宽应用及 AGV 等低时延，“零”丢包等生产应用，都能稳定地运行在 Wi-Fi 6/Wi-Fi 7 的高品质无线网络上。

Wi-Fi 6/Wi-Fi 7 在某中烟智能工厂建设中，可以有如下应用场景：

（1）产线工单下发。工单由 MES 系统通过 Wi-Fi 下发至 PAD，相对于传统方式的纸质工单方式，提高了生产效率，工单下发的实时性高，变更操作更加及时，同时也降低了由于变更未及时响应带来的生产损耗。

（2）智能拣选。手持 RF/PDA 拣选系统是通过无线网络传输订单，借助手持 RF/PDA 终端上的显示器，向作业人员及时、明确地下达向货架内补货（入库）和

① 世称紫蜂，是一种低速短距离传输的无线网上协议。

出库（出库）指示。具有加快拣选速度、降低拣货错误率、合理安排拣货人员行走路线、免除表单作业等显著优点，并且具备机器灵活和全面的应用范围。

（3）AGV 控制。工厂有 2 种类型的 AGV，分别在仓库和产线使用，仓库 AGV 为 Wi-Fi 或者二维码导航，其中二维码导航也需要 Wi-Fi 交互实时控制信息。

（4）产线终端数据回传。

制造过程可追溯，每个工序有 RFID 阅读器读取对应工序执行信息，包括产品进入该工序的时间和对应工序信息，满足生产过程管控。工厂内有环境监测等哑终端，通过 RS-232 接口连接一个读取器，读取器上行通过 Wi-Fi 回传哑终端采集的数据

（5）AI 质检。通过机器视觉+AI 深度学习技术，实现对卷烟产品生产过程工艺质量的控制，从烟叶等级筛选到卷烟滤棒品质管控，再到整个卷烟制程检验，确保产品品质。无线网络须满足大量的高清图片/影像高频次传输的需求，并确保质检结果反馈与执行的实时性。

（6）工艺控制与优化。通过大量的数据采集，对关键生产参数进行实时监控，提出准确的预警信息，并自动调优重要参数，确保制丝、卷包各个工序段的实时控制。无线网络须保证大量工艺数据传输稳定与连续。

（7）设备智能监控。通过在设备关键部位加装振动、温度、油液等在线传感器的方式实现设备状态监控与感知，实时判断设备是否正常运行以及在设备发生故障时及时找出故障部位及原因。无线网络须提升大量数据传输和处理能力，实现远程控制，并通过大数据分析以及人工智能技术实现预测。

（8）3D 可视化。以 3D 可视化方式立体、实时地呈现设备、生产、质量、物料、产品工艺、人员操作的信息，实现生产智能化、工艺精细化、设备精益化对卷烟企业的生产过程管控。无线网络须提供稳定、可靠、大带宽、低时延的通信环境，确保 3D 可视化的实时同步与实时控制。

（9）能源监控与调度。利用厂级能源监控与管理平台的搭建，实现能源数据集中采集、统计、分析和管理，上级单位也可以通过平台对烟厂的能耗情况实现远程在线监测。无线网络须有效应对大量能源设备实时数据采集与设备控制需求。

3. 窄带物联网技术

窄带物联网技术（Narrow Band Internet of Things，NB-IoT），是 3GPP R13 在成熟商用的长期演进技术（Long Term Evolution，LTE）基础上提出的更为精简的物联网新型终端类型，它是为实现大连接、深度覆盖、低功耗和移动性等要求而设计的专门用于物联网的窄带无线蜂窝通信技术。除了速率降低，NB-loT 在移动性和语音支持上均做了最大程度的简化。

NB-IoT 的网络能力如下：

（1）上下行传输速率：上行速率大于 160kbps，小于 250kbps（多频音）/200kbps（单频音）；下行速率大于 160kbps，小于 250kbps。

（2）容量：基于较小的工作频谱粒度（180KHz 工作频宽，15K/3.75K 子载波带宽），配合多载波技术的使用，可将系统用户容量极大扩展，实现单个基站小区支持 5 万个 NB-loT 终端接入。

（3）覆盖：NB-loT 比通用无线分组业务（General Packet Rodio Serrice，GPRS）基站提升了 20dB 的增益，相当于提升了 100 倍覆盖区域能力，可多穿透 1~2 堵墙。不仅可以满足农村这样的广覆盖需求，对于地下车库、地下室、地下管道等这类对深度覆盖有要求的应用同样适用。

（4）移动性：NB-loT 支持终端设备在 30km/h 移动速率下的小区重选。

（5）节电模式：NB-IoT 引入了 PSM 和 eDRX 节电模式，PSM 是通过在睡眠状态时不接受寻呼信息来达到省电目的，eDRX 通过设置更长的寻呼周期实现节电。相对于 PSM，eDRX 的下行可达性更高。

NB-loT 的特性如下：

（1）革新空口技术：采用超窄带设计、长时间发送（如多次重复）实现覆盖增强；采用新模式实现功耗降低（如新型省电模式、增强型非连续收发功能）。

（2）轻量级核心网：优化端到端流程、简化协议栈、支持新的节能模式、数据承载咀计费方式，节省信令开销，提高数据传输效率。

（3）低复杂度、高集成度芯片：软件功能简化（如协议栈简化、无复杂外设控制等）、硬件集成度提高。

（4）低成本、高续航模组：低成本、高集成度软硬件设计，低功耗、高续航能力，最终的模组成本取决于市场规模。

4. 无线射频识别技术

无线射频识别技术（Radio Frequency Identification，RFID）是自动识别技术的一种，通过无线电波不接触快速信息交换和存储技术，通过无线通信结合数据访问技术，然后连接数据库系统，加以实现非接触式的双向通信，从而达到了识别的目的，用于数据交换，串联起一个极其复杂的系统。

一套完整的 RFID 系统，由阅读器（Reader）与电子标签（即应答器）及应用软件系统（即数据管理系统）三个部分组成，其工作原理是阅读器发射一特定频率的无线电波能量，用以驱动电路将内部的数据送出，此时阅读器便依序接收解读数据，送给应用程序做相应的处理。

阅读器是将标签中的信息读出，或将标签所需要存储的信息写入标签的装置。根据使用的结构和技术不同，阅读器可以是读/写装置，是 RFID 系统信息控制和处理的中心。在 RFID 系统工作时，由阅读器在一个区域内发送射频能量形成电磁场，区域的大小取决于发射功率。在阅读器覆盖区域内的标签被触发，发送存储在其中的数据，或根据阅读器的指令修改存储在其中的数据，并通过接口与计算机网络进行通信。阅读器的基本构成通常包括收发天线、频率产生器、锁相环、调制电路、微处理器、存储器、解调电路和外设接口。

电子标签由收发天线、AC/DC 电路、解调电路、逻辑控制电路、存储器和调制电路组成。射频识别技术依据其标签的供电方式可分为三类，即无源 RFID、有源 RFID 与半有源 RFID。无源 RFID 出现时间最早，技术最成熟，其应用也最为广泛。在无源 RFID 中，电子标签通过接受射频识别阅读器传输来的微波信号，以及通过电磁感应线圈获取能量来对自身短暂供电，从而完成此次信息交换，有效识别距离通常较短，一般用于近距离的接触式识别。有源 RFID 兴起的时间不长，但已在各个领域，尤其是在高速公路电子不停车收费系统中发挥着不可或缺的作用。有源 RFID 通过外接电源供电，主动向射频识别阅读器发送信号，可以以较长的距离、较高的速度与阅读器交换信息。半有源 RFID 又叫作低频激活触发技术，通常情况下处于休眠状态，仅对标签中保持数据的部分进行供电，因此耗电量较小，可维持较长时间。当标签进入射频识别阅读器识别范围后，阅读器先以 125KHz 低频信号在小范围内精确激活标签使之进入工作状态，再通过 2.4GHz 微波与其进行信息传递。半有源 RFID 通常用于在一个高频信号所能覆盖的大范围中，在不同位置安置多个低频阅读器用于激活半有源 RFID 产品，既完成了定位，又实现了信息的采集与传递。

RFID 具有如下特征：

（1）适用性：RFID 技术依靠电磁波，并不需要连接双方的物理接触。这使得它能够无视尘、雾、塑料、纸张、木材以及各种障碍物建立连接，直接完成通信。

（2）高效性：RFID 系统的读写速度极快，一次典型的 RFID 传输过程通常不到 100 毫秒。高频段的 RFID 阅读器甚至可以同时识别、读取多个标签的内容，极大地提高了信息传输效率。

（3）唯一性：每个 RFID 标签都是独一无二的，通过 RFID 标签与产品的一一对应关系，可以清楚地跟踪每一件产品的后续流通情况。

（4）简易性：RFID 标签结构简单，识别速率高、所需读取设备简单。尤其是随着近场通信（Near Field Communication，NFC）技术在智能手机上逐渐普及，每个用户的手机都将成为最简单的 RFID 阅读器。

RFID 可应用于如下场景：

（1）物流：RFID 可应用的过程包括物流过程中的货物追踪、信息自动采集、仓储管理应用、港口应用、邮政包裹、快递等，可用于提升其物流能力。

（2）交通：车辆管理、交通枢纽管理、车辆识别等。

（3）身份识别：RFID 技术由于具有快速读取与难伪造性，所以被广泛应用于个人的身份识别证件中。

（4）防伪：RFID 具有很难伪造的特性，可以应用的领域包括贵重物品的防伪和票证的防伪等。

（5）资产管理：可应用于各类资产的管理，包括贵重物品、数量大相似性高的物品或危险品等。随着标签价格的降低，RFID 几乎可以管理所有的物品。

（6）食品：可应用于水果、蔬菜、生鲜、食品等管理。

（7）信息统计：由档案信息化管理平台的查询软件传出统计清查信号，阅读器迅速读取馆藏档案的数据信息和相关储位信息，并智能返回所获取的信息和中心信息库内的信息进行校对。

（8）查阅应用：在查询档案信息时，使用 RFID 技术实现查询资料信息的搜索、核实、出库、日志记录、警报等应用。

（9）安全控制：安全控制系统能实现对资产的及时监控和异常报警等功能，以避免资产被毁、失窃等。

5. 超宽带技术

超宽带（Ultra Wide Band，UWB）技术是一种使用 1GHz 以上频率带宽的无线载波通信技术，又称为基带通信技术。它不采用正弦载波，而是利用纳秒级的非正弦波窄脉冲传输数据，因此可以使用 3.1GHz～10.6GHz 的频谱范围。尽管使用无线通信，但其数据传输速率可以达到几百 Mbps 以上，同时具有抗多径干扰能力强、功耗低、成本低、穿透能力强、截获率低、与现有其他无线通信系统共享频谱等特点，主要用于军用雷达、定位和低截获率/低侦测率的通信系统中。

UWB 的主要技术特点如下：

（1）系统结构的实现比较简单。UWB 系统中的发射器直接用脉冲小型激励天线，不需要传统收发器所需要的上变频，从而不需要功用放大器与混频器。UWB 系统允许采用非常低廉的宽带发射器。同时在接收端，UWB 系统的接收机也有别于传统的接收机，它不需要中频处理，因此，UWB 系统结构的实现比较简单。

（2）高速的数据传输。一般 UWB 信号的传输范围为 10 米以内，以非常宽的频率带宽来换取高速的数据传输，并且不单独占用已经拥挤不堪的频率资源，而是共享其他无线技术使用的频带。根据经过修改的信道容量公式，数据传输速率可达 500Mbit/s，是实现个人通信和无线局域网的一种理想调制技术。

（3）功耗低。UWB 系统使用间歇的脉冲来发送数据，脉冲持续时间很短，一般为 0.2～1.5 纳秒，有很低的占空比，系统耗电很低，在高速通信时系统的耗电量仅为几百微瓦至几十毫瓦民用 UWB 设备的功率一般是传统移动电话所需功率的 1/100、蓝牙设备所需功率的 1/20。

（4）安全性高。由于 UWB 信号一般把信号能量弥散在极宽的频带范围内，对于一般通信来说，UWB 信号相当于白噪声信号，并且在大多数情况下，UWB 信号的功率谱密度低于自然的电子噪声的功率谱密度，从电子噪声中将脉冲信号检测出来是一件非常困难的事。采用编码对脉冲参数进行伪随机化，脉冲信号的检测将更加困难。

（5）多径分辨能力强。由于 UWB 无线电发射的是持续时间极短且占空比极小的单周期脉冲，多径信号在时间上是可分离的，同时由于脉冲多径信号在时间上不重叠，很容易分离出多径分量以充分利用发射信号的能量。

（6）定位精确。UWB 技术具有极强的穿透能力，可在室内和地下进行精确定位，其定位精度可达厘米级。

（7）工程简单造价便宜。UWB 只需要以一种数学方式产生脉冲，并对脉冲进行调制，而实现上述过程所需的电路都可以被集成到一个芯片上，设备的成本很低。

采用 UWB 技术很容易将定位与通信合一，而常规无线技术难以做到这一点：室外部署室外 AP 及室外 UWB 微基站，室外 AP 通过 POE out 给室外 UWB 微基站供电，并提供网络回传；室内物联网 AP 内置 UWB 插卡，无需独立的 UWB 微基站；物联网 AP 支持扩展 ZigBee 插卡、内置 BLE 模块等，可以为提供给 zigbee、Bluetooth 等接口的无线终端提供上行连接通道；WLAN 支持空口安全、接入安全、数据加密等全面的安全防护技术（见图 4-13）。

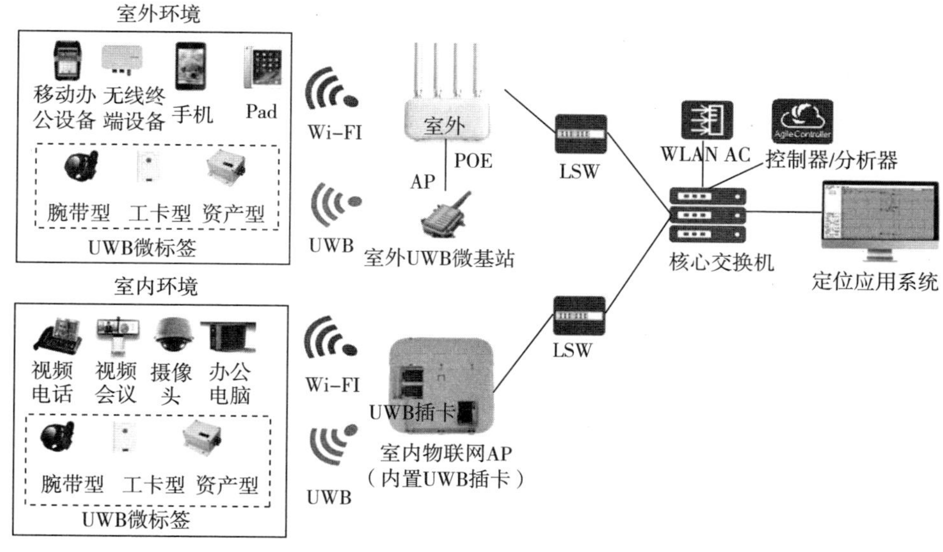

图 4-13 UWB 高精度定位技术

在智能制造领域可以使用 UWB 技术实现如下应用场景：

（1）智慧工厂：UMB 定位系统实现人、车精确定位，以高仿真三维可视化系统作为统一展示平台，接入工厂各生产业务系统数据，建立智慧安全大脑，打造可寻、可视、可防、可控的一体化管控平台，为企业安全生产保驾护航。

（2）监控管理：将 UWB 定位系统与传统的监管方式相结合，对访客、指定区域人员进行更智慧的管理，降低管理上的安全风险，实现事前预防、事中管控、事后人员轨迹追溯查证等。

（3）智慧生产：建立一套实时精准定位系统，联动门禁系统、视频系统、大屏系统等，实现生产现场产线施工人员的管理、数量统计、行为轨迹追踪、异常告警，提升产线人员的安全管理和生产效率。

（4）仓储物流：利用 UWB 定位管理系统，实现对物资的动态管理，建立集仓库库存物资的入库、出库、盘点、查找为一体的流程管理系统，提升现有的仓库货物管理水平。

（二）全光网络/光电混合网络

1. 智能工厂以太网络架构

图 4-14 为智能工厂以太网络架构。

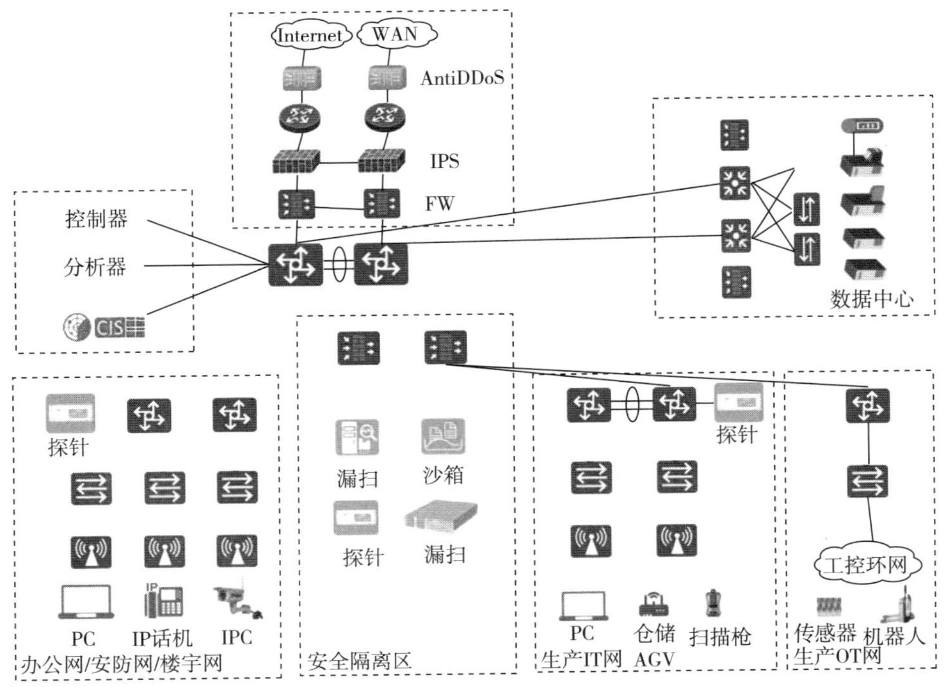

图 4-14 智能工厂以太网络架构

（1）园区出口：部署出口路由器，防火墙、入侵防御系统（Intrusion Prevention System，IPS）、分布式拒绝服务攻击（Distributed Denial of Service，DDoS）、上网行为管理等安全设备，作为园区的统一出口，同时要防范外部网络的攻击。

（2）办公 IT 网络：办公园区 IT 网络，一张物理网络同时承载有线办公网、无线办公网、安防网络、楼宇网络等，基于 Vxlan 技术构建多个虚拟网络，一网多用，逻辑安全隔离。

（3）生产 OT 网络：工业产线网络逐步由 Profinet、EtherCAT、POWERLINK 等封闭、专有工业以太网向标准化、开放以太网转型，但这个转型由于技术成熟度需要很长的周期，但集团业务的发展不可能允许工业 OT 网络一直独立、割裂，需要逐步接入集团标准以太网络。建议工业产线内部网络逐步向标准以太组网多网融合、一网多用方向演进，但要求工业产线的数据最终转换为标准以太数据，部署一组堆叠框式交换机基于 4×10GE 的标准以太接口接入工厂园区出口的核心交换机。以直连网闸、防火墙方式保障生产 OT 网络内生产数据的安全性；以旁挂工业网关方式执行生产数据的安全保护策略。

（4）生产 IT 网络：核心、汇聚等框式交换机双机部署集群，接入交换机堆叠，接入—汇聚、汇聚—核心双链路，提高整网的可靠性。无线接入层部署业界领先的 Wi-Fi 6 AP，上行最高带宽 10Gbps，满足各种高带宽、低时延业务应用。

（5）安全隔离区：安全隔离区作为生产 IT 网络和办公 IT 网络的中间隔离区域，主要是对办公区域访问生产 IT 网络的行为进行安全控制，杜绝各种安全风险。部署防火墙、沙箱、漏扫及安全探针等设备。根据整网安全分析的需要，在办公 IT 网络、生产 IT 网络部署一部分安全探针，用于网络流量的采集。同时，办公、生产的 IT 网络的汇聚层交换机基于 NetStream 技术采集网络流量，用于整网安全风险的分析与预防。

（6）网络管理区：园区用于业务发放的软件定义网络（Software Defined Network，SDN）控制器、大数据智能运维分析平台、安全分析平台，对整网进行管理，运维和安全防护；网络管理园区旁挂在园区的核心交换机上。

2. 全光以太网络架构

图 4-15 为全光以太连接全景。

智能工厂园区网络核心交换机通过光纤配线架（Optical Distribution Fram，ODF）连接各个生产厂房的楼层弱电间，省去汇聚层交换机的部署。生产厂房的产线部署桌面交换机解决从楼层弱点间拉多根网线到车间的施工问题，目前只要拉一根光纤即可，桌面交换机本地取电，车间内人机接口（Human Machine Interface，HMI）、机器人、摄像头等终端也为本地取电，可以以光纤从桌面交换机以太光口接入，也可以以双绞线从桌面交换机以太电口接入，通过桌面交换机回传。

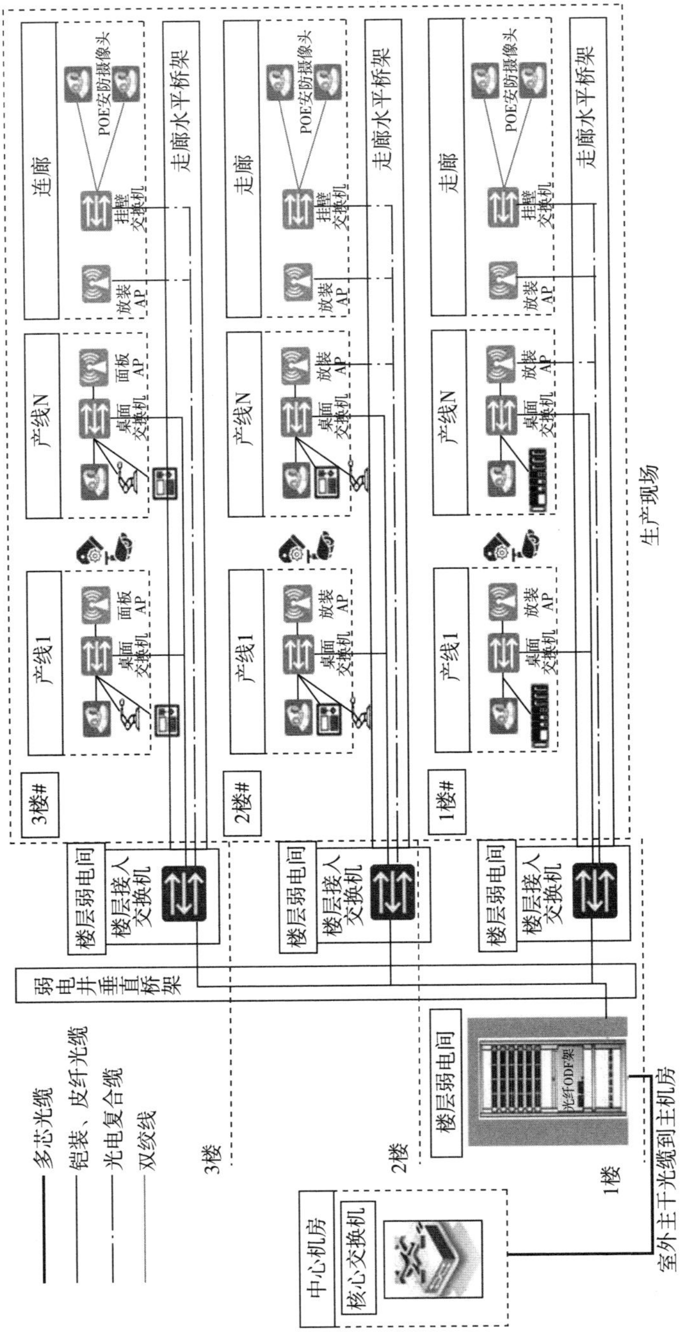

图 4-15　全光以太连接全景

生产车间内 AP 为高密接入因此需要高规格 AP，推荐用 Wi-Fi 6 8×8 的 AP，通过 MGE 光电复合缆直连楼层交换机，本地取电。生产车间走廊的监控摄像头有“断电不断网”要求，推荐 GE 光电复合缆+挂壁交换机供电，下行可以以千兆电口也可以以千兆光口接产线终端实现全光连接。

基于 SDN 建设全光以太园区网络架构（见图 4-16），满足生产业务关键需求：

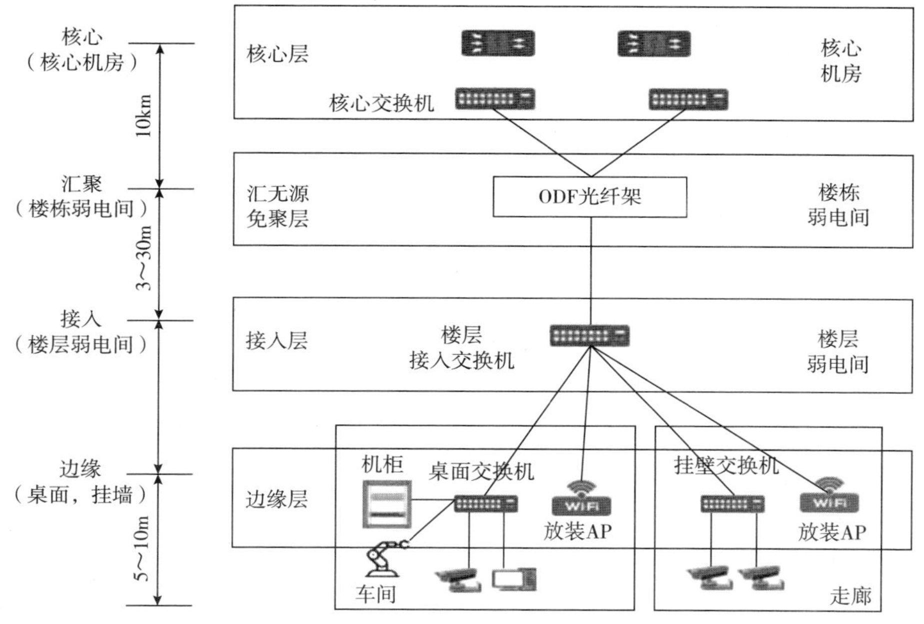

图 4-16　全光连接示意图

（1）一网多用：一个物理网络，提供多业务虚拟化，业务灵活部署，降低建网成本。支持分布式部署，流量转发路径优，也支持集中式可选；支持认证的策略联动，配置简化、可实现控制在边缘的低成本方案；支持网络虚拟自动化多 VPN，一网多用、灵活部署；园区网络终端接入自动化程度高。

（2）极简部署：Underlay（底层承载网）自动部署，接入侧设备即插即用，Overlay（建立在 Underlay 网络上的逻辑网络）分钟级下发。

（3）极致体验：用户接入一次认证全园区网络体验随行，无损漫游，保证用户极致体验。

（4）智能运维：大数据平台感知用户、应用，AI 识别故障根因，极简运维，提升运维效率、降低成本，可支持每时刻每用户每应用可视，便捷保证重点用户的应用保障，快速感知故障、优化；可支持快速故障定界及根因分析，端到端丢包自动定界，基于实际物理拓扑快速定位；可支持故障预测优化，AI 动态学习、支持无缝漫游和自动调优。

（5）网安联动全栈防护：内外攻击全面检测防御、精准溯源，提升安全防范能力。支持在网络边缘配置 MAC 认证、802. 1x、Hlink 认证、人工审批、AD/LDAP 认证，手段丰富，支持设备之间用户控制策略联动，支持边缘提供策略控制；支持终端类型防仿冒、支持终端行为防仿冒，内网攻击可实时监测提供最边缘阻断防御，安全和易用性最佳，更符合等保安全要求。

（6）超宽网络：无线部署 5G、Wi-Fi 6 AP 接入，上行 25GE~40GE 高密覆盖 AP。园区交换机核心和汇聚接入支持按需部署或升级为 10G/40G/100G 上行，支撑 Wi-Fi 6 的万兆大带宽的接入。根据业界趋势，Wi-Fi 6（10G）到 Wi-Fi 7（25G）的演进会快速迭代，Wi-Fi 7 预计 2022 年推出。由于园区交换机带宽是无收敛的，因而可平滑演进升级到 Wi-Fi 7（25G），只需要逐步升级接入汇聚的光模块即可。

（7）高可靠：所有关键节点冗余，网络双出口主备机房，链路冗余备份。

（8）300 米 POE+光电混合供电给 AP：由于 AP 需要光电复合线缆，而 AP 等 IoT 终端的供电标准是有差异的，因此需要自协商能力、供电状态可管理；终端受电功率通过有源以太网（Power Over Ethernet，POE）标准实时自协商。本地供电部署受限且断电即断网，因而供电集中管理是趋势。全光上下行能力的桌面、挂壁式交换机可支持集中供电无须额外部署本地供电设施；“一根缆、一个头、一个模块”的光电复合缆可支持带宽升级不换线，一次布线持续演进，支持 300 米拉远供电。

3. 全光无源网络架构

如图 4-17 所示，F5G 工业光环网为工业园区、工业适配监控、工业生产提供了全光通信的解决方案，具有如下优势：

（1）无源极简。①光分配网（Optical Distribution Network，ODN）由无源光器件（如光纤、光连接器等）组成的纯无源的光分配网，相比有源交换机更安全、更可靠、免运维。无源光器件部署无需弱电间，可有效防止电磁干扰，大幅节省部署成本和部署空间。全程预光纤连接技术，光纤部署免熔纤和网线一样即插即用。②光网络单元（Optical Network Unit，ONU）一跳直达光线路终端（Optical Line Terminaticn，OLT），网络架构比传统工业交换机环网的汇聚交换机+接入交换机的网络节省了一个汇聚层，结构大幅简化。

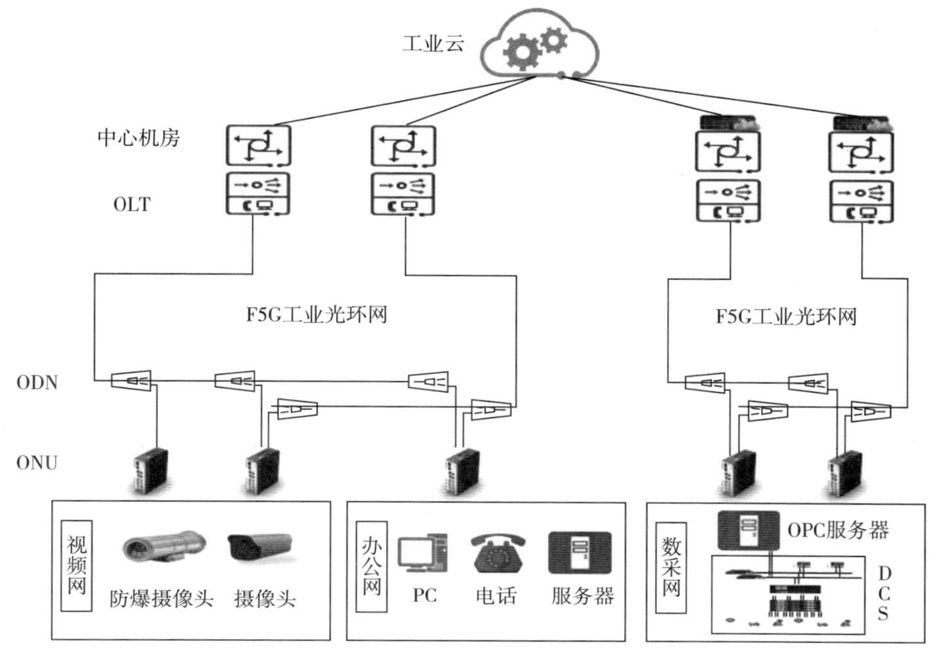

图 4-17　全光无源网络架构

（2）安全可靠。①Type C 型环网保护，1+1 保护直到最终端，业务自愈时间小于 50 毫秒。②工业级 ONU：宽温域（-40℃～70℃），6 千伏防雷、防爆认证。

（3）智能运维。①全网 OUN 在 OLT 和 eSight 可管、可视，ODN、ONU 物理位置可视，提升运维效率。②智能光路诊断技术，光纤故障分钟级定位，光纤断点精准探测。

（4）三网统一融合。通过部署 IP+F5G 全光工业网，实现工厂网络的数采网、办公网和视频网的统一承载，简化网络部署的复杂度。

（三）工业互联网

1. 工业互联网概述

工业是国之命脉，而运营技术（又称操作技术，Operational Technology，OT）和信息与通信技术（Information and Communication Technology，ICT）融合的工业互联网，是提升国家工业竞争力的关键。工业网络是工业互联网体系架构的基础，主要包括工业控制网络和工业信息网络两个部分，其范畴涵盖工业企业需要网络化支撑的生产、管理、销售、办公等各个环节。传统的工业网络主要聚焦于工业控制领域，主要包括单点设备控制技术（模拟仪表控制、直接数字控制、集散控制）和现场总线控制技术。现场总线通信协议标准及物理接口种类繁多，彼此之间通信兼容性差，物理接口不统一，这些问题很大程度上制约了工业网络互联互通的发展。工业以太网技术遵从 TCP/IP 框架，具有接口简单、协议开放、互通便捷等突出优势，逐步成为行业主流技术，已经形成了多个有影响力的国际标准，如 EtherNet/IP、ProfiNet、Modbus TCP、PWOERLINK、EtherCAT、CC-Link 等。每一个工业以太协议背后基本有一个工业集成商巨头在主导着该协议的生态圈构建，针对工业控制网络进行持续优化升级，但彼此之间相对封闭。

随着工业企业数字化及信息化的进一步优化升级，工业控制网络与工业信息网络呈现融合趋势，未来工业内有线连接将被具有以太网物理接口的网络主导；同时，基于通用标准的工业以太网将逐步取代各种私有的工业以太网，并实现控制数据与信息数据同口传输。

工业互联网的本质和核心是通过工业互联网平台把设备、生产线、工厂、供应商、产品和客户紧密地连接起来，能够推动 IT 集中化、数据集中化与分析洞察、支撑业务敏捷与创新，帮助企业拉长产业链，形成跨设备、跨系统、跨厂区、跨地区的互联互通，从而提高效率，推动整个制造服务体系智能化；有利于推动制造业融合发展，实现制造业和服务业之间的跨越式发展，使工业经济各种要素资源能够高效共享（见图 4-18）。

工业互联网是全球工业系统与高级计算、分析、感应技术及互联网连接融合的结果，通过智能机器间的连接，利用传感器+大数据+互联网将人机连接，结合软件和大数据分析，重构全球工业、激发生产力，实现传统工业产品的功能创新，实现工业产品向产品+服务转型。其实质是：①在全面互联的基础上，通过数据流动和分析，形成智能化变革，形成新的模式和新的业态。互联是基础，工业互联网可以将工业系统的各种元素连接起来，无论是机器、人还是系统。②数据端到端、跨系统的流动，在数据流动技术上充分分析、建模。智能化生产、网络化协同、个性化定制、服务化延伸是在互联的基础上，通过数据流动和分析，形成新的模式和新的业态。

传统的工业网络不能够满足工业互联网场景下设备、网络、系统所构成的物质世界与有连接数据分析的数字世界的融合需求。工业互联网场景下的互联互通，不仅需要实现控制网络中各业务单元的互通，还需要打通从现场控制到云端的数据通路。确定性、切片、可测量、可编程、可感知的网络将作为工业网络互联互通的核心，连接存量的传统工业以太网产线、负责采集海量工业数据的物联网，以及需要高质量纯熟的新型工业应用，承载各类控制和运行维护流量（见图 4-19）。

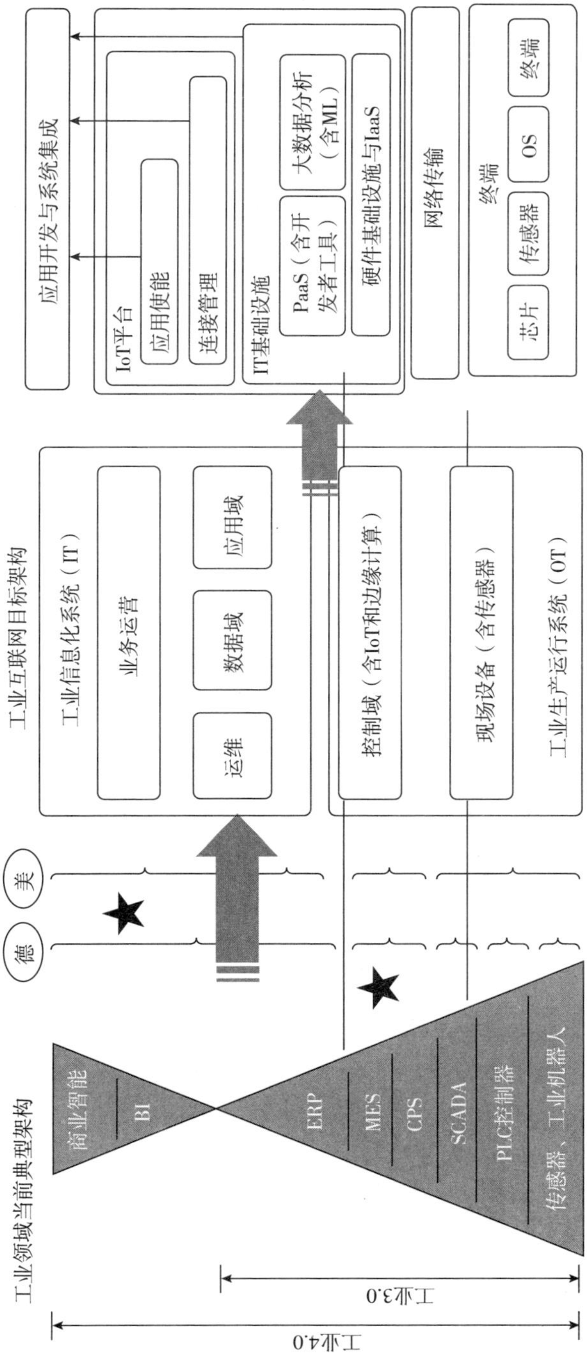

工业领域当前典型架构
商业智能
BI
ERP
MES
CPS
SCADA
PLC控制器
传感器、工业机器人
工业3.0
工业4.0
德
美
工业互联网目标架构
工业信息化系统（IT）
业务运营
运维
数据域
应用域
控制域（含IoT和边缘计算）
现场设备（含传感器）
工业生产运行系统（OT）
应用开发与系统集成
IoT平台
应用使能
连接管理
IT基础设施
PaaS（含开发者工具）
大数据分析（含ML）
硬件基础设施与IaaS
网络传输
终端
芯片
传感器
OS
终端

图 4-18　工业互联网发展过程

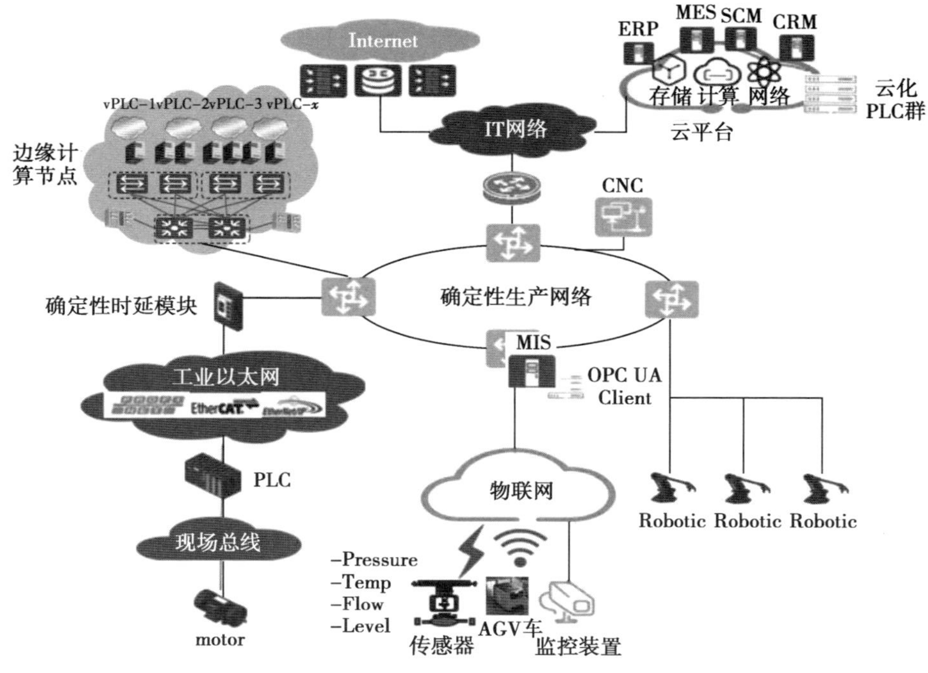

图 4-19　工业互联网组成

2. 工业互联网的建设要点

当前阶段涌现出支持工业互联网的多种新技术，这些新技术在某些应用场景中已经发挥其独特的价值，但新技术本身的成熟还需要经历一定时间的演进、完善和在多种行业、多种工业应用场景中的锤炼。结合某卷烟厂实际业务生产流程及卷烟厂和中烟公司协同管理的不断转型升级，工业互联网建设需要考虑如下关键技术：

（1）关键技术 1：PLC 控制器集中部署云化部署。

从网络基础架构的角度看，“工业 4.0”打通 IT/OT 网络的关键是 OpenPLC（vPLC、云化 PLC），业界已经有很多厂家部署云化 PLC，如东土、西门子等厂商。云化 PLC 并不是 PLC 设备完全虚拟化，而是一部分控制面逻辑功能虚拟化并上移到边缘云或者中心云，另一部分功能下移，原来由 PLC 集中控制的执行单元编程分布式控制下移到智能的产线现场终端（见图 4-20）。

云化 PLC 的价值主要有以下几个方面：①数据拉通，PLC 内部的控制单元和 I/O 模块解耦，其他 PLC 模块的采集数据信息也可以输入，参与计算判定执行结果，精准度提高。②灵活扩展，现场布线更加灵活，扩展性好。现场只需

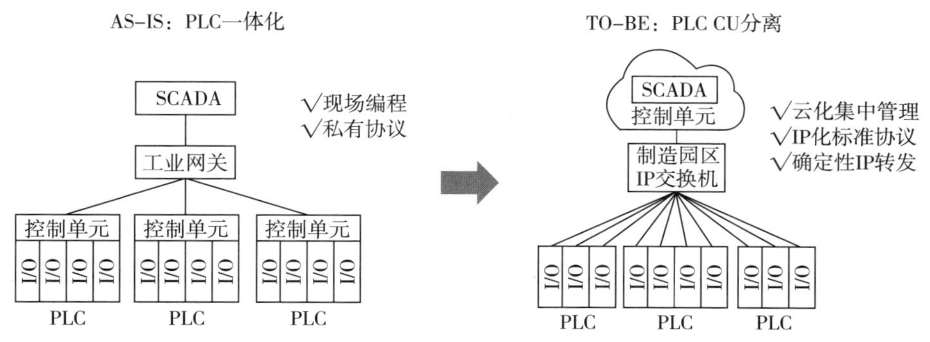

图 4-20 PLC 部署

要考虑通用的执行器布线，布线单一，接口归一，采购成本更低。③个性化定制，可以按需求进行产线的流水调整，或增加工序，或减少工序，如对螺纹钢的直径、螺纹的间距等进行定制。④加速国产替代，打破了西方传统 OT 厂家垄断，有利于国家工控安全。

（2）关键技术 2：终端智能感知、分类。

图 4-21 为企业终端技术发展历史。

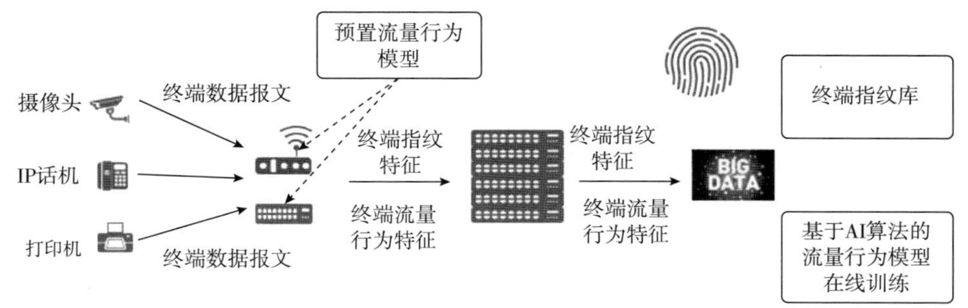

图 4-21 企业终端技术发展历史

企业终端管理数量巨大、类型较多，在终端管理上面临着很大的挑战：

1）工厂产线终端单一策略，终端权限无细分管理，无终端类型信息，所有哑终端授权策略无差别管理。

2）工厂产线摄像头、机械臂等终端 MAC 认证，MAC、IP 易被攻击者仿冒，存在安全威胁，需要基于终端指纹特征、终端与业务系统交互的流量模型以及 AI 技术识别终端类型，支持终端防仿冒、终端可视化、自动策略发放等能力。

具体如下：

①终端识别：终端管理系统以可视化方式呈现终端类型、厂商、型号、OS、MAC、IP 地址等关键信息。

②认证授权：对接入网络的有线、无线终端实现精细化策略管理，自动准入，基于终端类型差异化授权策略。

③仿冒检测：终端基于 MAC OUI、Http UserAgent、DHCP Option、LLDP、mDNS 等技术主动上报信息，或者控制器系统基于 SNMP 查询、NMAP 等技术主动扫描终端，再基于终端的流量行为检测和系统加载终端指纹库以及 AI 算法在线训练的识别模型实现终端识别、主动探测、综合判定。

④可视化：管控系统可查看终端类型，终端与接入设备端口连接关系，用户可查看基于终端类型的相关配置及 VLAN、QoS 认证等策略；接入设备支持基于终端类型的流量统计及统计数据上送管控系统，系统可生成基于终端类型的相关报表在线生成、保存及导出。

⑤异常管控：对于判定为异常的终端有效隔离，实现自动下发隔离策略，管理员确认下发隔离策略、异常告警；管控系统支持基于终端类型编辑接入 VLAN、安全组、访问权限、CAR、QoS（优先级）、逻辑网络等策略，并根据终端识别的结果自动下发对应策略。

（3）关键技术 3：时间敏感确定性承载。

时间敏感网络（Time-Sensitive Network，TSN）技术在工业互联网领域应用于实现工业控制网络（OT）中各生产单元之间，以及工业控制网络与工业信息网络（IT）之间的互联互通，主要结合 TSN、DIP、网络演算等技术，打造统一工业互联网络，打破“七国八制”的工业通信协议。图 4-22 为时间敏感网络技术架构。

第一阶段的时间敏感网络的部署将定位于实现工厂内网络的互联互通，根据应用场景及网元在网络中的位置，将设备分为网关设备、网桥设备、端设备三个角色。网关设备主要部署于时间敏感网络域边缘，支持在数据链路层、网络层及应用层实现跨时间敏感网络域及时间敏感网络域与非时间敏感网络域之间的互通。网桥设备主要部署于时间敏感网络域内部，实现时间网络域内部业务单元（车间、产线、设备）的互联互通。建议以三层架构部署网桥设备，即核心层、汇聚层、接入层设备，核心层设备部署于工厂级机房，实现工厂内部各车间之间的互联互通；汇聚层设备部署于车间级机房、实现车间内部不同产线之间、集中式控制器与设备之间的互联互通；接入层设备部署于生产现场，实现现场设备、传感器等通信接口的通信协议转换并与控制器、检测监控装置进行互联互通。端设备则指具备时间敏感网络功能的工业设备，包括控制器、PLC、伺服、I/O 等设备。

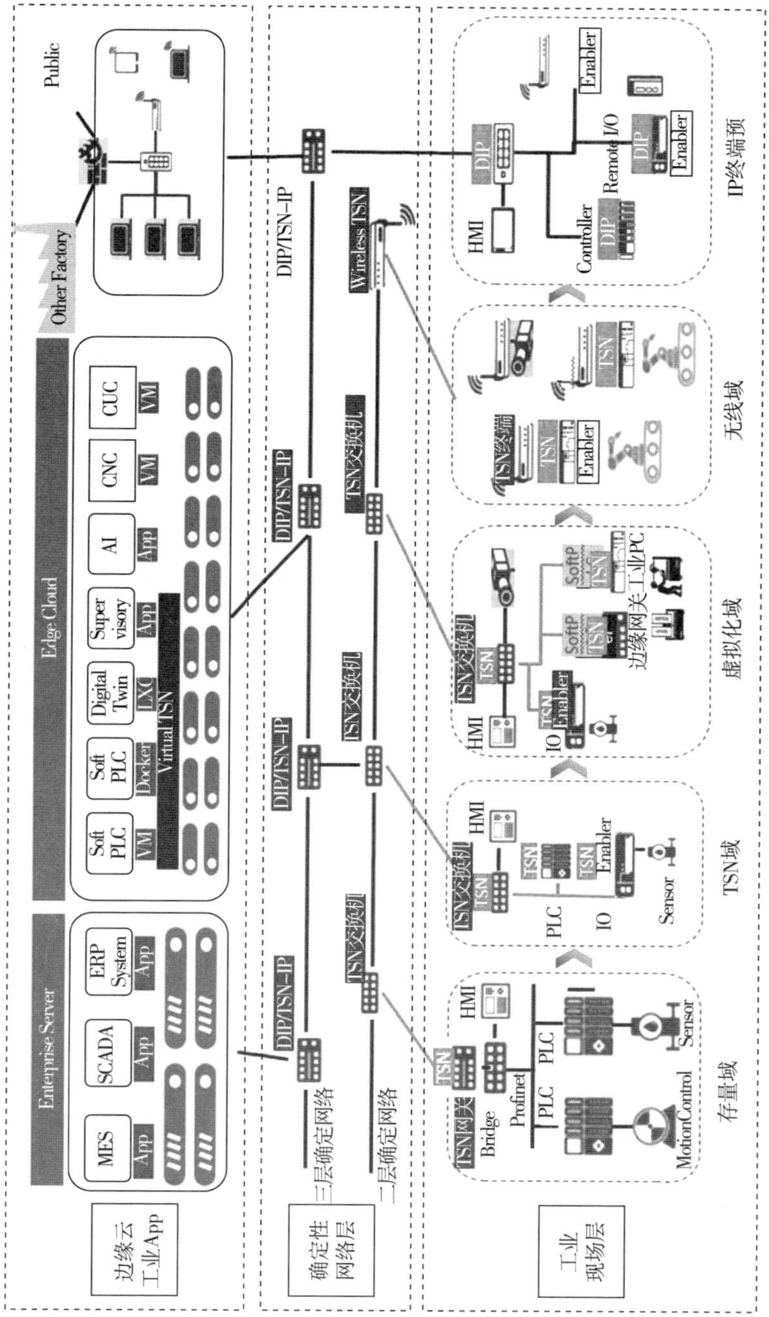

图 4-22 时间敏感网络技术架构

时间敏感网络技术的关键技术包括：

1）时间同步。提供流量的延迟保证的关键特性之一是时间同步，流量控制和管理组件利用时间同步来提供准确的有界延迟，以及为应用提供零阻塞丢包（几乎是极少丢包）和时延抖动。802.1AS、1588V2、1588V3 等协议定义了可靠准确的网络时间同步机制，严格保证了时延敏感的业务在基于以太的桥接网络或虚拟桥接网络等在时延固定或对称的传输媒质中的同步传送。其内容包括在网络正常运行或添加、移除或重配置网络组件和网络故障时对时间同步机制的维护。

2）流量调度。工业网络中的流量类型众多，其中，同步实时流对时延的要求最高。同步实时流常用于运动控制（Motion Control，MC），该类实时流的特点包括：周期性发包，一般其周期小于 2 毫秒；每个周期内发送的数据长度相对稳定，一般不超过 100 字节；端到端传输具有 deadline 要求，即数据需要在一个特定的绝对时间之前抵达对端。总体上，时间敏感网络的流量调度可分为两大类方案：一是基于时隙化调度的方案；二是基于 QoS 的调度方案，前者需要全网进行时间同步。DIP、TSN 的数据转发技术可以为时间敏感的业务流的传输提供有界时延，亦即时延上界。

3）网络管理。时间敏感网络的配置模型分为全集中式配置模型、混合式配置模型以及全分布式配置模型三种。全集中式配置模型使用集中式网络配置控制器（Centralized Network Configuration controller，CNC）与集中式用户配置控制器（Centralized User Configuration controller，CUC）。Talker、Listener 分别是数据流的发送方和接收方；Bridge 可以是不同形态的二层桥接设备，如工业交换机、具有二层交换网口的工业设备；CNC 与 CUC 不一定为独立的实体设备，可作为软件功能模块，如嵌入交换机系统中。混合式配置模型（分布式用户、集中式网络配置模型）仅使用 CNC，新增数据流时，Talker、Listener 将用户需求信息告知 CNC，CNC 根据获得的信息，进行相应的运算，并将得到的网络配置参数分别下发给网络中相关的各个 Bridge，Bridge 根据收到的配置信息，即可在转发数据帧时使用相应的策略。全分布式配置模型无需 CUC、CNC，新增数据流时，Talker 使用一种资源预留协议，该协议报文携带了用户需求信息，逐跳传输，直到抵达 Listener；传输过程中，路径上的 Bridge 都获得了该用户需求信息，并判断是否可以为该流进行资源预留；Listener 若愿意接受该 Talker 发送的信息，则发送该资源预留协议所定义的报文，沿原路返回 Talker；任何时候，若有一个 Bridge 判断带宽不足以为该流进行资源预留，则资源预留过程失败；资源预留成功后，Talker 可以正式发送业务数据给 Listener。

4）安全可靠。时间关键型数据帧扩展后已包括一个序列号，并在每个帧遵循网络中的一条单独路径的情况下进行复制。在网络中的任何网桥或合并点上，

当这些单独的路径再次汇合到一起时，将从数据流中消除重复的帧，从而允许应用程序无损接收数据帧。

（4）关键技术 4：E2E 网络切片。

一个物理网络的物理资源包括节点设备、计算存储资源、光纤链路等。物理网络资源首先被逻辑抽象为不同的互相隔离的虚拟资源，其中每个虚拟资源都有自己的管理接口、控制接口和数据接口，每个虚拟资源都可以具有不依赖共同物理资源的特征，比如一个路由器可以虚拟出一个虚拟路由设备节点 VS，其中 VS 可以基于接口、单板和网元划分资源；链路资源也以物理接口、子接口、FlexE（灵活以太网技术）接口的带宽方式虚拟抽象；这些网络的虚拟资源以物理站址为基础，形成虚拟网络资源池。网络分片管理系统根据分片的需求选取和组织相应的虚拟资源，在一个共同的物理网络上形成多个具有独立管理、独立控制、独立转发的虚拟网络。

结合承载网络分片的设计目标，考虑承载网络分片的主要因素有：物理资源的抽象和虚拟化，虚拟资源以及虚拟资源与物理资源映射关系的管理，分片网络的生命周期管理，多分片网络的协同，以及为降低网络分片运维复杂性的网络分片自动化能力。图 4-23 为承载网络分片的概念模型。

网络分片的需求从网络协同层注入，网络管理和协同体系增加网络分片协同（NSLO）能力，接收到分片需求后，根据网络分布进行多网络分片协同，开始驱动分片生命周期管理系统（NSLM）进行网络分片创建，分片创建驱动虚拟分片管理系统（VPIM）对物理网络进行网络资源的逻辑抽象，形成所需的虚拟网络资源，最后组织形成所需要的网络分片，VPIM/PIM 完成虚拟资源管理、物理资源管理和虚拟资源与物理资源的映射。

对于物理网络，应具备资源虚拟化的能力，支持生成虚拟分片单元 VS，形成节点和链路的隔离资源，端口、转发表、队列 buffer、CPU、带宽、接口、FlexE 接口等。同时，分片网络对于 SDN 控制器而言是一个真实的逻辑网络，SDN 控制器不需要感知底层的物理网络，控制通道也应可以隔离，控制命令完成分片网络和物理网络的映射配置，并下发到具体的物理网络上。

承载网络分片的关键之一是网络资源的隔离，网络资源的隔离可以分数据面、控制面和管理面三个方面进行考虑。

1）管理面隔离。独立隔离的管理是移动虚拟网络运营商（Mobile Virtual Network Operator，MVNO）和企业方案的诉求，对于 M2M（Machine-to-Machine，端对端通信技术）等未来 5G 业务也存在独立管理的诉求，对于网络安全考虑也将驱动分片的独立管理。管理面隔离包括独立的分片网络管理、独立分片拓扑、业务管理配置、性能监控、告警和日志、故障处理、独立接入权限账号，以

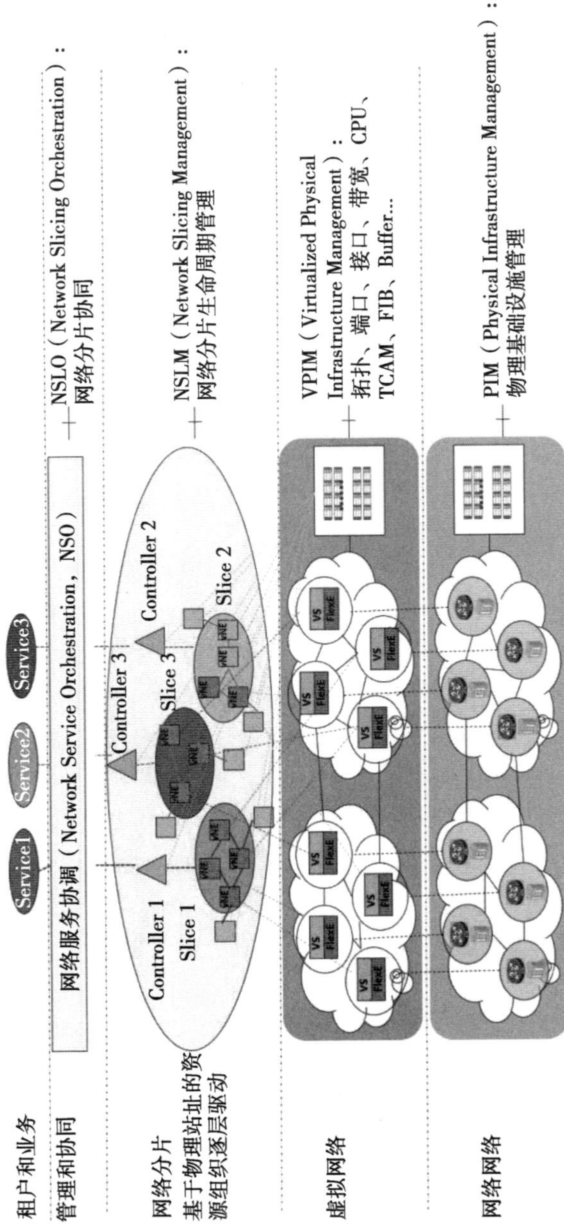

图 4-23　承载网络分片的概念模型

及安全等。

通过网元管理系统（Element Management System，EMS）或控制器将不同的物理资源（网元、单板、接口、子接口等）分组整合，以逻辑网络的形态呈现给用户，不同用户管理不同网络分片；所有的业务管理配置均基于独立的分片资源来进行；实现不同应用分片网络拓扑、路径、告警、性能的独立管理。

2）控制面隔离。

控制面的性能会影响数据面的性能，因此也需要隔离。比如，CPU资源会影响慢包转发、信令处理、转发表下发速度，存储资源会影响转发表的存储空间，控制面链路/路径的网络资源也需要得到保证和隔离，性能提升、客户化优化等对于控制独立也有着潜在驱动力。控制面隔离包括独享的协议信令处理CPU资源、IP/MPLS协议配置和session、SDN控制器、隔离的转发表项RIB/FIB标签空间等。

基于不同分片网络的业务对时延、抖动、带宽等不同的诉求，执行不同的控制层面的路由计算策略和调整策略；不同分片间的控制协议完全独立，分片间的控制信令完全隔离互不干扰，信令标签空间互不占用。

3）转发面隔离。

数据面隔离是网络分片的基本特性，分片之间以及分片内的业务隔离是数据面隔离需要解决的关键需求，数据面隔离包括：

①带宽：链路的带宽隔离，基于物理接口、逻辑子接口、FlexE接口等的带宽保证。进一步地，转发路径上所有限制转发速率的因素都需要分片，比如NP、TM等。

②拓扑：每分片都应该有自己的节点、链路视图，分片也能感知诸如链路故障和转发环路等事件，网络分片应能创建与物理拓扑解耦的客户化的分片逻辑拓扑。

③节点：节点资源是包含管理、控制、数据资源的整体，从硬件资源的角度可以分为单板、端口、子接口、端口组等资源形式。

④转发表资源：NP、TM资源、转发表空间是有限的，存在互相挤占的情况。

接口的分片是关键，通过FlexE技术，在物理端口上创建多个硬件子通道，不同的业务承载于不同的子通道，子通道配置时隙绑定，通过时隙复用实现物理接口的分片隔离，子接口大小基于一定的粒度灵活可配；也可通过VLAN子接口隔离技术，在物理端口创建多个逻辑子接口，采用层次化QoS技术，不同子接口间带宽严格隔离，实现任意粒度的带宽隔离效果。交换网、NP、TM的分片技术当前仍处于研究状态，未来芯片整体上均支持分片划分（见图4-24）。

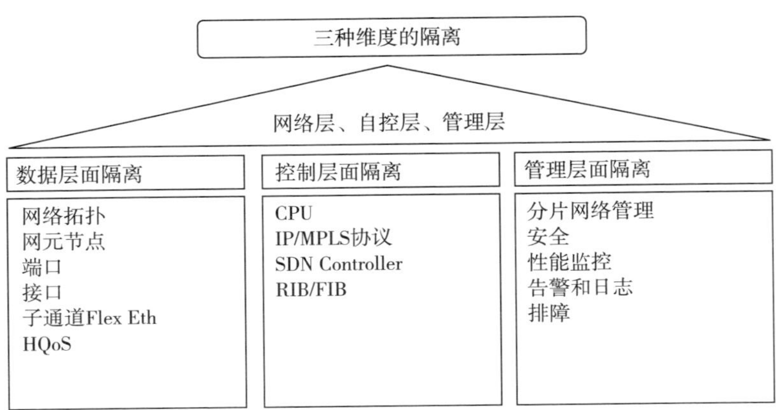

图 4-24　承载网络分片隔离模型

总体来说，网络分片=控制分片+管理分片+转发分片，架构如图 4-25 所示。

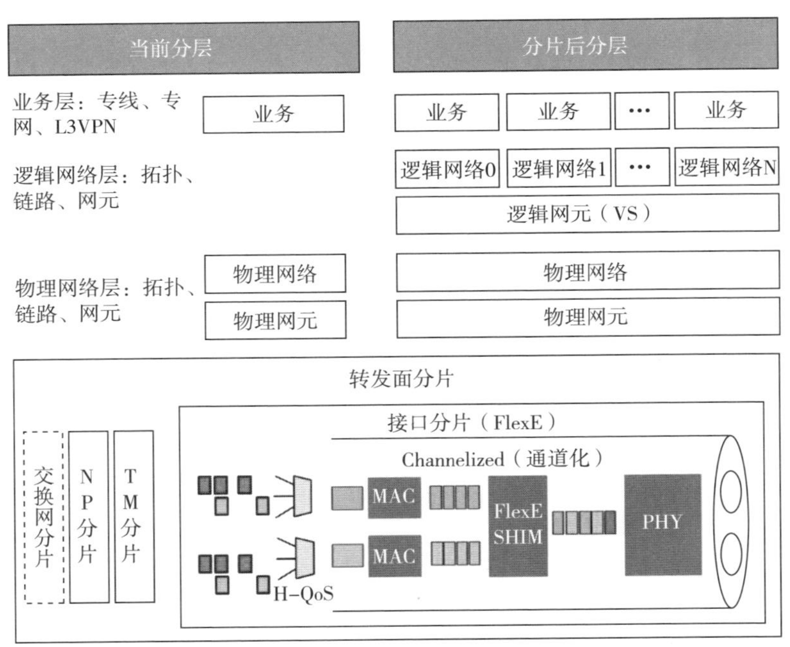

图 4-25　承载网络分片架构

一些单点技术可以对特定的网络资源进行隔离，比如光波复用技术（Wavelength Divisicn Multiplexing，WDM）可以在物理层进行隔离，虚拟局域网（Virtual Local Area Network，VLAN）可以在链路层进行隔离，多协议标签交换（Multi-Protocol Label Switching，MPLS）可以在转发层进行隔离。相比较而言，网络分片寻求的是网络从整体上进行分片，形成贯穿所有网络协议层的虚拟网络。一个网络分片应该有其独立的资源，包括独立的分片拓扑，独立的链路带宽和保证、独立业务性能和告警、独立的控制协议，甚至独立节点 CPU 分片，独立的转发表等。

（5）关键技术 5：网络质量逐包测量。

网络性能检测技术是互联网领域、电信领域和企业网络领域共同研究的热点。各种性能检测技术通过监控、测量、采集网络性能数据，对网络运行状态进行分析、评价、控制、调整，以提供长期稳定、可靠的网络服务，是网络运行的基础。

根据检测方式的不同，检测技术可分为如下三大类（RFC7799）：一是主动检测，通过构造检测报文方式，对检测报文进行时延、丢包等测量，间接获得网络质量。RFC2544、TWAMP/OWAMP、Y. 1564 等均为主动检测技术。但由于测量的不是真实业务流量，主动检测的准确度与实际网络存在一定偏差。二是被动测量，指直接对实际业务流进行测量的检测技术，基于实际业务流进行测量，测量精度高。三是混合测量，介于主动测量与被动测量之间，通过构造少量辅助检测报文，对实际业务流进行 SLA 测量，如 Y. 1731（CFM）、MPLS-TPOAM（LM/DM）、RFC6374 等。由于部分检测是基于实际业务流，其测量精度也较高。

以上检测技术各有优缺点，应用场景也各有不同。TWAMP 主要用于端到端 IP 业务流级检测，但由于是测量构造的检测报文，检测精度较低，且无逐跳检测能力。RFC2544、Y. 1564 通常用于测量设备、网络的服务等级协议（Service-Level Agreement，SLA）能力，与实际业务流的 SLA 存在一定差距。Y. 1731（CFM）仅用于 L2 业务，无法穿越三层网络。MPLS-TPOAM、RFC6374 仅支持 MPLS 管道级测试，且不支持乱序、负载分担、点到多点场景，如 LAG、ECMP、双归等，同时也不支持逐跳测量。In-situOAM、INT 等是当前比较热门的被动测量技术，其主要原理是在原始数据报文中增加操作维护管理（Operation Administraticn and Maintenance，OAM）检测头，在业务转发路径中根据检测头进行数据采集，再通过集中处理单元计算检测结果。此类随流检测技术具有实时、高精度、检测性能项丰富等优点，但其测量数据量巨大，对业务自身转发性能影响也较大，主要应用在数据中心场景。IP FPM（IP Flow Performance Measurement，IP 流性能测量）是基于 RFC8321 对实际流量进行周期交替染色（标记），对染色标记进行测量统计、时戳记录，获得丢包、时延测量结果。相比 In-situOAM、INT 随路检测技术，IP FPM 对转发面影响较小，产生少量的测量数据，同时可保证测量结果精准。IP FPM 基于 IP 头染色，在 MPLS/MPLS-SR 场景中需要深度处理 MPLS 净荷，在应用场景及部署上存在一些不足。

智能工厂的数字化演进从带宽、时延、连接灵活性等多方面提出了更高要求，同时也对园区的 IT 和 OT 网络提出了新的要求。从网络运维角度看，智能工厂的园区网络对性能检测技术主要有以下诉求：①网络日常性能监控，即提供基于工厂内关键业务流级的实时 SLA 监控，掌握网络实时健康状况，满足日常运维监控需求。②网络快速排障、定界能力，即对园区网络外部故障，需要提供快速、精准的测量手段；对园区网络内部故障，需要提供快速排障定界手段，快速定位故障点，对故障进行隔离、修复。③网络自动化、智能化运维，智能工厂园区网络功能日趋灵活，网络维护也更加复杂，需要推动网络运维向自动化、智能化转变。依赖全网实时性能检测数据，构建大数据智能运维系统，对网络可能发生的风险进行提前干预、调整、优化，实现自动化、智能化的运维。

基于园区网络智能运维诉求，结合现有性能检测技术的优缺点，业界提出 iFIT（in-band Flow Information Telemetry，随流检测）性能检测技术。iFIT 是一种随流的被动检测技术，其基本原理与 IP FPM 类似，采用 RFC8321 染色机制进行性能测量。一方面，相较于传统主动测量、被动测量技术，iFIT 具有更高的测量精度、组网灵活性。另一方面，相较于 iOAM/INT 等随流测量技术，iFIT 具有更小的开销，产生更少的测量数据，相较于 IP FPM，iFIT 易于部署，具有更灵活的扩展性。iFIT 检测技术可实现 IPV4/IPV6 业务流级端到端、逐跳 SLA（主要包括丢包率、时延、抖动、实时流量）测量能力，可快速感知网络故障，并进行精准定界、排障，是数字化转型的智能工厂园区网络运维的重要手段。

iFIT 整体实现流程如下：在业务流的头节点对报文进行染色，在业务流经过的每一跳设备上进行打卡，做报文统计，或者是打时间戳。数据通过 Telemetry 上报到网管平台，网管平台进行统一的计算和分析，最后得出逐跳，或者是端到端的时延、丢包数据，基于图形化界面，实现监控数据可视化，业务 SLA 信息一目了然，帮助运维人员快速识别和定位故障（见图 4-26）。

其设备侧实现原理如下：

第一步，建流：该 IP 地址对应的第一个 GTP_U 报文触发建流表，并针对此流进行监控。第二步，包数统计：转发芯片监控 GTP 心跳报文（request/response），读取该段时间内的 GTP 数据报文（包数、字节数）。第三步，上送：转发芯片监控到心跳报文，并记录时戳，最终生成一条 GTP 流的计数信息。

其网管系统实现原理如下：

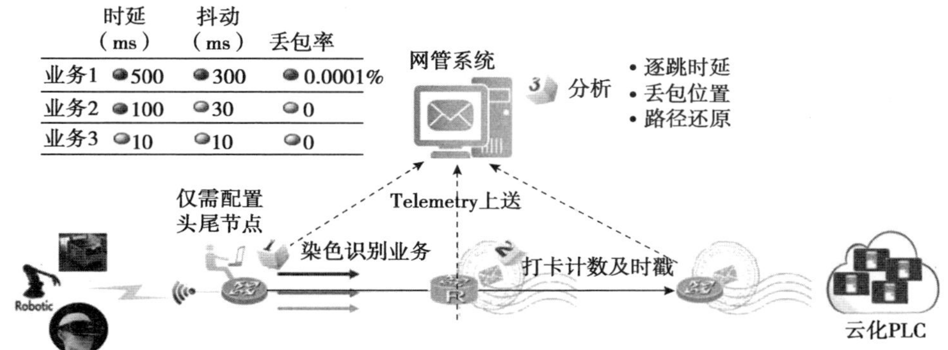

图 4-26　iFIT 整体实现流程

①丢包统计：网管系统统计头尾节点各自上报的计数信息，在同一个心跳时点内的数据差即为丢包数。②时延统计：根据心跳时戳在头尾节点的时间差，网管系统计算该周期内时延。

表 4-1 为网管统计指标示例。

表 4-1　网管统计指标示例

报表	属性及指标	计算方式
GTP 流报表（数据面）	Source IP	—
	Destination IP	—
	VPN ID	—
	平均丢包率	监控周期中平均的心跳周期内的丢包数/总数
	最大丢包率	监控周期中最大的心跳周期内的丢包数/总数
	平均时延	GTP 心跳报文在头尾节点携带时戳上送。计算监控周期内平均时延
	最大时延	GTP 心跳报文在头尾节点携带时戳上送。计算监控周期内最大时延
	平均流速（bps）	监控周期内：平均心跳上送周期内：字节数/周期时间
	最大流速（bps）	监控周期内：最大心跳上送周期内：字节数/周期时间

iFIT 丢包检测原理如图 4-27 所示。

以 E2E 丢包统计为例，首尾两次按照固定的周期，对报文进行染色并统计，并把统计的报文数上报到网管系统上。网管系统对每个周期的报文数进行对比。比如头节点在周期［1］发送了 7 个蓝色报文，在尾节点周期［1］收到了 6 个，上报后经过网管系统统计计算，在这个周期内 E2E 丢失了 1 个报文。

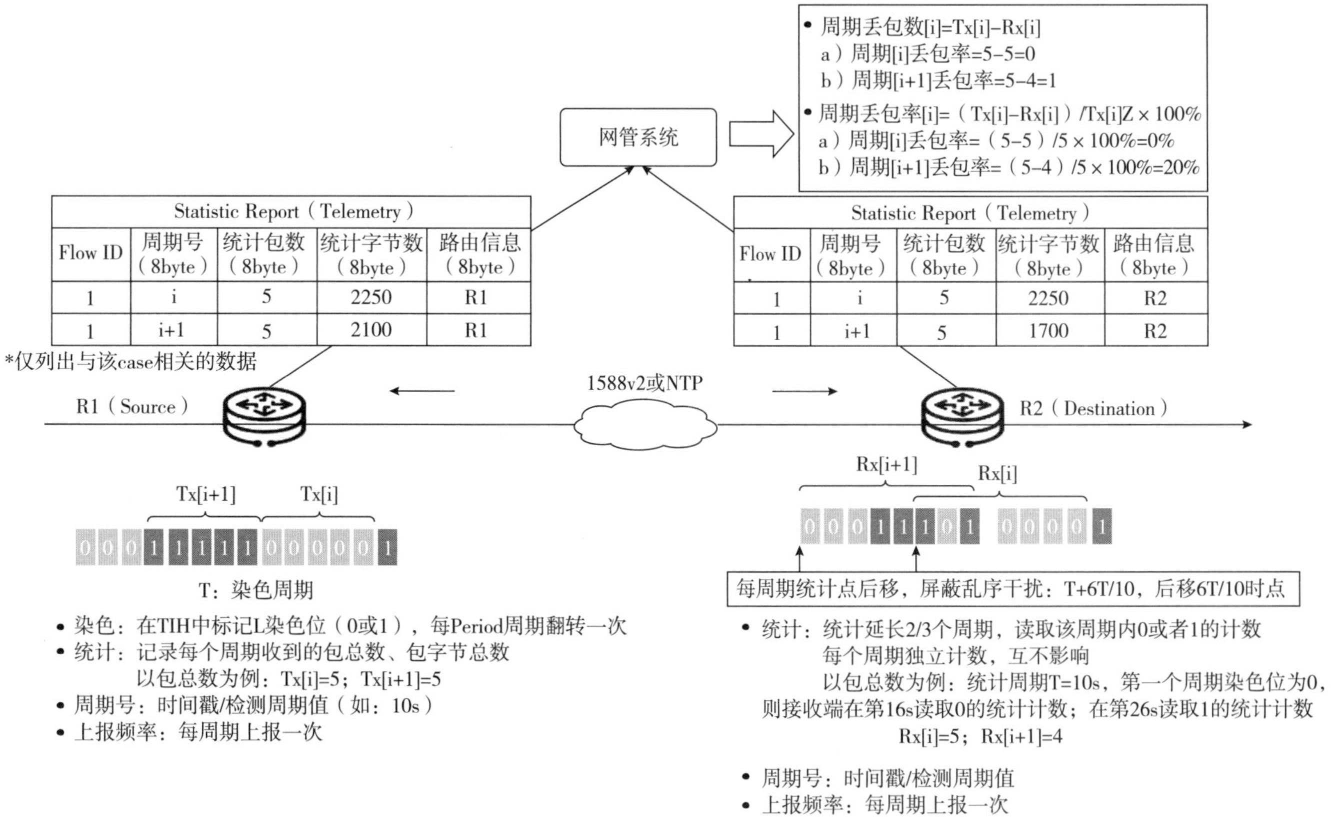

- 周期丢包数[i]=Tx[i]-Rx[i]
  a）周期[i]丢包率=5-5=0
  b）周期[i+1]丢包率=5-4=1
- 周期丢包率[i]=（Tx[i]-Rx[i]）/Tx[i]Z×100%
  a）周期[i]丢包率=（5-5）/5×100%=0%
  b）周期[i+1]丢包率=（5-4）/5×100%=20%

网管系统

Statistic Report（Telemetry）				
Flow ID	周期号（8byte）	统计包数（8byte）	统计字节数（8byte）	路由信息（8byte）
1	i	5	2250	R1
1	i+1	5	2100	R1

*仅列出与该case相关的数据

Statistic Report（Telemetry）				
Flow ID	周期号（8byte）	统计包数（8byte）	统计字节数（8byte）	路由信息（8byte）
1	i	5	2250	R2
1	i+1	5	1700	R2

R1（Source）　　1588v2或NTP　　R2（Destination）

Tx[i+1]　Tx[i]

0 0 0 1 1 1 1 1 0 0 0 0 0 1

T：染色周期

- 染色：在TIH中标记L染色位（0或1），每Period周期翻转一次
- 统计：记录每个周期收到的包总数、包字节总数
  以包总数为例：Tx[i]=5；Tx[i+1]=5
- 周期号：时间戳/检测周期值（如：10s）
- 上报频率：每周期上报一次

Rx[i+1]　Rx[i]

0 0 0 1 1 1 0 1 0 0 0 0 1

每周期统计点后移，屏蔽乱序干扰：T+6T/10，后移6T/10时点

- 统计：统计延长2/3个周期，读取该周期内0或者1的计数
  每个周期独立计数，互不影响
  以包总数为例：统计周期T=10s，第一个周期染色位为0，则接收端在第16s读取0的统计计数；在第26s读取1的统计计数
  Rx[i]=5；Rx[i+1]=4
- 周期号：时间戳/检测周期值
- 上报频率：每周期上报一次

图 4-27　iFIT 丢包检测原理

IFIT 时延检测原理以 E2E 时延统计为例，头节点会通过打时间戳的方式记录染色报文发送的时间，尾节点也会记录染色报文的接收时间，然后首尾节点把时间信息上报到网管系统，网管系统通过计算时间差得到报文单向时延值，反向时延计算方式相同。为保证丢包统计中头尾两端统计的周期相匹配，时延检测中，头尾两端染色周期的同步，网络需要部署一定同步精度的时间同步协议。

（6）关键技术 6：网络基于 SRV6 可编程。

随着企业信息化建设的深入，以及移动互联网和云数据中心的发展，社会走向全面数字化和智能化。传统的只能提供有限电信级连接的网络已经无法满足以云为中心的业务对网络海量的、随时随地可能发起的数据连接的要求。未来，网络应当满足以下要求：

1）海量连接扩展能力。信息自动化、IoT 等业务发展，要求网络的连接数量可以无限扩展。除了带宽，网络中应尽量减少其他与业务相关的限制。未来，网络应当在带宽能够满足的情况下，可以任意发展业务，减少业务对网络能力的感知。

2）业务任意接入、任意连接能力。传统的电信网络严格限制了业务接入点，但在全面数字化的时代，业务接入点不可控。网络需要满足业务于任意点接入，具有跨越任意区域连接的能力。

3）差异化服务能力。传统的电信网络为用户提供了无差异的连接服务，导致对网络质量要求不高的业务获得了过高的服务，造成资源浪费，而一些对网络质量有特别要求的业务却难以保证。未来的网络应当由业务根据需求选择网络质量，既节省资源，又保障业务的运行。

4）端到端的可靠性需求。为了保证可靠性，网络中往往部署了快速检测和倒换技术，但这些技术在网络规模较大、节点间距离较远的情况下不能很好地工作。比如受光纤中光信号 200km/ms 传输速度影响，端端检测无法及时发现故障（比如北京到广州需要 100ms 以上才能发现故障），保护无法满足质量要求，局部检测配合局部保护部署方案又非常复杂。因此提供距离无关的端到端可靠性方案也是未来网络应当具备的能力。

Segment Routing（SR）是一种源路由技术，它为每个节点或链路分配 Segment（路径分段），头节点把这些 Segment 组合起来形成 Segment 序列（Segment 路径），指引报文按照 Segment 序列进行转发，从而实现网络的编程能力。Segment Routing 有如下四个优点：

一是简化了控制协议。它只采用内部网关协议（Interior Gateway Protocols，IGP），统一了控制协议，不再像多协议标记交换（Multi-Protocol Label Switching，MPLS）那样在 IGP 的基础还要标签分发协议（LDP）、基于流量工程扩展的资源预留协议（RSVP-TE）等协议，降低了运维的复杂度。

二是良好的扩展性。以前实现路径编程（流量工程，Traffic Engimeering，TE）时一般采用 RSVP-TE，网络中的每个节点都要感知到每条路径的状态，协议的消耗很大，限制了 TE 隧道的规格，难以部署和维护。Segment Routing 路径编程则是在头节点进行，海量的路径都是依赖于有限的表示链路和节点的 Segment 的组合，网络中间节点几乎不感知路径状态，具备很高的扩展性。

三是可编程性好。Segment Routing 中的 Segment 非常类似于计算机的指令，通过对 Segment 的编排可以实现类似于计算机指令的功能。具备非常好的灵活性，可以非常灵活地建立满足不同需求的路径，释放网络的价值。

四是更可靠的保护。Segment Routing 能提供 100% 网络覆盖的快速重路由（Fast Re-Route）保护，解决了 IP 网络长期面临的技术难题，能够在高可扩展性的前提下，达到完全的可靠性保护。

Segment Routing 转发层有两种封装格式，一种是 MPLS 即 SR MPLS（Segment Routing，MPLS，基于 MPLS 转发平面的段路由），另一种是 IPv6 即 SRv6。SRv6 不仅继承了 SR 的优点，还具备标签空间数量无限、全网唯一、任意点可达的优点（IPv6 地址特点）。进而可以实现只要地址可达，即可以任意点接入，任意点之间互联。SRv6 具有的独特优势，使其成为下一代 IP 网络的核心技术，成为业界研究的热点。

（7）关键技术 7：应用感知网络。

应用感知网络（App-aware IPv6 Networking，APN6）是面向未来的一种新型 IPv6 网络架构。APN6 针对现有网络无法感知应用而导致的运营商现网运营痛点，如网络利用率低、无法提供精细化差异化的运营服务等，意在改变网络与应用割裂现状，充分利用新兴的 SRv6 网络可编程能力，有效衔接网络与应用。

APN6 利用 IPv6 逐跳扩展头（Hop-by-hop Options Header，HBH）将应用信息由报文携带进入网络，使网络感知用户应用及其对网络的需求，从而为高优先级应用（视频、游戏等）提供精细化运营服务。所携带的应用信息包括用户信息、应用标识、SLA 需求等级信息和网络需求信息（如带宽、时延、丢包、抖动等）。终端设备的 OS（如 Linux Kernel）需要扩展支持对应用信息的获取，并将其封装进 IPv6 扩展头内，由报文携带进入网络，或在网络侧识别应用并在扩展头中记录应用信息。当报文到达网络边界时，网络会根据报文携带的应用信息，为报文选择一条满足其 SLA 要求的 SRv6 传输路径，以此保证业务的体验质量（见图 4-28）。

- 主机侧方案：在主机侧直接将 App 信息封装进 IPv6 报文 HBH，网络节点根据 IPv6 扩展头中 HBH 所携带的 App 信息，将该报文映射进相应 SRv6 Policy。

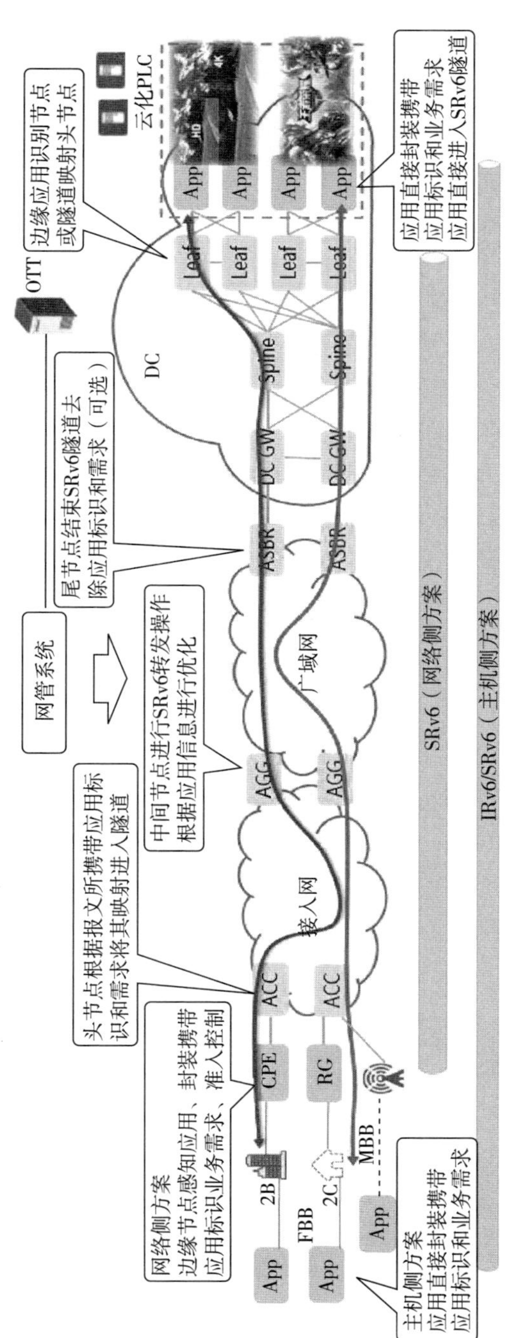

图 4-28　APN 技术架构

• 网络侧方案：在主机 IPv6 报文进入网络后，网络设备根据 IP5 元组标识信息识别应用类型，直接将 App 信息封装进 IPv6 报文 HBH。

图 4-29 为 IPv6 报文数据结构。

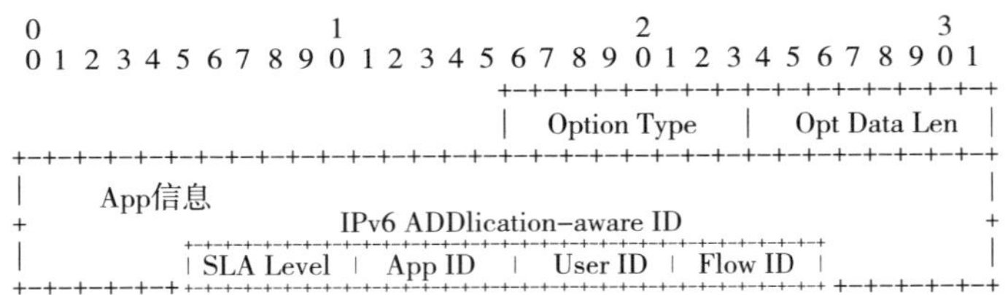

图 4-29 IPv6 报文数据结构

APN6 架构使能网络为视频监控、实时操作等应用提供定制化服务，提升用户网络体验，提高网络价值，实现网络变现，提升运营商营收。APN6 具有以下优点：一是能够利用 IPv6 扩展头和 SRv6 的可编程能力，传递应用需求到网络层，使能网络对用户应用进行精细化运营；二是能够基于 SDN 进行快速业务部署，满足应用需求的快速动态响应；三是突破应用与网络边界，实现应用级的业务导流以及差异化 SLA 保证；四是应用侧云化资源与承载网络可以进行信息交互，能够统一调度云网资源以匹配新业务需求，实现真正的云网协同；五是仅须在网络边缘部署业务，无须改动网络中间节点，即可支持新业务的部署，简化网络利用 IPv6 端到端可达性，实现从应用到应用真正的端到端网络，能够提供更优的服务质量。

（四）企业专线

（1）企业 WAN 网络面临挑战。

近些年来，企业数字化变革和经济全球化趋势不断演进，云计算和网络虚拟化等新技术逐渐成熟，这一切都对传统企业广域网（Wide Area Network，WAN）的网络架构和业务模型（见图 4-30）都产生了深远的影响，新形势下的企业 WAN 在组网、应用体验保证、安全以及简易运维等方面正面临一系列新的挑战。

1）打破传统 WAN 封闭架构，企业 WAN 如何敏捷互联。数字化与全球化使得企业分支站点面临在更广地域、更多样化的运营商接入网络条件下实现快速和互联，同时随着未来几年内企业业务云端部署的形势加剧发展，企业的传统分支、总部和数据中心，还需要更加开放和灵活地连接到 Internet、公有云以及 SaaS 应用。新形势下，如何高效、快捷地实现企业 WAN 的多云多网互联，承载企业庞大、复杂的组织和业务互联诉求，成为企业能否成功完成数字化变革的关键。

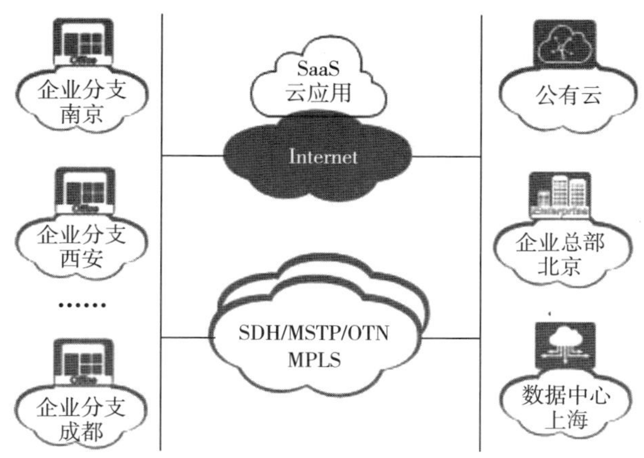

图 4-30　传统的企业 WAN 结构

2）应用种类和数量急剧增长，关键应用体验如何保证。企业应用数量和种类爆发式增长，不同的企业应用对链路质量有着不同的要求。例如，视频会议对丢包率、时延敏感，不能出现卡顿和花屏；云桌面业务的最佳体验需要时延低于 20ms 等。传统 WAN 不识别和感知业务，无法感知应用的体验，当遭遇突发流量链路拥塞或质量恶化的时候，往往会造成关键业务质量无法保障。

3）WAN 带宽需求持续增长，企业 WAN 的资本性支出如何控制。步入云和数字化时代，企业应用数量和种类爆发式增长，如语音、视频、文件传输、mail、SaaS 应用等，企业对 WAN 带宽和质量的诉求持续增长，而企业 WAN 互联通常采用运营商的物理专线或 MPLS-VPN 专线，虽然网络质量有保障，但专线价格比较昂贵，企业用于 WAN 互联的支出居高不下。

4）分支数量多部署运维难，WAN 运维效率如何提升。在数字化和全球化的大潮中，分布更广、数量更多的企业分支需要被连接，分支网络上线必须更加快速、灵活，分支网络运维需要更简单便捷，这样才能适应业务快速发展的需要。同时，不同分支网络诉求复杂多变，分布散且数量多，配置项往往多达成百上千条，往往需要通过专业网络工程师上门进行网络开通、业务调试、故障定位等，部署和运维成本居高不下，同时缺少集中的可视化运维手段，运维效率低。

（2）企业 SD-WAN 解决方案系统架构。

为了解决上述企业 WAN 网络面临的一系列新挑战和难题，SD-WAN（Software Defined Wide Area Network，软件定义的广域网）解决方案在传统 WAN 网络技术的基础上，引入 SDN 的设计思想，通过集中部署 SD-WAN 控制器，实现企业 WAN 的集中管理、编排和控制（见图 4-31、图 4-32）。

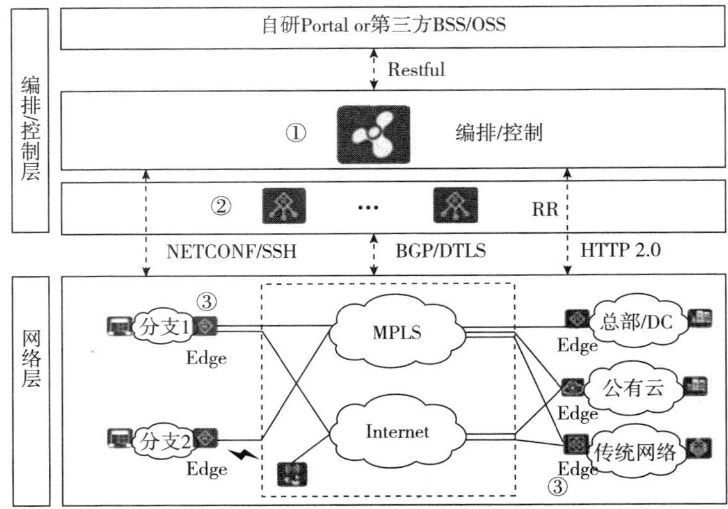

图 4-31　基于企业专线管理整体架构

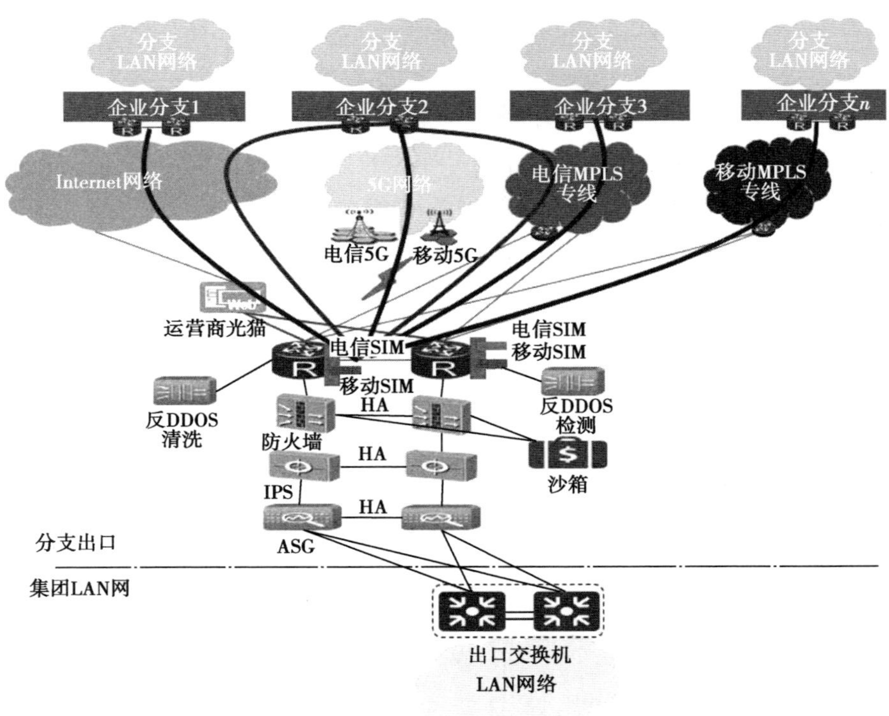

图 4-32　企业 SD-WAN 部署

1）网络层。企业的 WAN 网络可以分为两个层次，即 Underlay 层网络和 Overlay 层网络，Underlay 网络主要是指运营商提供的企业专线，Overlay 网络基于各种运营商的 Underlay 专线网络构建，实现了企业分支、总部、数据中心以及云上等多种类型站点的互联，是 SD-WAN 网络的核心。

SD-WAN 的网络层主要包括 Edge 和 GW 两种类型的网络设备。Edge，即 SD-WAN Edge，主要是指企业分支、数据中心或者云站点的出口客户前置设备（Customer Premise Equipment，CPE）设备，是 SD-WAN 隧道的发起和终结点，也可以看作 SD-WAN 网络的边界点。Edge 之间的 Overlay 隧道可以构建在任意的有线或者无线的 Underlay 层专线技术之上，并且通常与某种数据加密技术（如 IPSec）结合使用，以确保企业 WAN 数据传输的安全性。Edge 通常具备多种 WAN 的接入能力，需要具备丰富的接口类型，比如传统宽带互联网（Internet）的 DSL（数字用户线路）、LTE（长期演进技术）等，当然还有越来越常用的以太网（Ethernet）接入能力。为了提升 WAN 应用的体验，Edge 还需要支持面向应用的应用识别、链路质量监控和选路、QoS 以及广域优化等技术。同时，由于 SD-WAN 站点经常需要直接本地上互联网，Edge 还需要支持网络地址转换（Network Address Translation，NAT）和防火墙等安全功能。Edge 属于某个企业，通常部署在该企业的某个站点，由该企业系统管理员创建、管理和维护。

GW（SD-WAN GW）是连接企业新的 SD-WAN 站点和其他传统 VPN 站点的中间设备。由于老的传统非 SD-WAN 站点的存在，因此借助 GW 实现 SD-WAN 网络到企业传统分支网络的互通变得更加具备现实意义。GW 设备需要支持 Edge 设备所具备的 Overlay 隧道能力，同时需要支持同企业传统网络互通所需要的传统 VPN（如 MPLS-VPN）技术。GW 设备属于运营商/MSP，部署在运营商/MSP 机房或者云上，由运营商/MSP 管理员进行创建、管理和维护，被多企业租户共享使用。

2）控制层。RR（SD-WAN Route Reflector，SD-WAN 路由反射器）是承担 SD-WAN 控制功能的核心产品组件。在无线（Access Controller）控制器的路由和拓扑策略等编排下，RR 负责所有 SD-WAN 站点之间 VPN 路由、拓扑以及 IPSec SA 等转发相关信息的学习和分发，实现了对于全网 Edge 和 GW 转发路径的集中控制。RR 支持独立部署，也支持与已有的站点 Edge 共部署，同时也支持多租户。SD-WAN 借助上述集中控制面与分布式的转发面相分离的架构，有效提升了 WAN 网络组网的灵活性，同时借助 RR 的水平扩展能力，SD-WAN 网络具备了良好的可扩展性。

3）网络编排/控制层。控制器主要提供网络的编排和网络管理功能，是 SD-WAN 解决方案的“智慧大脑”，也是整个 SD-WAN 解决方案的最核心组件。首先，控制器实现了对网络层设备的管理功能，除了通过南向实现对所有网络设备的统一纳管和网络业务配置，控制器还采集和分析网络设备的告警、日志等故障信息，以及链路质量信息、应用质量信息和网流等网络性能数据，并对最终客户进行网络拓扑、故障、性能等运维信息的多维度的统计和呈现。控制器通过网络业务编排功能对其他业务系统提供 SD-WAN 服务。网络编排对 WAN 网络业务进行抽象和模型化，对外部用户屏蔽网络实现和部署的技术细节，用户可以基于简化的 WAN 网络模型进行 WAN 网络业务编排，有效降低用户运维 WAN 网络的复杂度，提升企业 WAN 网络业务的发放效率。SD-WAN 实现的网络编排功能包括但不限于 Edge/GW 接入路由器设备开局、WAN 组网创建、VPN 拓扑定义以及各种网络增值服务策略定义等。

中烟集团总部可以共享使用 Internet 出口路由器，也可以独立部署一对分支接入路由器；路由器之间启用双机集群系统（Highly Available，HA）实时同步会话信息，在路由器上支持 1GE/10GE 标准以太口，支持基于 Internet 链路、MPLS 专线、OTT 厂商的云访问接入点（POP）的对接，实现卷烟厂连接到集团总部；也需要支持可插拔 5G 单板，可扩展电信、联通、移动运营商等 5G 专线的接入能力。

在每台路由器上，Internet 链路接入口、MPLS 专线接入口、5G 可插 SIM 卡均可支持 2 家以上运营商/网络接入服务提供商。

每个卷烟工厂建议以多种接入方式中烟集团总部，出于成本考虑，基于 SDN 控制器实现进出分支站点流量的识别、分类、路径规划和调优、资源保障，一般建议 MPLS 专线承载关键必要业务流量，5G 专线作为备份链路承载次要业务流量，Internet 链路作为保护路径，承担在 MPLS 专线和 5G 专线均故障或者超负荷时业务的可选保护逃生路径。卷烟工厂与集团总部实现星型接入模式，分支之间不直接建立连接。

（3）企业 SD-WAN 关键技术。

基于 SDN 控制器，可以根据应用诉求进行智能选路，即能够实时监控网络的质量，并根据应用对 SLA 质量诉求，在多条不同网络质量的 WAN 链路上，动态和自动地选择符合应用 SLA 质量要求的网络路径，同时兼顾 WAN 网络的整体使用效率，称为应用智能选路。

1）应用质量选路。不同应用对链路质量的要求不同，比如语音和视频业务对时延、丢包率的容忍率较低，容忍率一般要求时延在 150ms 以内，丢包率低于 1%，则可将语音和视频业务主选链路配置为质量较好的 MPLS 链路，备选链路为 Internet 链路，并配置业务的 SLA 要求，按照链路 SLA 进行选路。

如图 4-33 所示，在 MPLS 没有发生拥塞时 MPLS 链路的质量较好，此时语

音选择在 MPLS 链路上传输。当拥塞导致 MPLS 质量下降时，CPE 通过实时的链路质量检测，在检测到链路 SLA 变差并达到语音所能容忍的 SLA 边界时，将语音流量动态地调整到符合 SLA 要求的负载较轻的 Internet 链路上。当 MPLS 链路由于故障断链时，CPE 实时检测到链路故障，及时地将 MPLS 链路上所有业务动态迁移到 Internet 链路上，保证业务不受 MPLS 链路故障的影响。

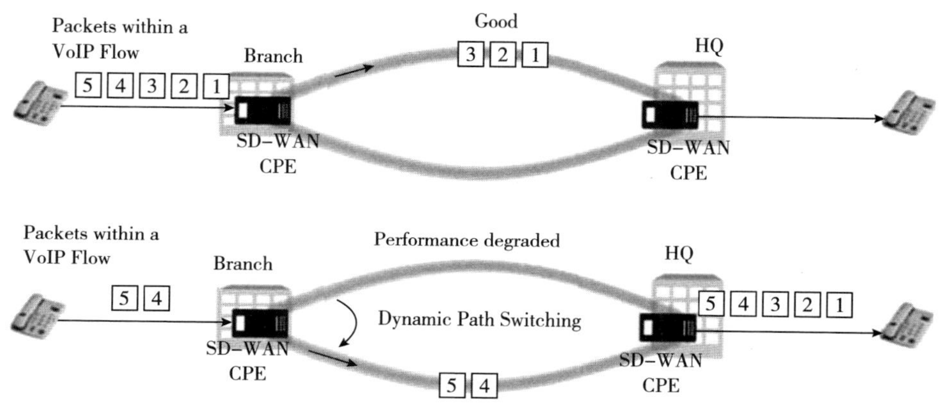

图 4-33 企业 SD-WAH 选路 1

另外，如图 4-34 所示，可以将语音和 FTP 设置为不同的主用链路，语音的主选链路为质量有保证的 MPLS 链路，FTP 业务为质量没有保证的 Internet 链路，确保语音业务的体验有更好的保障。

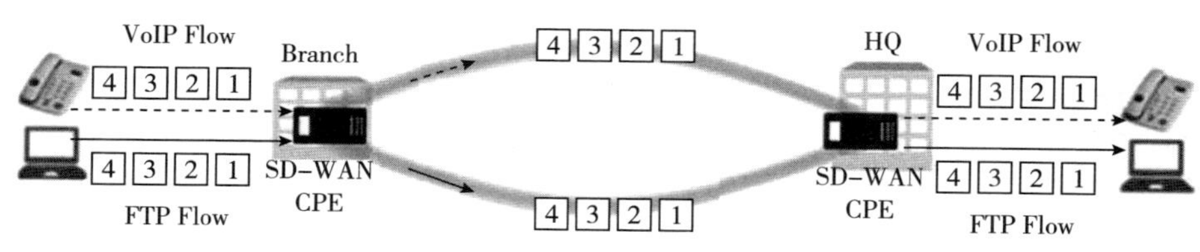

图 4-34 企业 SD-WAN 选路 2

2）负载均衡选路。当企业有多条链路时，希望能够充分利用线路带宽，基于链路带宽进行负载均衡选路，此时可配置负载均衡方式的选路调度方式。

如图 4-35 所示，企业分别购买了不同运营商的两条 MPLS 链路，即电信 100M 的 MPLS 和联通 50M 的 MPLS，则可将语音业务的主选链路设置为这两条 MPLS 链路。在两条链路质量均满足语音业务 SLA 的前提下，语音业务可以负载分担的方式跑在两条 MPLS 链路上，通过实时的带宽利用率监控，确保带宽利用率可达到 85%以上，充分利用线路带宽。

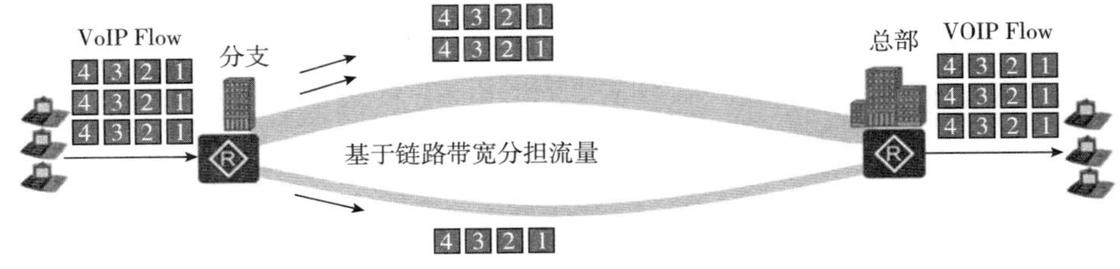

图 4-35　企业 SD-WAN 选路 3

3）应用优先级的选路。如果在同一条链路上有多种业务报文，为了在链路拥塞时优先保证高优先级应用的使用，在发生拥塞时低优先级应用避让高优先级应用，此时可使用优先级选路。比如语音和视频以及文件传输都在 MPLS 上，当链路带宽不够时优先保证语音和视频业务不受影响。

如图 4-36 所示，由于 MPLS 线路质量相对于 Internet 链路较好，为充分利用 MPLS 链路，将语音和文件传输协议（File Transfor Protocol，FTP）业务的主选链路均选择为 MPLS，备选链路为 Internet，设置语音业务的优先级高于 FTP。初始时，语音和 FTP 均选择 MPLS 链路，随着语音业务和 FTP 业务的增加，MPLS 链路出现拥塞，为保证语音业务的体验，将 FTP 业务逐步迁移到 Internet 链路，在 MPLS 拥塞解除后停止迁移。另外，为充分利用 MPLS 带宽，可以配置在 MPLS 恢复时将 FTP 业务逐步迁移回 MPLS 链路。

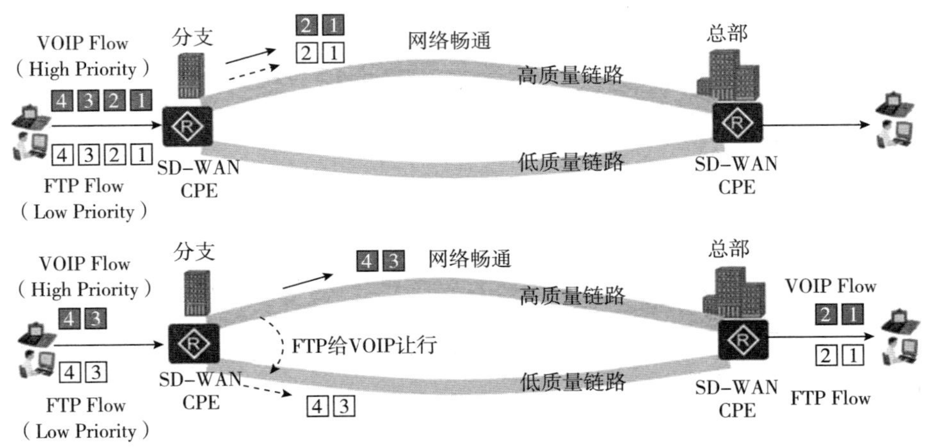

图 4-36　企业 SD-WAN 选路 4

4）带宽选路。带宽选路一般有两种场景：一种是在线路带宽达到一定阈值或者剩余带宽低于一定阈值时某些应用的新建流就不能再选择这条链路，以防止应用质量或者链路质量的劣化；另一种是对于高优先级的应用会优先保证其对线路带宽的占用，为了防止高优先级应用将带宽占满，此时可配置应用带宽的限制条件，在该应用的带宽占用达到一定阈值时不再使用相应的链路，此时就可以使用带宽选路配置。

如图 4-37 所示，由于视频业务对带宽占用较大，因此为保证视频应用的体验，在链路带宽占用率超过 80%时便不再选择这条链路，此时可配置视频业务的链路带宽选择条件为超过 80%时选择其他链路。

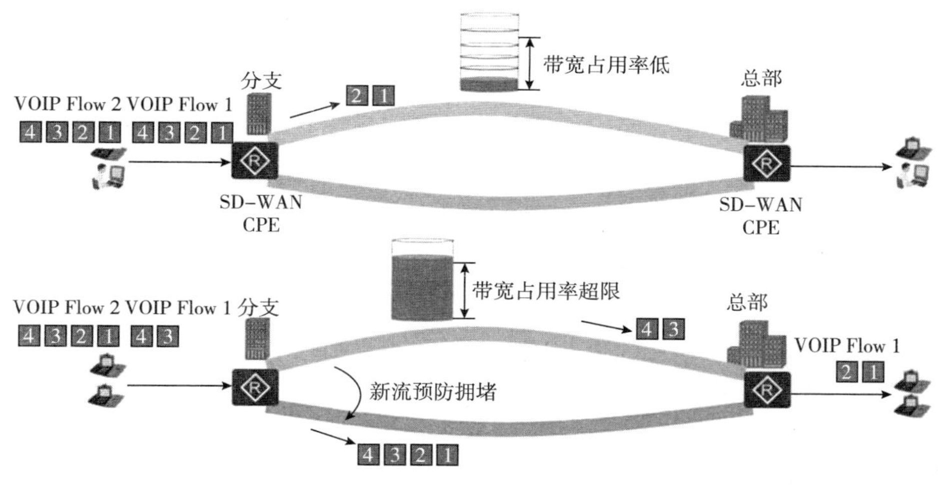

图 4-37　企业 SD-WAN 选路 5

5）链路质量检测。应用质量选路首先需要确定 WAN 链路的质量状态，也就是要对 WAN 链路的质量情况进行测量，现网中通常采用部署网络质量分析（Network Quality Analysis，NQA）的方式来实现。但是，由于存在如下问题，NQA 不能完成三层网络端到端的性能统计：NQA 是根据统计实例的类型构造报文进行网络性能的统计；NQA 不支持跨网络层端到端的场景。

IP 流性能测量（IP Flow Performance Measurement，IP FPM），IP 网络性能检测方案可以有效地解决上述问题。一方面，IP FPM 可以直接对业务报文进行测量，测量数据可以真实反映 IP 网络的性能；另一方面，IP FPM 可以在线监控 IP 网络承载的业务的变化，真实准确地反映出业务的运行情况。

丢包检测如图 4-38 所示。

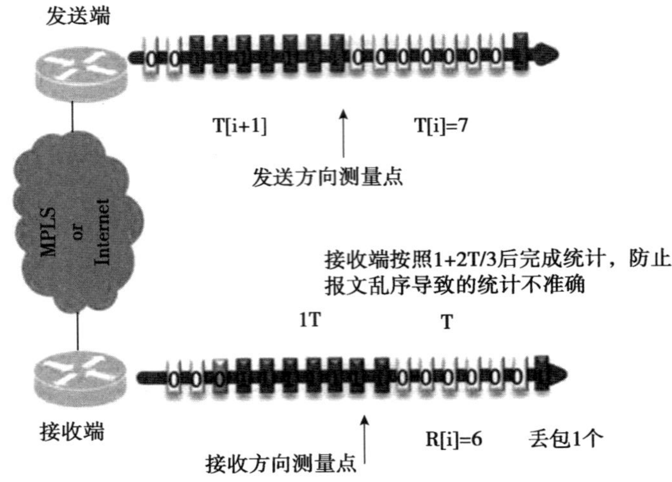

图 4-38　丢包检测流程

时延检测：通过测量往返时延（T2-T1）+（T4-T3），抵消掉两端 CPE 时钟不同步导致的差值，具体如图 4-39 所示。

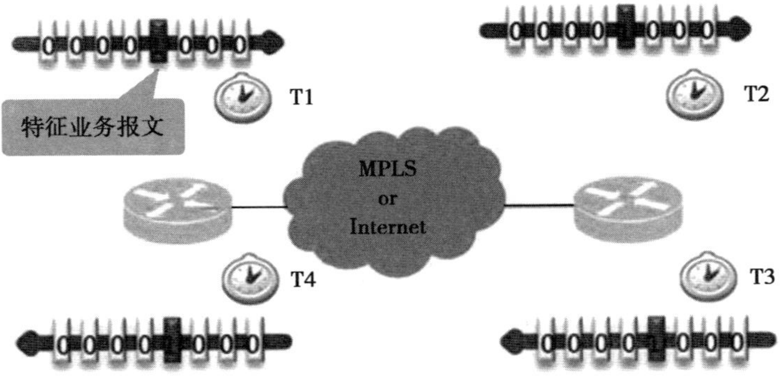

图 4-39　时延检测流程

（4）互联网出口方案。

1）互联网专线。互联网专线是指依托国内骨干网及宽带城域网资源，提供多种专线接入方式，满足企业接入互联网、开展各种应用的业务。

互联网专线为企业提供各种速率的专用链路，实现方便快捷的高速互联网上网服务。互联网专线除提供基本高速上网功能外，还可承载多种新型互联网综合应用，如多媒体信息查询、IP 电话、视频会议、网上银行、电子商务等。

根据路由选择方式，互联网专线可分为以下两种类型：第一，静态路由接入方式，是由网络管理员在网络设备中手动配置固定路由，路由明确地指定了包到达目的地必须经过的路径，除非网络管理员干预，否则静态路由不会发生变化。静态路由不能对网络的改变做出反应，通常用于网络规模不大、拓扑结构相对固定的网络。第二，动态路由接入方式，是指网络中的网络设备间相互通信，传递路由信息，根据收到的路由信息计算出到每个目的网络的最优路径，并由此生成路由表。动态路由接入方式能够根据网络拓扑的变化及时做出反应，更新路由表，同时把拓扑变化以路由信息的形式向其他网络设备宣告，适用于网络规模大、拓扑复杂的网络。

互联网专线常用接入技术主要包括无源光纤网络（Passive Optical Network，PON）和分组传送网（Packet Transport Network，PTN）等，支持接入距离可达 70 千米，提供 10~1000M 甚至更高速率的带宽接入能力。

2）数据专线。数据专线是依托运营商丰富的传输网络资源，向企事业单位提供数字电路、光纤等线路的租用和维护服务。用户可以自由选择 2M 至 100G 甚至更高带宽通道，建立安全、可靠、高速的专用数据通道，以承载和传送数据、视频、语音等各类业务。

数据专线的特点包括：第一，安全性高，传输网络提供多层保护的独立通道，确保数据业务安全，可实现接入侧光缆双路由、城域及以上环网保护、骨干网多平面组网等多种保护措施，线路安全可靠；第二，高速组网，适用于速率高、信息量大、实时性强的数据传输应用；第三，接入灵活，可选择多种带宽及线路类型，对接入地域、设备协议、承载业务无限制，接入方式包括 PTN、SDH/MSTP、OTN；第四，通用性强，使用国际通用的 IEEE 802.3（FE/GE/10GE）、ITU-T G.703（E1）、ITU-T G.707（STM-N）等标准接口，通用性强。

面向不同的需求，有 PTN、SDH/MSTP/VC-OTN、OTN 等承载方式，如表 4-2 所示。

表 4-2　承载方式对比

技术	PTN	SDH/MSTP/VC-OTN	OTN
支持接口	FE、GE、10GE E1	FE、GE E1、STM-1/4/16/64	10GE/10GPOS、100GE
带宽	2M≤带宽<10G	2M、155M、622M、2.5G	10G、100G（客户可通过路由器等进行带宽叠加）
复用	分组复用	时分复用	波分复用
隔离	L2 传输通道隔离	L1 传输通道隔离	光通道隔离
安全性	高，具备 QoS 保障	高	高
适合业务	以太网等分组业务	话音等 TDM 业务	带宽≥10G 的业务

第二节 数据治理

目前，卷烟工厂大量数据分散在不同的应用系统下（MES、制丝集控、卷包数采、物流信息系统、能源动力管控平台及各车间自成一套的车间管理平台），需要通过建设数据中台，形成数据资产地图，解决一定范围下的数据共享。

为了解决缺少数据标准管理或数据质量不满足要求的问题，需要构建统一数据字典标准、数据质量标准等，结合数据仓库技术（Extraction-Transformation-Lood，ETL）的思路，将业务数据进行必要的数据治理，形成包含元数据管理功能模块、数据质量管理功能模块、数据生命周期管理功能模块、调度中心功能模块、系统管理功能模块、数据服务接口功能模块的数据治理平台。通过数据标准的建立实现数据结构的标准化管理，如图 4-40 所示。

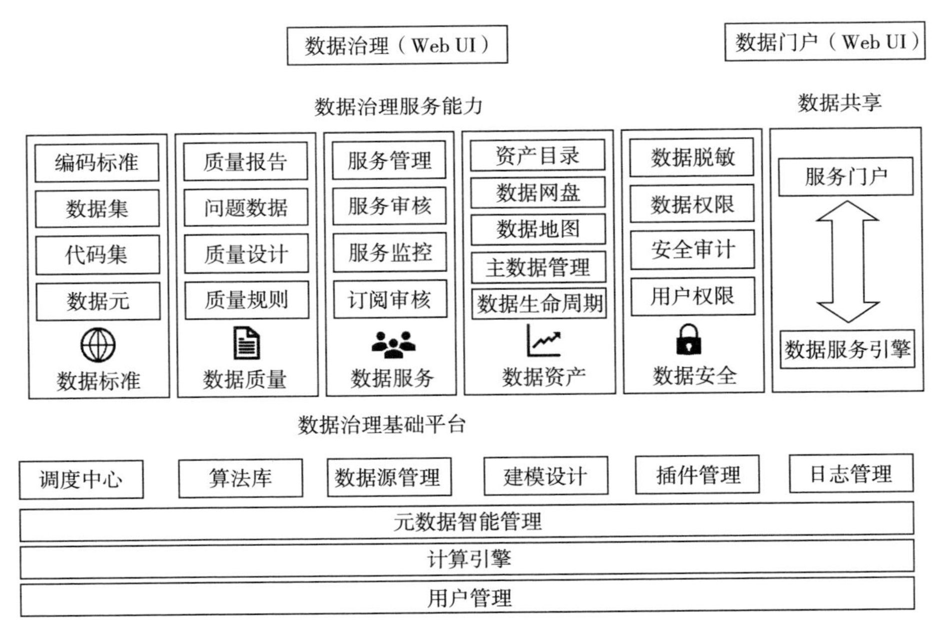

图 4-40 数据治理的功能设计

基于保障数据"好用、高质、安全"的管理目标，针对主数据、元数据、指标数据、维度数据、交易数据、指标等不同类型的数据资产，需要围绕数据标

准、数据质量管理、数据安全管理、数据全生命周期管理等数据治理任务，明确数字资源、数据治理组织与职责、提出数据治理流程框架、规划数据治理工具。基于各省级中烟卷烟厂业务能力蓝图，卷烟厂数据资源视图如图 4-41 所示。

针对上述目标，从技术服务的角度，须建成一个平台、三个中心。

大数据服务平台：以大数据思维，结合国家标准、烟草行业相关标准构建省级中烟大数据应用标准。该标准将指导和规范化省级中烟大数据的数据管理体系。提供集输入、整合、运算、输出的大数据管理服务，确保安全、高效和易用。提出大数据应用的各项指标体系并进行细化，对数据指标、分析指标进行分解，提出指标意义及分析价值。大数据服务平台将包括如下几个数据中心：

一是数据汇聚中心：数据湖可以存放卷烟厂所有需要的数据，这些数据包括来自传统数据库的结构化数据和非结构化的文本数据，包括企业内部生成的数据、外部数据以及服务，也包括媒体数据、传感器和很多企业正在学习使用的遥测数据。

二是数据加工中心：数据湖按照卷烟厂数据规范进行整合，建立数据统一视图，实现数据的标准化、跨系统的数据共享及事件驱动的实时数据分析，提供卷烟厂精细化管理客户、产品、运营等重点流程所需要的数据指标，助力企业增强核心竞争力。

三是数据创新中心：数据关联组合决策分析可以帮助卷烟厂创造新的业务模式。数据湖是一种共享资源，它不仅包含了精心管理的数据，也提供了卷烟厂打造新业务模式搜寻真正需要的数据组合的平台。

未来卷烟厂将依托数据湖架构，围绕工业大数据生命周期，提供数据接入、存储与处理、模型搭建、治理与数据资产服务等一站式服务，支持前端实时监控与预警、全过程管控及分析预测、综合分析及全面展现等多样化数据分析需求，形成“前店后厂”数据服务模式（见图 4-42）。

数据资产可视化呈现：对原始数据、分析数据提供列表（表格）、图形化的展示。相关数据支持导出、自动生成报告、打印，方便运用于汇报、大屏展示以及后期的人工分析等。通过建设企业级数据湖，打造企业内外数据统一集成、储存、传输、共享等服务水平和业务承载能力，实现各类数据的高效接入、存储与处理、访问服务。同时，构建完善的工业大数据分析服务功能来管理工业大数据分析工具，包括指标管理、分析模型库管理、知识管理。通过各种调用服务接口对外提供工业大数据平台上积累的实时流处理模型、机理模型、统计模型和机器学习模型的服务化接口；最终通过可视化看板，搭建面向企业高层决策、运营管理、职能管理等业务数据分析应用场景（见图 4-43）。

企业战略管控

- 战略规划管理：厂级五年战略规划
- 目标管理：厂级年度经营目标；厂级年度经营目标完成情况
- 计划管理：厂级经营计划；各业务计划
- 绩效管理：部门、职能绩效指标；岗位绩效指标；各级绩效指标执行信息
- 预算管理：预算报表；预算指标；预算执行；预算调整
- 投资管理：投资项目申报信息；投资项目实施信息；投资项目评价信息
- 企业经营评价管理：战略评价；绩效评价；计划评价；目标评价；预算评价；工厂对标信息

产品与品牌营销管理

- 研发管理：产品与品类信息；研发项目数据；工艺标准数据；配方与BOM
- 品牌营销管理：品牌推广策略；营销活动信息；营销人员信息；营销费用信息；零售店信息

制造执行管理

- 工厂建模管理：工艺布局信息；产品谱系信息；工艺流程规范信息；工艺质量信息
- 生产计划调度管理：月度生产进度计划；日生产进度计划；生产作业工单
- 生产过程管控：生产物料消耗信息；作业人员基础信息；生产执行监控信息；生产现场管理信息；安全生产作业信息
- 设备运维管理：设备基础信息；设备运行状态；设备维修工单；零备件领用单；设备维修档案；设备维修成本；计量设备台账；设备项目管理信息；计量设备校准记录
- 能源动力管理：动力能源基准信息；动力能源作业计划；能耗监控；能源介质信息
- 质量管理：质量评价标准信息；生产在线质检信息；离线物料质检信息；人员巡检过程记录；质量事故基础信息
- 仓储作业调度：仓库库存状态信息；出入库订单信息；仓库作业资源信息；车辆到仓预约订单
- 原料仓储作业执行：原料库存数据；领料出库操作数据；采购入库操作数据；仓库环境信息；在库操作数据
- 辅料仓储作业执行：辅料库存信息；领料出库操作数据；采购入库操作数据；仓库环境信息；在库操作数据
- 成品仓储作业执行：成品库存信息；销售出库操作数据；生产入库操作数据；仓库环境信息；在库操作数据
- 备品备件仓储作业执行：备品备件库存信息；领用出库操作数据；采购入库操作数据；仓库环境信息；在库操作数据
- 非烟物资仓储作业执行：非烟物资库存信息；领用出库操作数据；采购入库操作数据；仓库环境信息；在库操作数据
- 香糖料仓储作业执行：香糖料库存信息；领用出库操作数据；采购入库操作数据；仓库环境信息；在库操作数据

供应保障

- 原料供应管理：烟叶基地档案；烟叶包装物信息；烟叶加工信息；烟叶收购交易及调拔信息；烟叶质检信息
- 烟用物资供应管理：烟用物资采购计划；烟用物资采购订单；烟用物资采购操作数据
- 设备采购管理：设备采购计划；设备采购订单；设备采购操作数据
- 运输管理：运输作业订单；运输费用结算申请单；司机与车辆调度信息；单证信息；在途监控信息；线路信息
- 供应商关系管理：招投标信息；供应商协同信息；供应商准入信息；供应商绩效信息；供应商基础信息；供应商异动变更信息；合同信息；供应商退出信息

职能管理

- 财务管理：会计核算凭证；成本管理数据；财务基础数据；资产明细信息；资金计划；财务报告
- 人力资源管理：组织与岗位；薪酬管理；人事管理；岗位绩效管理；干部管理；培训管理
- 内控与法规：纪检监察信息；诉讼信息；治理整顿信息；审计信息；制度信息；专卖监管信息；法规信息；风险防控信息
- 办公协同管理：工作协同信息；流程审批单；公文档案信息；群团活动信息；信访基础信息；低端易耗品信息；食堂基础信息；食堂基础信息
- 党建管理：党务基础信息
- 项目管理：项目基础信息；项目执行信息；项目立项申请信息；项目成果信息
- 信息化管理：信息化需求；信息化运维专项服务信息；信息化项目管理信息；信息化安全监管信息
- HSE管理：HSE体系制度；安全管理执行信息；环保管理执行信息；职业健康管理执行信息
- 创新管理：创新体系制度；创新成果信息；创新资源信息；创新评估及改善信息；创新项目管理信息

图 4-41　省级中烟卷烟厂数据资源视图

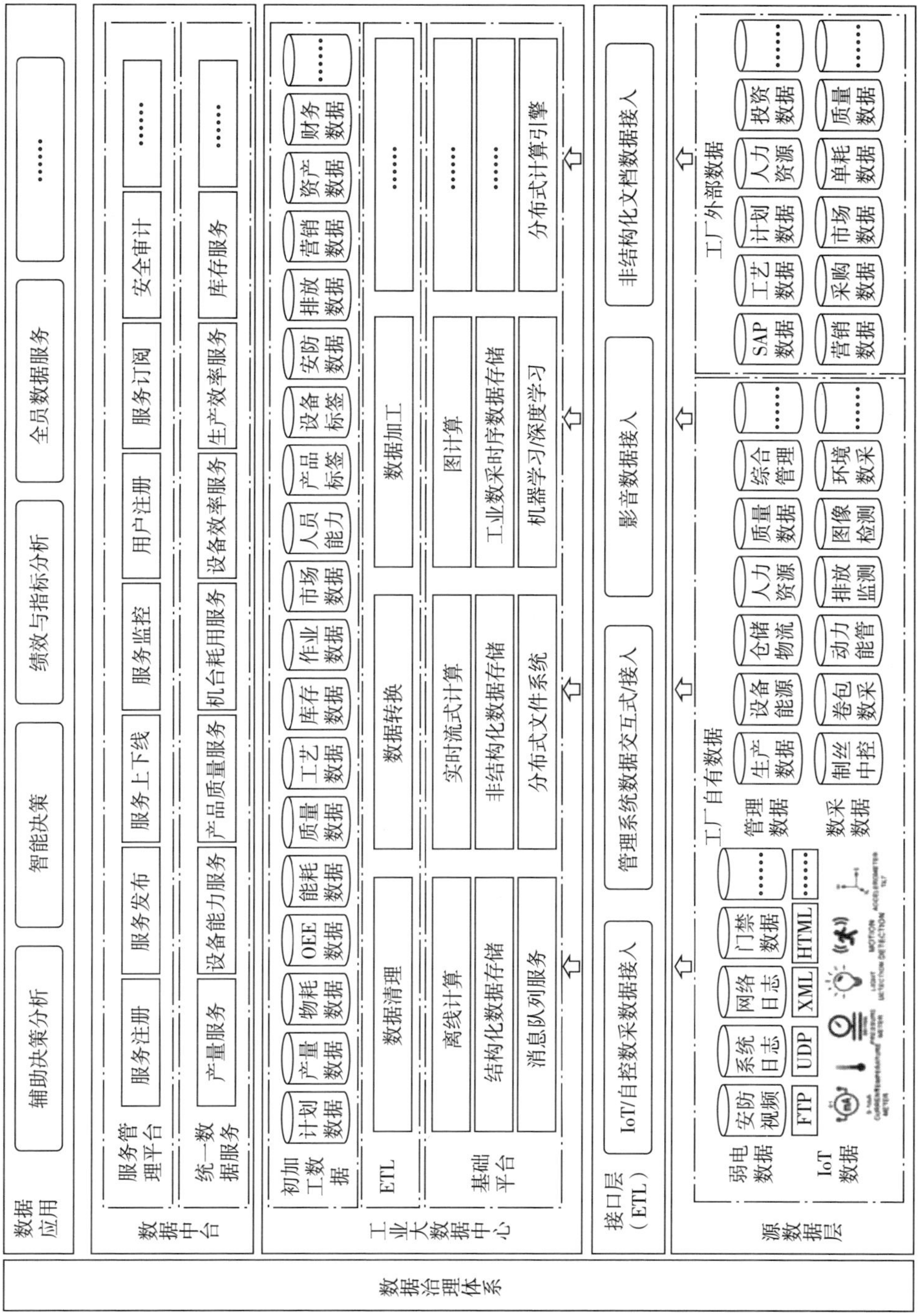

数据治理体系

数据应用：辅助决策分析｜智能决策｜绩效与指标分析｜全员数据服务｜……

数据中台

- 服务管理平台：服务注册｜服务发布｜服务上下线｜服务监控｜用户注册｜服务订阅｜安全审计｜……
- 统一数据服务：产量服务｜设备能力服务｜产品质量服务｜机台耗用服务｜设备效率服务｜生产效率服务｜库存服务｜……

工业大数据中心

- 初加工数据：计划数据｜产量数据｜物耗数据｜OEE数据｜能耗数据｜质量数据｜工艺数据｜库存数据｜作业数据｜市场数据｜人员能力｜产品标签｜设备标签｜安防数据｜排放数据｜营销数据｜资产数据｜财务数据｜……
- ETL：数据清理｜数据转换｜数据加工｜……
- 基础平台：
  - 离线计算｜实时流式计算｜图计算｜……
  - 结构化数据存储｜非结构化数据存储｜工业数采时序数据存储｜……
  - 消息队列服务｜分布式文件系统｜机器学习/深度学习｜分布式计算引擎

接口层（ETL）：IoT/自控数采数据接入｜管理系统数据交互式/接入｜影音数据接入｜非结构化文档数据接入

源数据层

- 工厂自有数据
  - 弱电数据：安防视频｜系统日志｜网络日志｜门禁数据｜……
  - FTP｜UDP｜XML｜HTML｜……
  - IoT数据
  - 管理数据：生产数据｜设备能源｜仓储物流｜人力资源｜质量数据｜综合管理｜……
  - 数采数据：制丝中控｜卷包数采｜动力能管｜排放监测｜图像检测｜环境数采｜……
- 工厂外部数据
  - SAP数据｜工艺数据｜计划数据｜人力资源｜投资数据｜……
  - 营销数据｜采购数据｜市场数据｜单耗数据｜质量数据｜……

图 4-42　“前店后厂”数据服务管理模式

高层决策

企业管理驾驶舱

工厂运行情况总览

行业及中烟经济运行
- 行业经济运行分析
- 中烟经济运行分析
- 市场分析

工厂经济运行
- 关键绩效指标
- 工厂经销存分析
- 固定资产投资分析

预算与项目运行
- 预算执行情况
- 预算重点指标分析

竞争对标
- 行业工业企业对标分析
- 行业工厂对标分析
- 公司工厂对标分析

运营管理

运营管理分析主题

物资管理
- 原、辅料供应保障管理
- 烟用材料报损率
- 辅料质量影响生产时间
- 辅料供应执行影响生产进度频次
- 原料仓损率

生产管理
- 生产计划完成及时准确性
- 生产指令执行率
- 生产现场日常检查问题项
- 现场定置率
- 生产过程控制准确率
- 一号工程码打码报废率

能源管理
- 水、电、空压气、蒸汽单耗
- 电制冷效能（COP）
- 动力单箱综合能耗（折算标准煤）
- 单箱化学需氧量排放量
- 生产能源保障管理
- 单箱卷烟综合能耗

设备管理
- 比功率
- 水损率
- P-G机组设备净效率
- P-G机组设备效率
- 气汽比
- 维修费用
- 单台设备效率
- 卷接、包装机达标车速运行率
- 设备不完好次数
- 设备故障维修时间
- 备件库资金占用额
- 呆滞件占比
- 零配件库存周转率
- 设备影响生产时间
- 测量设备三表过程识别率
- 计量器具关检率

质量管理
- 标识合格率
- 烟叶含霉、杂或有虫频次
- 材料导致的质量异常事件及市场反馈次数
- 原材料配送不合格品率
- 材料入库抽检不合格重复出现次数
- 原料仓损率
- 成品烟丝水分优等品率
- 运行评价不符合
- 虫情控制下降率
- 工艺执行率
- 气、汽控制合格率
- 叶丝出丝率
- 制丝过程评价合格率
- 关键工序指标
- 工艺空调保障合格率
- 风速合格率
- 市场反馈率
- 卷包一次成品合格率
- 标识合格率
- 工厂成品抽检质量得分
- 单箱废烟
- 卷制包装质量加权得分
- 中烟抽检质量得分

职能管理

职能管理分析主题

财务管理
- 盈利水平分析
- 资产分析
- 资金分析

专题分析
- 生产成本全流程精细化
- 备品备件库存及消耗
- 烟用物资需求满足情况

人力资源管理
- 组织岗位分析
- 整体薪酬分析
- 组织绩效分析
- 团队建设分析

其他主题分析
- ……

图 4-43　卷烟厂工业大数据分析框架设计

第三节 人工智能

一、人工智能概述

目前，烟草行业已经由高速增长阶段转向高质量发展阶段，正处在转变发展方式、优化经济结构、转换增长动力的持续发展时期，卷烟工业企业更是已经进入全方位数字化转型的新时期，新兴科技正在推动新一轮卷烟制造业的产业变革，而人工智能毫无疑问成了释放产业变革潜能的重要力量，特别是在互联网、大数据、超级计算、传感网、脑科学等新理论、新技术以及经济社会发展强烈需求的共同驱动下，人工智能呈现出飞跃式的发展，进入新的发展阶段。人工智能作为新一轮产业变革的核心驱动力，将进一步释放历次科技革命和产业变革积蓄的巨大能量，并创造新的强大引擎，重构生产、分配、交换、流通等生产经济活动的各个环节，形成从宏观到微观各领域的智能化新需求，催生新技术、新产品、新产业、新业态、新模式，而这些都依赖于人工智能技术的日益强大和越来越广泛的应用实践。

二、视觉识别技术

计算机视觉（Computer Vision）就是指用摄影机代替人眼、用计算机代替人脑对目标进行识别、跟踪和测量等功能，并进一步给出统计结论和快速决策。计算机视觉研究相关的理论和技术，试图建立能够从图像或者多维数据中获取“信息”的人工智能系统。

目前，采用深度学习神经网络的视觉识别技术已经在生活中得到了广泛的应用，如人脸识别、车牌识别等。随着近几年算力的大幅提升，网络框架和算法模型的优化方案也层出不穷，客观上扫除了视觉识别技术在烟草行业的主要障碍，主要通过以下几个方面来体现其价值：

1. 品质检测

主要包括：物体识别，用于产线首检、巡检、状态识别等；缺陷检测，用于异物检测、杂物检测、外观不良检测、一致性检测等；视觉测量，用于定量检测（长度、宽度、形状等）；行为识别，用于检测人员行为异常和违规操作，设备行为异常等；精细分类，用于代替人工精准分类等。

2. 故障诊断和预警

主要包括：故障预警，物料流量监控（堵料报警、断料报警等）；产前巡检，代替人工巡检。

3. 降本增效

主要体现在人员替代方面，除了能代替人类实现一些简单机械的视觉判定、视觉识别、巡视检查等功能，该技术更大的价值在于，通过大量样本的训练，能够习得丰富的“经验”，通过经验的积累，最终能够替代多年经验的专家和老师傅，并全面超越人类的水平。

4. 实现产线的全自动运行

将各岗位的人员使用机器视觉代替后，自然就实现了产线的全自动运行，即实现无人产线。全自动运行对工艺参数的把控更精准可靠，并且更具鲁棒性。

使用视觉识别方式助力烟草行业实现智能工厂，能够起到事半功倍的效果。视觉识别作为非接触、实时在线的检测方式，在越来越多的场合开始取代人工，并且逐步超越人工完成工作任务。

三、语音识别技术

语音识别算法的发展经历了几个阶段，目前语音识别技术主要分为三大类，第一类是模型匹配法，包括矢量量化（Vector Quantization，VQ）、动态时间规整（Dynamic Time Warping，DTW）等；第二类是概率统计方法，包括高斯混合模型（Gaussian Mixture Model，GMM）、隐马尔科夫模型（Hidden Markov Model，HMM）等；第三类是辨别器分类方法，如支持向量机（Support Vector Machine，SVM）、人工神经网络（Artificial Neural Network，ANN）和深度神经网络（Deep Neural Network，DNN）等以及多种组合方法。

语音识别在烟草行业的应用主要是在自动目前烟厂生产工艺流程链条长，烟机设备的操作、使用和保养等工作内容繁杂，现场工作人员对现场仪表与集控数据的记录比对、夜班的保养点是否正常、生产状态是否异常及数据快速查询都无法做到自动生产导航。由于人员的主观差异，容易产生个体差异带来的行为不规范、不统一甚至是失误操作。通过语音识别的自动导航模型，操作员可以在车间任何地方通过智能移动终端实现实时高效的人机协同、快速数据访问、实时求助等功能，还可以通过语音提示系统自动发布预警信息和提示信息给操作员，实现双向人机互动，有效提升效率，降低人为失误。

四、自然语言处理技术

自然语言处理（Natural Language Processing，NLP）是一门融合了计算机科

学、人工智能以及语言学的交叉学科，这门学科研究的是如何通过机器学习等技术，让计算机学会处理人类语言，实现人机之间的无障碍沟通，使得人类能够轻松得到强大的AI赋能（如高速运算、高速检索、推理能力等）。自然语言处理的目标是让计算机处理或“理解”自然语言，以完成有意义的任务。通过词法分析、文本分类和聚类、句法分析、语义分析、篇章分析等处理方法与过程，计算机能够逐步识别比较复杂的句子和文章。

在烟草行业数字化工厂的建设工程中，我们会用到自然语言处理来实现一些应用和功能，如语音识别、知识导入和知识图谱建立等，对于工厂从数字化走向智能化的建设起到了积极的推进作用。

五、知识图谱

从实际应用的角度出发，可以简单地把知识图谱理解成多关系图（Multi-Relational Graph）。图（Graph）是由节点（Vertex）和边（Edge）构成的，多关系图一般包含多种类型的节点和多种类型的边。实体（节点）指的是现实世界中的事物，比如人、地名、概念、药物、公司等，关系（边）则用来表达不同实体之间的某种联系。

烟草行业存在工艺流程复杂的特点，因此烟草行业使用人工智能来参与辅助决策甚至使用人工智能做全流程自动决策也是大势所趋，构建精准完善的知识图谱是必不可少的先行条件和坚实基础。

知识图谱初步建成后，可形成基于烟草行业知识和经验的庞大信息库，可在如下几个方向为后续的应用和功能提供数据支撑：

一是知识问答。KBQA（Knowledge-Based Question Answering，基于知识库的问题回答）是以直接而准确的方式回答用户自然语言提问的自动问答系统，可用于现场作业支撑、远程诊断检修、培训学习等。

二是知识推理。推理是指基于已知事实推出未知的事实的计算过程，可用于模型仿真、预测诊断等。

三是知识融合。知识融合是指在不同数据集中找出同一个实体的描述记录，主要目的是对不同数据源中的实体信息进行整合，形成更加全面的实体信息，可用于内在规律和模式的探索发现，缺失部分知识的互相印证和补充，多个信息来源的知识内容的对齐和消歧等。

四是知识加工。知识加工中重要的工作就是知识图谱的补全。常用的知识图谱的补全方法包括基于本体推理的补全方法、相关的推理机制实现以及基于图结构和关系路径特征的补全方法。

六、机器学习

机器学习是一种能够赋予机器学习的能力以让它完成直接编程无法完成的功能的方法。机器学习跟模式识别、统计学习、数据挖掘、计算机视觉、语音识别、自然语言处理等领域有着很深的联系。机器学习的常用方法有回归算法、神经网络、支持向量机、聚类算法、降维算法、推荐算法等。

在烟草行业，每天每个工序环节都产生了大量数据，这些数据可以使用机器学习的方法来训练AI，使得一段时间之后AI能够达到或者超过人类的经验，在整体上呈现出越来越优化的效果。将机器学习与烟草生产工艺大数据结合起来，还可以突破之前人脑学习思考的盲区，取得新的推理结论和预测结果。随着工厂数字化建设的深入，以及越来越多的边缘侧传感设备的安装使用，会源源不断地产生大量的更多种类的生产数据，这种数据层面的极大丰富，使机器学习的价值和优势将得到进一步的体现和提升。

七、智能数据

大数据为人工智能的发展提供了基础资源，人工智能技术的核心就在于通过计算找寻大数据中的规律，对具体场景问题进行预测和判断。想要训练出成功的人工智能算法，需要运算力和大量的数据，其中最重要的就是数据量要足够大。除了数据量足够大，大数据还需要经过采集、清洗、标注等处理工作后才能够作为人工智能算法模型训练输入，但目前在实际应用中，数据流通不畅、数据质量不高和数据安全风险等问题仍然极大制约着人工智能的发展和应用。针对已经具备大数据采集基础的烟厂，需要对海量数据进行处理、分析和挖掘，并通过建立模型寻求现有问题的解决方案以及实现预测等。在此基础上，经过计算处理后的数据逐渐呈现出高维度、高阶态、异构性的形式，通过建模、工程等方式来解决问题和实现预测，最终实现决策，使得工厂从“数字化工厂”真正向“智能工厂”转型。

因此，处于“大数据”向“智能数据”转型的当下，需要重视数据治理在烟厂整个数字化工厂实践中的作用，并将数据治理以及数据的智能运用作为大数据时代的首要任务。

第四节　区块链

区块链是新一代信息技术的重要组成部分，是分布式网络、加密技术、智能

合约等多种技术集成的新型数据库软件，其具有数据透明、不易篡改、可追溯的特点，有望解决网络空间的信任和安全问题，推动互联网从传递信息向传递价值变革，重构信息产业体系，为数据要素的管理和价值释放提供了新思路，为建立跨产业主体的可信协作网络提供了新途径。

一、区块链的发展历程

区块链的发展先后经历了加密数字货币、企业应用、价值互联网三个阶段。

（一）加密数字货币阶段

2009 年 1 月，在比特币系统论文发表两个月之后，比特币系统正式运行并开放了源码，标志着比特币网络的正式诞生。通过其构建的一个公开透明、去中心化、防篡改的账本系统，比特币开展了一场规模空前的加密数字货币实验。在区块链 1.0 阶段，区块链技术的应用主要聚集在加密数字货币领域，典型代表即比特币系统以及从比特币系统代码衍生出来的多种加密数字货币。加密数字货币的“疯狂”发展吸引了人们对区块链技术的关注，对于传播区块链技术起到了很大的促进作用，人们开始尝试在比特币系统上开发加密数字货币之外的应用，比如存证、股权众筹等。

（二）企业应用阶段

为了支持如众筹、溯源等应用，区块链 2.0 阶段支持用户自定义的业务逻辑，即引入了智能合约，从而使区块链的应用范围得到了极大拓展，开始在各个行业迅速落地，极大地降低了社会生产消费过程中的信任和协作成本，提高了行业内和行业间协同效率，典型的代表是 2013 年启动的以太坊系统。针对区块链 1.0 阶段存在的性能问题，以太坊系统从共识算法的角度也进行了提升。

以太坊项目为其底层的区块链账本引入了被称为智能合约的交互接口，这对区块链应用进入 2.0 时代发挥了巨大作用。智能合约是一种通过计算机技术实现的，旨在以数字化方式达成共识、履约、监控履约过程并验证履约结果的自动化合同，极大地扩展了区块链的功能。

随着区块链 2.0 阶段智能合约的引入，其开放透明、去中心化及不可篡改的特性在其他领域逐步受到重视。各行业专业人士开始意识到，区块链的应用也许不仅局限在金融领域，还可以扩展到任何需要协同共识的领域中。于是，在金融领域之外，区块链技术又陆续被应用到了公证、仲裁、审计、域名、物流、医疗、邮件、鉴证、投票等其他领域，应用范围逐渐扩大到各个行业。

（三）价值互联网阶段

2018 年 5 月 28 日，习近平在中国科学院第十九次院士大会上发表讲话：“进入 21 世纪以来，全球科技创新进入空前密集活跃的时期，新一轮科技革命和产业变革正在重构全球创新版图、重塑全球经济结构。以人工智能、量子信息、移动通信、物联网、区块链为代表的新一代信息技术加速突破应用……”以上讲话表明区块链是“新一代信息技术”的一部分。

从技术的角度来看，应用 CA 认证、电子签名、数字存证、生物特征识别、分布式计算、分布式存储等技术，区块链可以实现一个去中心、防篡改、公开透明的可信计算平台，从技术上为构建可信社会提供了可能。区块链与云计算、大数据和人工智能等新兴技术交叉演进，将重构数字经济发展生态，促进价值互联网与实体经济的深度融合。

价值互联网是一个可信赖的实现各个行业协同互联，实现人和万物互联，实现劳动价值高效、智能流通的网络，主要用于解决人与人、人与物、物与物之间的共识协作、效率提升问题，将传统的依赖于人或依赖于中心的公正、调节、仲裁功能自动化，按照大家都认可的协议交给可信赖的机器来自动执行。通过对现有互联网体系进行变革，区块链技术将与 5G 网络、机器智能、物联网等技术创新一起承载着我们的智能化、可信赖梦想飞向价值互联网时代。

1989 年，万维网之父 Tim Berners Lee 创建了万维网，给世界带来了划时代的变革。2018 年，Tim Berners Lee 正在打造一个名为 Solid 的项目，旨在从根本上改变当前 Web 应用的工作方式，改善隐私，让用户真正拥有数据控制权。用户可以选择如何将这些数据用于获利，从而获得公平、安全的互联网体验。而自带密码学和去中心化属性的区块链技术在分布式身份体系的构建中具备天然优势。互联网先驱们正在积极探索如何通过区块链技术解决现有 Web 协议存在的效率低下、版本变更、中心化和骨干网依赖等问题，现阶段称其必将取代 http 言之过早，但当前作为万维网协议的补充却是非常有益的。

在这个即将到来的智能价值互联时代，区块链将渗透到生产生活的方方面面，充分发挥审计、监控、仲裁和价值交换的作用，确保技术创新向着让人们的生活更加美好、让世界更加美好的方向发展。

二、区块链分类

根据网络范围及参与节点特性，区块链可被划分为公有链、联盟链、私有链三类。对比如表 4-3 所示。

表 4-3　各类型区块链对比指标

	公有链	联盟链	私有链
参与者	任何人自由进出	联盟成员	个体或公司内部
共识机制	PoW/PoS/DPuS 等	分布式一致性算法	分布式一致性算法

续表

	公有链	联盟链	私有链
记账人	所有参与者	联盟成员协商确定	自定义
激励机制	需要	可选	可选
中心化程度	去中心化	多中心化	（多）中心化
突出特点	信用的自建立	效率和成本优化	透明和可追溯
承载能力	3~20笔/秒	1000~10000笔/秒	1000~200000笔/秒
典型场景	加密数字货币、存证	支付、清算、公益	审计、发行

（一）公有链

公有链中的“公有”就是任何人都可以参与区块链数据的维护和读取，不受任何单个中央机构的控制，数据完全开放透明。

公有链的典型案例是比特币系统。使用比特币系统，只需下载相应的客户端，创建钱包地址、转账交易、参与挖矿，这些功能都是免费开放的。比特币开创了去中心化加密数字货币的先河，并充分验证了区块链技术的可行性和安全性。比特币本质上是一个分布式账本加上一套记账协议，在比特币体系中只能使用比特币一种符号，很难通过扩展用户自定义信息结构来表达更多信息，比如资产、身份、股权等，从而导致扩展性不足。

为了解决比特币的扩展性问题，以太坊应运而生。以太坊通过支持一个图灵完备的智能合约语言，极大地扩展了区块链技术的应用范围。以太坊系统中也有以太币地址，当用户向合约地址发送一笔交易后，合约激活，然后根据交易请求，合约按照事先达成共识的契约自动运行。

公有链系统完全没有中心机构管理，而是依靠事先约定的规则来运作，并通过这些规则在不可信的网络环境中构建起可信的网络系统。通常来说，需要公众参与、需要最大限度保证数据公开透明的系统，都适合选用公有链，如数字货币系统、众筹系统等。

公有链环境中，节点数量不定，节点实际身份未知、在线与否也无法控制，甚至极有可能被一个蓄意破坏系统者控制。在这种情况下，如何保证系统可靠可信？实际上，在大部分公有链环境下，主要通过共识算法、激励或惩罚机制、对等网络的数据同步保证最终一致性。公有链系统存在的问题如下：

1. 效率问题

现有的各类Po＊共识，如比特币的PoW（Proof of Work，工作量证明）及以太坊计划推出的PoS（Proof of Stake，股权证明），都具有一个很严重的问题，即产生区块的效率较低。由于在公有链中，区块的传递需要时间，为了保证系统的可靠性，大多数公有链系统通过提高一个区块的产生时间来保证产生的区块能够尽可能广泛地扩散到所有节点处，从而降低系统分叉（同一时间段内多个区块同时被产生，且被先后扩散到系统的不同区域）的可能性。因此，在公有链中，区块的高生成速度与整个系统的低分叉可能性是矛盾的，必须牺牲其中的一个方面来提高另一方面的性能。同时，由于潜在的分叉情况，可能会导致一些刚生成的区块的回滚。一般来说，在公有链中，每个区块都需要等待若干个基于它的后续区块的生成，才能够以可接受的概率认为该区块是安全的。比特币中的区块在有 6 个基于它的后续区块生成后才能被认为是足够安全的，而这大概需要 1 个小时，对于大多数企业应用来说根本无法接受。

2. 隐私问题

目前公有链上传输和存储的数据都是公开可见的，仅通过“地址匿名”的方式对交易双方进行一定隐私保护，相关参与方完全可以通过对交易记录进行分析从而获取某些信息。这对于某些涉及大量商业机密和利益的业务场景来说是不可接受的。另外，在现实世界的业务中，很多业务（比如银行交易）都有实名制的要求，因此在实名制的情况下当前公有链系统的隐私保护确实令人担忧。

3. 最终确定性（Finality）问题

交易的最终确定性指特定的某笔交易是否会最终被包含进区块链中。PoW 等公有链共识算法无法提供实时确定性，即使看到交易写入区块也可能后续再被回滚，只能保证一定概率的收敛。如在比特币中，一笔交易在经过 1 小时后可达到的最终确定性为 99.9999%，这对现有工商业应用和法律环境来说，可用性有较大风险。

4. 激励问题

为促使参与节点提供资源、自发维护网络，公有链一般会设计激励机制，以保证系统健康运行。但在现有大多数激励机制下，需要发行类似于比特币或代币，不一定符合各个国家的监管政策。

（二）联盟链

联盟链通常应用在多个互相已知身份的组织之间构建，比如多个银行之间的支付结算、多个企业之间的物流供应链管理、政府部门之间的数据共享等。因此，联盟链系统一般需要严格的身份认证和权限管理，节点的数量在一定时间段内也是确定的，适合处理组织间需要达成共识的业务。联盟链的典型代表是 Hyperledger Fabric 系统。联盟链的特点如下：

1. 效率较公有链有很大提升

联盟链参与方之间互相知道彼此在现实世界的身份，支持完整的成员服务管理机制，成员服务模块提供成员管理的框架，定义了参与者身份及验证管理规则；在一定的时间内参与方个数确定且节点数量远远小于公有链，对于要共同实现的业务在线下已经达成一致理解，因此联盟链共识算法较比特币 PoW 的共识算法约束更少，共识算法运行效率更高，如 PBFT、Raft 等，从而可以实现毫秒级确认，吞吐率得到极大提升（几百到几万系统吞吐量）。

2. 更好的安全隐私保护

数据仅在联盟成员内开放，非联盟成员无法访问联盟链内的数据；即使在同一个联盟内，不同的业务之间的数据也进行一定的隔离，比如 Hyperledger Fabric 的通道（Channel）机制将不同业务的区块链进行隔离；在 1.2 版本中推出的私有数据集（Private Data Collection）特性支持对私有数据的加密保护。不同的厂商又做了大量的隐私保护增强，比如华为公有云的区块链服务（Blockchain Service，BCS）提供了同态加密，对交易金额信息进行保护；通过零知识证明，对交易参与方身份进行保护等。

3. 不需要代币激励

联盟链中的参与方为了共同的业务收益而共同配合，因此有各自贡献算力、存储、网络的动力，一般不需要通过额外的代币进行激励。

（三）私有链

私有链与公有链是相对的概念，所谓私有就是指不对外开放，仅仅在组织内部使用。私有链是联盟链的一种特殊形态，即联盟中只有一个成员，比如企业内部的票据管理、账务审计、供应链管理，或者政府部门内部管理系统等。私有链通常具备完善的权限管理体系，要求使用者提交身份认证。

在私有链环境中，参与方的数量和节点状态通常是确定的、可控的，且节点数目要远小于公有链。私有链的特点如下：

1. 更加高效

私有链规模一般较小，同一个组织内已经有一定的信任机制，可以采用一些非拜占庭容错类、对区块进行即时确认的共识算法，如 Paxos、Raft 等，因此确认时延和写入频率较公有链和联盟链都有很大的提高，甚至与中心化数据库的性能相当。

2. 更好的安全隐私保护

私有链大多在一个组织内部，因此可充分利用现有的企业信息安全防护机制，同时信息系统也是组织内部信息系统，相对联盟链来说隐私保护要求要弱一些。相较于传统数据库系统，私有链的最大好处是加密审计和自证清白的能力，没有人可以轻易篡改数据，即使发生篡改也可以追溯到责任方。

三、区块链应用的价值

比特币作为区块链技术的第一个应用，其出现为区块链技术在众多领域的使用和推广拉开了序幕。从最初的加密数字货币到后来的金融应用，再到近年来在各大行业的广泛使用，区块链技术正以其独特的价值深入影响和改变人们的认知与生活。

区块链具体应用领域在不断扩展，而这正是由于我们对区块链的认识和理解不断深入而逐步发展的。最初我们只是片面地认为区块链只用于虚拟货币交易，然而随着对其链式结构原理和不可篡改等特性的了解，我们惊喜地发现区块链适用的交易其实不仅局限于货币，一切金融界的交易都可以用区块链来记录。紧接着随着我们对区块链传递信任本质的领悟，大家恍然大悟，需要传递信任的地方就需要区块链，金融业只是区块链应用场景的一个分支。由此，区块链的应用领域一下被扩展到各种行业：供应链、政务服务、物联网、新能源，甚至庞大的互联网也只能说是区块链领域的一个分支。我们更相信随着区块链应用领域的不断拓展、区块链应用规模的不断扩大，未来会催生出大量的以区块链为创新点的颠覆性应用，我们的社会也由此向着可信社会的方向迈进。

区块链提供一种在不可信环境中，进行信息与价值传递交换的机制，是构建未来价值互联网的基石，也符合党的十九大以来我国一直提倡的为实体经济提供可信平台。区块链发展到现在，我们可以从以下几个方面来分析其应用的方向：

从应用需求视角来看，区块链行业应用正加速推进。金融、医疗、数据存证/交易、物联网设备身份认证、供应链等都可以看到区块链的应用。娱乐、创意、文旅、软件开发等领域也有区块链的尝试。

从市场应用来看，区块链逐步成为市场的一种工具，主要作用是减少中间环节，让传统的或者高成本的中间机构成为过去进而降低流通成本。企业应用是区块链的主战场，具有安全准入控制机制的联盟链和私有链将成为主趋势。区块链也将促进公司现有业务模式重心的转移，有望加速公司的发展。同时，新型分布式协作公司也能以更快的方式融入商业体系。

从底层技术来看，有望推进数据记录、数据传播和数据存储管理模式的转型。区块链本身更像一种互联网底层的开源协议，在不远的将来会触动甚至会最后取代现有的互联网底层的基础协议（建筑在现有互联网底层之上的一个新的中间层，提供可信的有宿主的有价值的数据）。把信任机制加到这种协议里，将会是一个很重大的创新。在区块链应用安全方面，区块链安全问题日渐凸显，安全防卫需要技术和管理全局考虑，安全可信是区块链的核心要求，标准规范性日益重要。

从服务提供形式来看，云的开放性和云资源的易获得性，决定了公有云平台是当前区块链创新的最佳载体，利用云平台让基于区块链的应用快速进入市场，获得先发优势。区块链与云计算的结合越发紧密，有望成为公共信用的基础设施。

从社会结构来看，区块链技术有望将法律、经济、信息系统融为一体，颠覆原有社会的监管和治理模式，组织形态也会因此发生一定的变化。虽然区块链技术与监管存在冲突，但矛盾有望进一步调和，最终会成为引领人们走向基于合约的法治社会的工具之一。

从比特币加密数字货币到金融结算市场的优化，逐渐演进到创造性地重构传统行业的大量应用，如供应链金融、供应链溯源、新能源交易系统、物联网等。随着应用场景日益丰富，应用将推动着区块链技术不断完善，区块链与云的结合日趋紧密，该技术也会逐渐地应用于新兴市场经济，如房屋租赁共享经济、社交网络、内容分发网络等场景中。区块链系统以其特有的价值实现在数据流转过程中不可逆，从而保障数据的可靠性；区块链数据流转的可信性，将有效简化流程、提升效率、降低成本；区块链的系统架构和优势使构建产业生态更加容易并降低产业成本。

可以预见，区块链是价值网络的基础，将逐渐成为未来互联网不可或缺的一部分，区块链技术也将逐步适应监管政策要求，逐步成为科技监管领域的重要组成部分。

四、区块链应用的场景

未来 5~10 年，区块链有可能触及很多行业，最可能产生颠覆性的行业包括金融业、共享经济和社交网络、内容分发网络、供应链等。

在金融业领域，区块链为金融机构系统性地解决全业务链的痛点和顽疾。区块链技术可以被应用在不同的银行业务中，从支付结算、票据流转、供应链金融到更复杂的证券发行与交易等各核心业务领域。区块链技术带来的收益将惠及所有的交易参与方，包括银行、银行客户、银行的合作方（如平台企业等）。目前金融服务各流程环节存在效率瓶颈、交易时滞、欺诈和操作风险等痛点，而这些问题有望在区块链技术应用后得到解决，规避现有流程中大量存在的手工操作。比如，区块链技术的应用可以帮助跨境支付与结算业务交易参与方节省约 40%的交易成本。

在共享经济和社交网络应用领域，区块链天生就具备去中心化的特性，这一点与共享经济的宗旨高度吻合。区块链作为一个去中心化的一致性共享数据账本，在此架构下，整个系统的运作都是公开透明的，它将让共享经济变得更加容易。比如，可以将智能合约运用于自行车租赁、房屋共享等领域，如果这种智能合约运用于共享单车领域，也许会给整个行业带来全新的改变。

在内容分发网络（Content Delivery Network，CDN）领域，传统型和云服务型厂商受限于昂贵的CDN基建成本，其CDN加速节点往往只能在大城市布点。如果这种大型节点遭受攻击，受影响的是千千万万的用户。而区块链+CDN，按照每个区块链硬件用户都成为一个加速节点的实际情况，加速节点是无限的，同时安全性能随着节点数的增加而无限叠加，这是因为区块链技术特有的分布式计算保证了无论是任意一个节点，乃至成千上万个节点同时遭受攻击，剩余的节点数据都能无限期储存，面对这样一个滴水不漏的全覆盖网络，可以大幅度地提升抵御攻击的能力。已经有CDN服务供应商在该领域进行尝试，共享者通过共享家庭闲置带宽和存储获得激励，而CDN服务供应商通过共享者提供的资源获得大量的廉价带宽和存储，给用户提供有竞争力的CDN服务。

在供应链领域，供应链的管理对于链上的企业都至关重要，高效的、低成本的运作是供应链管理的目标，传统的供应链管理在信息网络技术的基础上已经有很大进步，包括常用的办公自动化系统（Office Automation，OA）系统、企业资源计划（Enterprise Resource Planning，ERP）系统等都有效地支撑了供应链系统的运转，然而由于传统技术架构的限制，各方的信息系统数据无法做到有效可信的同步，信息流的同步较为低效，同时由于各方系统的数据都是各方独立集中管理，有一定风险会遭受到有意无意地篡改，对于外部不法“黑客”的防护也只能在系统的外部增加防火墙策略和安全设备，不能通过技术底层协议来解决这类问题。

区块链技术的出现进一步为供应链中几个痛点问题从协议层带来了很好的解决方案。区块链中联盟各方都持有账本数据，并且数据的增加、修改、删除等动作都必须执行各方共同制定的智能合约后才能落入最后的数据账本中。由于账本数据会存储在联盟各方中，这种方式很好地保证了数据的高可靠性，任意一方数据的丢失和损坏都不会造成太大影响，它可以快速从其他方恢复数据。另外，这种技术架构也可以很好地保证任意一方都不能私自对数据进行变更，所以与各方的相关业务方面的权利义务都可以通过智能合约来保障，有效地解决了公平、安全的问题。

一是可追溯性。可追溯性是区块链的特点，也是供应链行业的需求和痛点。系统复杂、数据冗余和隔离导致不能快速、有效、精准地追责和召回有问题的商品。区块链系统由于数据不可篡改，并且数据存储在联盟各方，过程中产生的数据可以实时获取、精准定位和追溯。区块链中记录的数据包括产品原料从哪里取材、在哪家工厂生产、商品在哪里包装和加工、由哪家企业负责运输、销售到了哪些城市和哪些超市等，这些信息在区块链系统中可以快速地获取，对于应急处理社会公共事件有很好的帮助。

二是不可篡改性。一方面，传统的系统中数据经常会遭到“黑客”的攻击，入侵后数据修改对业务会造成很大的影响，企业的品牌影响力也会下降；另一方面，系统内部的管理员存在出于各种目的对数据进行获取和修改的风险。这些场景都从技术层面无法保证，需要额外的管理成本来解决此类问题，而区块链技术通过巧妙地利用数字签名、加密算法、分布式存储等技术有效地从协议层面解决了篡改的问题，极大地增加了篡改难度，从技术上保障了数据的不可篡改性。

三是透明性。透明性体现在多个方面，数据方面由所有链上商业方共有，所有数据对每个节点都是透明的，任何一方都可以实时获取数据进行核查和分析。比如供应链金融上的金融机构可以看到业务方的回款情况，经销商可以看到产品的质检报告等，这些特性会极大提高业务商业互信，加快链上物流和金融的流通效率。透明性的另一个方面主要体现在智能合约上，供应链上的智能合约由商业各方共同制定，内容与各方利益息息相关，它们利用智能合约代替传统的契约和合同，让它不以其中一方或者多方的意志为转移，达到公平的效果。

这三个特点是区块链技术的优势，同时也是供应链行业的痛点问题，所以区块链技术在供应链行业的应用和落地有着天时地利的条件，不少细分行业在业务全流程信息可视化、业务数据的一致认可、降低协作成本等方面有着强烈的诉求，社会也期待在这些行业中有实质性的技术创新和进步。

从业务角度讲，区块链技术可以解决供应链和溯源类场景的两大问题：一是提高业务参与方的造假成本。由于联盟链的加入有准入机制，而且特殊的行业中业务参与方还会包括政府的监管单位，加上写入区块链的数据都会包含参与方的数字签名，所以一旦发现数据真实性问题，相关的企业和组织无法抵赖，假数据的操作会对其诚信和品牌造成极大恶劣影响，甚至要负法律责任，因此提高了企业的数据造假成本。二是在商品出现事故后可以提高定位和召回效率。溯源的区块链系统会对商品的基础属性、检验信息、物流和加工信息做详细的记录，出现事故后可以在区块链上快速找到商品的销售地域情况，对控制事故影响范围和召回工作有很大帮助。

供应链和物流参与方众多、没有强中心化组织、流程复杂，这些特点在传统的中心化结构中存在过程不透明、难以追踪、管理困难等问题，而区块链的多方共享、不可篡改账本，多方共识、全程可追踪等特点刚好适合供应链和物流行业。业内普遍认为供应链和物流是较适合区块链落地的场景之一。

第五节 模拟仿真

仿真作为必不可少的重要技术，已经被世界上众多企业广泛应用到工业各个领域中，是推动工业技术快速发展的核心技术，也是“工业 3.0”时代最重要的技术之一，在产品优化和创新活动中扮演不可或缺的角色。近年来，随着“工业 4.0”、智能制造等新一轮工业革命的兴起，新技术与传统制造的结合催生了大量新型应用，工程仿真软件也开始与这些先进技术结合，在研发设计、生产制造、试验运维等各环节发挥着更重要的作用。

一、仿真模型

仿真模型是企业在设计、生产、管理、运维等各环节的数理描述或者图形描述。

（一）模型的对象

烟草行业数字车间的模型来源包括物理对象、业务流程、研发工具，以及生产工艺中的工艺配方、工艺流程、工艺参数模型等。

按照烟草工业企业状态感知、优化管理、工艺流程优化、生产制造协同、科学决策、精准执行、资源共享配置等需求，将烟草工业企业的物理设备、生产工艺、流程逻辑等进行规则化、模块化，构建可移植、可复用的物理设备模型、生产工艺模型、人员活动模型、数据驱动以及产品物流等数字模型。

（二）模型的分类

模型架构中，物理模型和逻辑模型来源自设备设施、业务流程，生产工艺及研发工具，两类模型共同实现生产过程仿真模拟功能；信息系统接口模型来源自业务系统、设备设施及部分研发工具，通过接口模型实现工业互联网接入和不同系统间信息融合。

数字孪生模型是以数字化方式在虚拟空间呈现物理对象，以数字化方式为物理对象创建虚拟模型，模拟其在现实环境中的行为特征，是一个应用于整个产品生命周期的数据、模型及分析工具集成系统，为企业整合生产中的制造流程、实现从材料、产品设计、工艺规划、生产计划、制造执行到使用维护的全过程数字化，通过集成设计和生产，帮助企业实现全流程可视化、规划细节、规避问题、闭合环路、优化整个过程。

卷烟智能制造模型的原理关系见图 4-44。

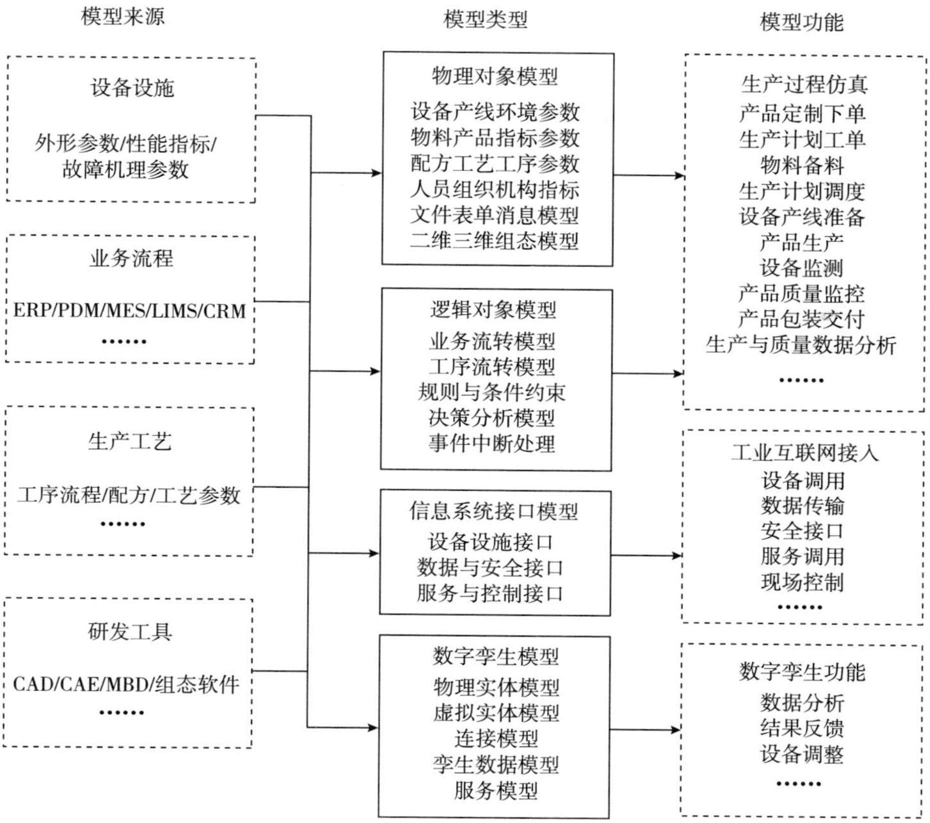

模型来源	模型类型	模型功能
设备设施 外形参数/性能指标/故障机理参数	物理对象模型 设备产线环境参数 物料产品指标参数 配方工艺工序参数 人员组织机构指标 文件表单消息模型 二维三维组态模型	生产过程仿真 产品定制下单 生产计划工单 物料备料 生产计划调度 设备产线准备 产品生产 设备监测 产品质量监控 产品包装交付 生产与质量数据分析 ……
业务流程 ERP/PDM/MES/LIMS/CRM ……	逻辑对象模型 业务流转模型 工序流转模型 规则与条件约束 决策分析模型 事件中断处理	
生产工艺 工序流程/配方/工艺参数 ……	信息系统接口模型 设备设施接口 数据与安全接口 服务与控制接口	工业互联网接入 设备调用 数据传输 安全接口 服务调用 现场控制 ……
研发工具 CAD/CAE/MBD/组态软件 ……	数字孪生模型 物理实体模型 虚拟实体模型 连接模型 孪生数据模型 服务模型	数字孪生功能 数据分析 结果反馈 设备调整 ……

图 4-44　卷烟智能制造模型原理关系

（三）模型的要求

仿真模型的要求包括模型规范性、模型等效性、模型实用性、模型易用性、模型可扩展性。

1. 模型规范性

模型规范性包括建模过程的规范性和模型格式的规范性。具体要求如下：在实施建模过程中，应参照需求分析、数据收集、模型建立、模型验证的顺序和要求开展建模工作；模型对卷烟智能工厂内各类信息，要有一致的信息描述，选择同一描述方法，并在建模过程中注意术语的标准化和统一化。

2. 模型等效性

模型应该能够完整地反映卷烟智能工厂的整体情况和功能要求，覆盖卷烟产品、设备、物料等主要生产要素的全生命周期，并且最大限度地实现与卷烟制造过程的物理实体等效和逻辑等效。具体要求如下：建模时应符合要求的精确度和逼真度，通过定义接口使不同的物理模型结合；进行层次化、结构化设备建模，符合 GB/T 20720《企业控制系统集成》的层次模型要求；简化模型时，不能对设备、生产线和物料产品的空间布局、能源动力配置产生影响；人员及组织机构模型应定义存在的隶属关系和优先关系，同时考虑与 ERP 系统、MES 系统中人力资源数据的共享和兼容；对逻辑对象进行建模时应充分考虑实际业务流程影响因素和生产工况逻辑，保证各个模型之间的时序可以形成一个完整的业务流程或生产工序。

3. 模型实用性

应通过以下措施，但不仅限于以下措施，以保证和持续提高平台的长期稳定运行和实际执行效率：单元对象模型的实用性应结合已收集的相关模型的数据加以验证分析，系统对象模型的实用性要侧重于各个功能模块的链接是否合理、接口是否合适；避免系统间、模块间的接口重复性，减少接口调用请求频次和参数传递。

4. 模型易用性

在不影响模型仿真功能和精度的前提下，应通过以下措施但不仅限于以下措施，来保证和持续提高平台开发建设的快捷、高效：选择合适的参考系和参考点对模型进行几何简化，同时保留特征流程；物料及产品模型应具有可统一调配和调度的接口；对模型的接口进行简化处理，实现系统松耦合，同时要求对于传输成功/失败的情况，接口都必须提供明确的数据状态信息和反馈信息。

5. 模型可扩展性

应通过以下措施但不仅限于以下措施，以保证模型是可扩展的，便于应对未来可能的业务和数据需求变化：文件及表单模型根据各生产点管理需要确定，应支持随着时间、版本进行迭代；相关接口进行可扩展性设计，方便调试验证和后期功能性调整。

（四）模型的验证

模型验证应按照理论模型确认、测试数据有效性确认、模型运行验证与优化的基本顺序开展。

1. 理论模型确认

模型验证前，确认模型的关系、层次、算法逻辑、约束、假设、属性参数和指标设计是否充分合理。

2. 测试数据有效性确认

测试数据有效性确认的具体内容包括：确认数据的量值大小、量纲、分布、时标、顺序、发生频次是否与实际工况数据相同；确认测试数据可以覆盖不同的

测试路径，并覆盖生产工况极限值、关键指标的临界阈值。

3. 模型运行验证

模型运行验证的主要内容为模型仿真与实际测试数据的对比，模型验证考核量应包括数据误差、产量误差等。其中，通过计算实时测量数据与仿真数据之间的偏差考核模型的准确程度；通过计算已经取得的历史数据结果与仿真数据之间的偏差考核模型对于烟草智能制造业务仿真的等效性、实用性。

4. 模型优化

应根据模型验证得出的数据进行分析，分析结果作为模型优化的依据。模型优化类型包括但不限于模型的轻量化、逻辑错误消除、仿真偏差修正。模型优化原则包括但不限于有效原则、适度原则、适用原则。

二、系统仿真

系统仿真是基于卷烟制造工业互联网平台，利用模型驱动，为卷烟制造业务提供虚拟仿真服务。该部分结合卷烟制造业务，明确了仿真对象和仿真内容、仿真的基础技术要求，以及基于生产前、中、后和产品、设备的五大功能仿真实施要求。

（一）仿真对象

1. 生产前模拟仿真

根据物料需求和物料库存等条件分析物料的保障能力，根据设备额定产能和折算系数等条件计算设备理论产能，根据生产日历、设备维保计划和人员配置计划等条件计算设备理论生产时间，根据设备理论产能和生产时间分解生产订单、生成生产工单，综合各生产条件要素进行生产预演，模拟生产过程，评估方案的可行性、合理性，根据评估结果优化生产计划和资源配置，确定最佳生产方案。

2. 生产中实时仿真

实现卷烟工厂实体车间与虚拟车间进行双向交互联动，采用细化的高逼真度仿真模型，验证系统的性能是否达到技术指标要求，优化系统参数，使系统的动态性能满足技术指标要求，进行系统干扰和故障模拟及相应的对策研究，对生产过程进行全方位感知、数据对比，实现全要素、全流程、全业务的实时预警预测、在线诊断、动态数据分析，对优化生产进行探索、验证，整体提升制造管控能力。

3. 生产后回溯仿真

将实际生产过程中所采集的数据用于生产模型进行回溯仿真，以历史数据为依据，运用大数据诊断、自适应优化等方法挖掘导致异常的根本原因，并与生产前仿真指标进行比对（包括生产各环节的模型对比、指标对比、差异评估），为生产模式优化、参数配置、模型优化等提供参考。

4. 产品制造全过程仿真

将产品从投料到生产制造过程的人、机、料、法、环、测等生产数据进行标签化（即编码化），通过数据接口服务组件，对产品制造过程进行仿真服务，对生产、质量等历史数据追踪提供支撑，实现产品投料、制丝、成型、卷包生产环节的制造全过程仿真服务。

5. 设备寿命期仿真

建立设备数据模型、驱动模型，实现基于实时数据采集的模型驱动设备寿命期仿真服务，支持对边缘层生产设备、检测设备的有效监视，结合设备历史数据和实时数据，实现设备监视和报警，为设备生产过程分析、设备效率分析提供支撑。

（二）技术要求

1. 一般要求

为了保障系统仿真能够完整地反映卷烟制造工厂的整体情况，仿真的各类信息具有一致的信息描述，选择同一描述方法，并在建模过程中注意术语的标准化和统一化，仿真的对象及其联系随时间推移而发生改变，应具备可新增、可扩展等一般要求。

2. 功能要求

仿真系统的总体功能要求包括但不限于参数配置、仿真数据输入、实时监控、行为扰动、仿真结果输出、可视化、人机界面、信息安全；仿真模型、仿真环境、人机交互、可视化、数据安全、数据通信是仿真系统的主体要素。进行仿真时，在确定的仿真环境下，以数据安全和数据通信为保障，通过参数配置选择不同的仿真场景，将仿真所需的参数采集输入，并加入相应的干扰量，经过模型计算、人机交互，以可视化等形式输出仿真结果。

系统仿真的总体功能流程如图 4-45 所示。

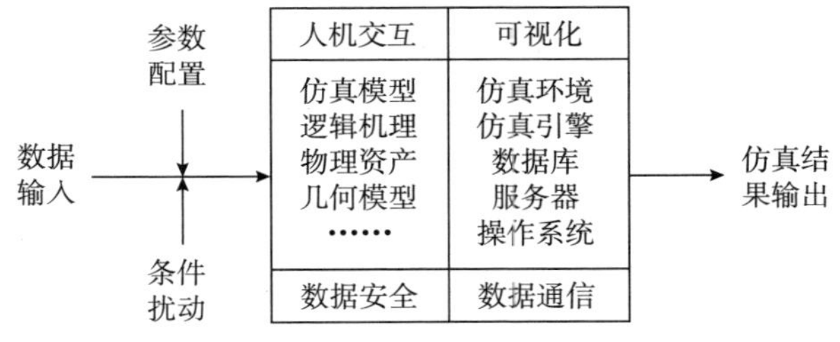

图 4-45　系统仿真的总体功能流程

3. 数据通信

数据通信应明确系统仿真数据接口包含的接口类型，规定应用开发与应用运

行的接口以及系统对外数据通信传输协议，系统内数据通信、对外数据通信应满足仿真信息同步传输、异步传输、可靠性及安全性传输要求。

4. 仿真流程

卷烟制造工业互联平台的系统仿真，涉及空间布局、内部与外部业务流程、生产制造典型过程，仿真过程应按照需求分析、仿真方案制定、仿真实施和实施结果分析顺序开展。

5. 仿真环境

系统仿真对语言、开发工具、开发环境的选择，在确保系统的功能性实现前提下，保证对各种现有设备的兼容性、对现有操作平台的可移植性，方便系统后期维护和升级，选择的知识库、数据库要通过安全和稳定性验证。

6. 仿真模型

仿真模型应针对物理或逻辑对象开发，并建立模型库，优先选用库内模型及其他烟草行业标准规定的模型，选取开源模型和其他技术服务商提供的模型时，应经过技术验证或确认。

7 仿真算法

仿真算法应选择误差小、安全和稳定性高、参数复杂度低的算法，仿真环境和外部控制环境的参数应采用统一的接口标准，选取开源算法和其他技术服务商提供的算法，应经过确认是现行有效、合法的算法。

8. 仿真数据

仿真数据的输入、输出应满足组织的信息化合规性要求，输入数据首先要保证来源的安全可靠性，其次应保证输入数据的格式、数值上下限有明确规定；输出数据包括实时数据、业务数据、文件数据等，要有日志信息、出处标签，并建立数据清洗和脱敏清单，以便进行数据分类、数据编码、数据标准、数据加密传输等处理。仿真数据的分析与计算应满足数据采集、数据清洗、数据分类、数据编码、本地存储和边缘计算等要求。

第六节　数字孪生

一、数字孪生概述

近年来，卷烟工业在逐步走向智能化。数字孪生（Digital Twin）作为智能化的核心技术之一，受到了越来越多的关注和研究。

目前，数字孪生正在与人工智能技术深度结合，促进信息空间与物理空间的实时交互与融合，通过在信息化平台内进行更加真实的数字化模拟，实现更广泛的应用。将数字孪生系统与机器学习框架相结合，数字孪生系统可以根据多重的反馈源数据进行自我学习，从而几乎实时地在数字世界里呈现物理实系统的真实状况，并能够对即将发生的事件进行推测和预演。数字孪生系统的自我学习除了可以依赖于传感器的反馈信息，也可通过历史数据，或者是集成网络的数据学习。

实现数字孪生体是一系列使能技术的综合应用。在产品的设计阶段，使用数字孪生体可提高设计的准确性，并验证产品在真实环境中的性能，主要功能包括数字模型设计、模拟和仿真。对产品的结构、外形、功能和性能（强度、刚度、模态、流场、热、电磁场等）进行仿真，在优化设计、改进性能的同时，也降低了成本。在个性化定制需求盛行的今天，设计需求及其变更信息的实时获取成为企业的一项重要竞争力，可以实时反馈产品当前运行数据的数字孪生体成为解决这一问题的关键。曾经在实验科学中广为应用的半实物仿真也将在数字孪生体中发挥重要作用。

在产品的制造阶段，使用数字孪生体可以缩短产品导入时间，提高设计质量，降低生产成本和加快上市速度。制造阶段的数字孪生体是一个高度协同的过程，通过数字化手段构建起来的数字生产线，将产品本身的数字孪生体同生产设备、生产过程等其他形态的数字孪生体形成共智关系，实现生产过程的仿真、参数优化、关键指标的监控和过程能力的评估。同时，数字生产线与物理生产线实时交互，物理环境的当前状态作为每次仿真的初始条件和计算环境，数字生产线的参数优化之后，实时反馈到物理生产线进行调控。在敏捷制造和柔性制造大为盛行的今天，对多个生产线之间的协调生产提出更高要求，多个生产线的数字孪生体之间的“共智”将是满足这一需求的有效方案。

二、数字孪生的架构

图 4-46 是数字孪生的架构图。

在图 4-46 中，现实物理域：无论是离散型制造业还是流程型制造业，都包含研发设计阶段、生产运营阶段、维护服务阶段的各种物理实体，如人员、设备、试验、产品、材料、流程、环境、服务等。

测量与控制实体：这一层承担着物理实体和数字孪生体之间的互动功能。这层包含测量感知和对象控制两种功能，其中测量感知是数字孪生体从物理实体采集设备的设计、运行等各种参数，进行数据预处理和数据标识；对象控制则负责把数字孪生体发出的控制策略传递给物理实体。

数字孪生体：除了前文通用架构里阐述的三个部分，这一层还包含制造物理

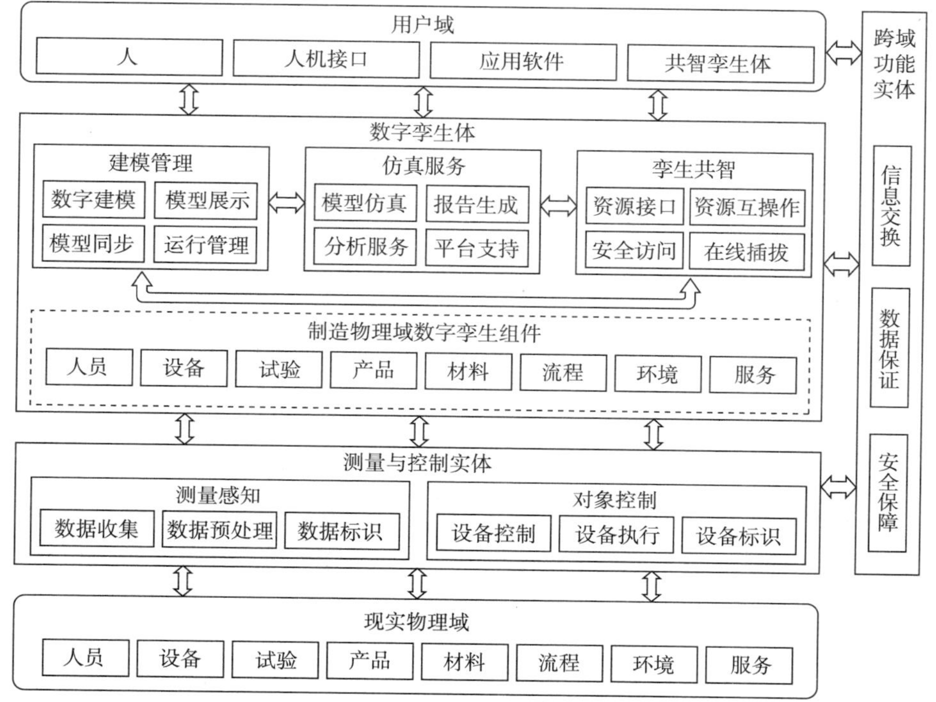

图 4-46　数字孪生的架构

域数字孪生组件（图 4-46 中虚线框中）。针对现实物理域的每一个对象，都有一个对应的数字孪生体存在。

三、数字孪生的成熟度

卷烟制造领域的数字孪生体在各成熟等级上的标志和特征如下：

（一）数化

针对产品及零部件建立数字化模型，包含零部件的结构、材料、状态等属性；针对设备系统建立数字化模型，包含设备组成、装配关系、运行逻辑等特征；针对生产线或流程建立数字化模型，包含生产线布局、流程布局、各个设备的干涉关系等；针对工厂及环境建立数字化模型，包含厂房及厂房内设备、厂房外部气象环境、地理环境等因素；针对人员建立数字化模型，包含操作人员作业管理、运行人员流程管理、质检人员标准校验管理等。

（二）互动

制造实体（包含产品、设备、生产线、流程、工厂等）装备有充足的传感器和测量控制设备；制造实体的状态能通过传感器和测控设备传输到数字孪生体；数字孪生体能接收到制造实体传输的信号并和相应部分完成对接；数字孪生体能传输控制策略和具体指令到制造实体；制造实体能接收到数字孪生体的控制信号，并完成相应动作执行。

（三）先知

产品及零部件的数字孪生体能够仿真产品的力学、热学、电磁学、声学、光学等性能；设备系统的数字孪生体能够仿真设备的动力学、运行、运动、操作过程、加工制造工艺等；生产线或流程的数字孪生体能够仿真生产线内的物料搬运、工装干涉检测，以及流程的电气系统、控制系统、液压系统等；工厂及环境的数字孪生体能够仿真厂房布局、物流过程、供需流程、效能效率、环境变化等；人员的数字孪生体能够仿真人员的作业过程、运动、人机交互的动态过程等。

（四）先觉

数字孪生体能从历史数据中，分析出产品质量指标的总体分布特征；数字孪生体能利用机器学习，建立设备或生产线的故障模式，并在运行过程中识别该模式后报警；数字孪生体能根据气象等外部条件的变化，预判工厂能耗、安全等未来的趋势，提前给出调整策略；数字孪生体能根据知识库存储的经验等，给出包括总体和各部分的优化路径；数字孪生体能基于人员的年龄分布、培训经历、操作经验等因素的变化，优化出更合理的操作制度和管理流程。

（五）共智

在具有上下游顺序关系的数字孪生体之间，通过共智能实时把上游的变化有机地和下游的操作结合起来；具有包含关系的数字孪生体之间，通过共智能实时动态反映体系和系统、以及系统和子系统之间的智慧传递和影响；本地的数字孪生体，可以和云端的数字孪生体发生共智连接，实现跨地域、跨企业的共智；数字孪生体和物理实体之间，通过共智实现同步优化和共同进化；通过脑机接口，人脑和数字孪生体无障碍交互，真正实现你中有我、我中有你。

第七节　工业应用

工业应用是建立在基于 Kubernetes 构建的云原生 PaaS 平台上，采用微服务架构设计，提供全生命周期管理、数据化运营、立体化监控和服务治理等功能。将企业通用服务按业务化分成一个个单体服务，每一个微服务应用都聚焦一个指

定的业务功能，应用之间是基于服务接口的依赖，各个应用独立开发。支持Spring Cloud、Dubbo和服务网格等微服务框架统一管控，并支持平滑迁移，满足处于不同阶段的应用需求，解决传统集中式架构转型的困难，打造大规模高可用的分布式系统架构，实现业务、产品的快速落地。

一、微服务架构

采用微服务架构时，应用程序由独立的组件组成，每个应用程序流程都作为一项服务单独运行。服务以业务功能为目的，每项服务都执行单个功能。由于所有服务独立运行并由单个开发团队进行管理，因此可以根据应用程序的特定功能需求进行更新、部署和扩展。基于事件驱动型微服务架构，即通过触发操作来响应数据变更，从而提高应用程序的扩展性和弹性，同时降低成本（见图4-47）。

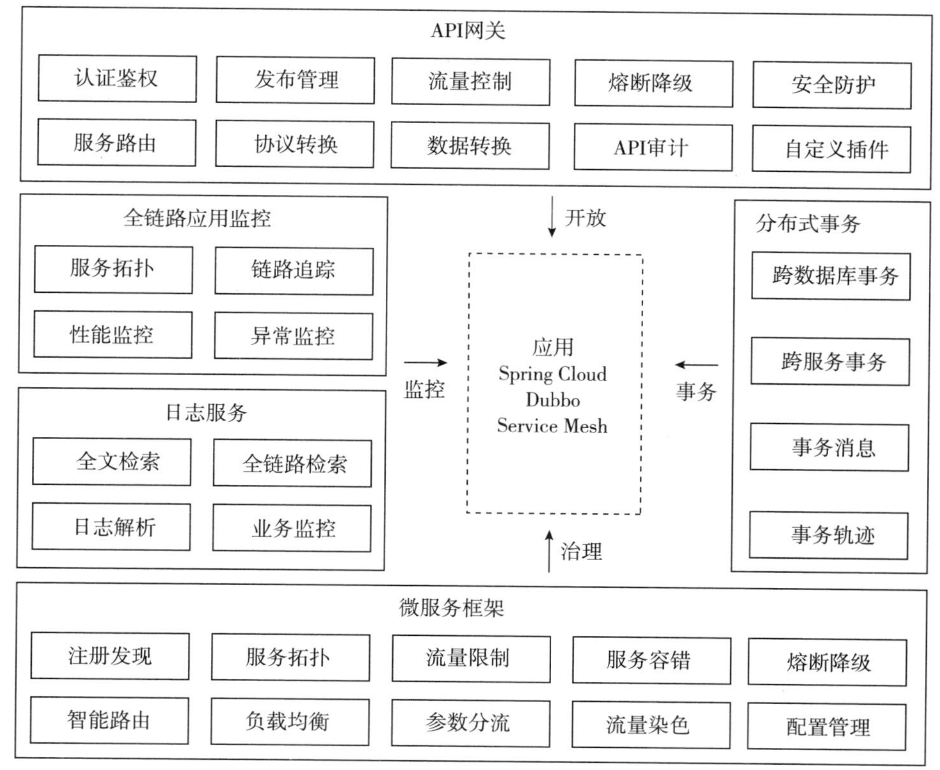

图4-47 微服务技术架构

（1）微服务框架：基于云原生技术的微服务管理平台，提供注册发现、智能路由、服务拓扑、负载均衡等功能。

（2）API 网关服务：提供认证鉴权、发布管理、流量控制、协议转换、服务路由等功能。实现内部多应用之间，或者内部应用与外部应用之间跨应用、跨系统、跨协议的服务能力互通。

（3）全链路应用监控服务：提供集服务拓扑、链路追踪、性能监控和异常监控于一体的立体化监控平台。通过数据自动化收集、数据可视化展示，能够及时、全面地掌控各个应用的性能情况。

（4）分布式事务服务：提供微服务场景下高性能、高可靠、接入成本低的分布式事务中间件支持低成本框架托管式事务，支持 MySQL、Oralce、TiDB、分库分表中间件等多种数据源。

（5）日志服务：提供日志全生命周期的管理，统一采集、管理海量日志，提供日志采集、清洗、存储、检索、监控、告警等多项功能，辅助开发测试及排障工作。

二、微服务组件

（一）服务发现注册

（1）高可用、多副本注册中心：提供高可用的服务注册中心，数据多副本，支持服务自动注册和发现，无须配置注册中心地址即可使用。

（2）毫秒级健康检查：支持毫秒级的心跳监测，如果出现宕机或服务不可用时，注册中心能够自动剔除不可用实例。

（3）毫秒级消息推送：客户端和服务注册中心建立长链接，任何服务注册信息变更可立即推送。

（4）服务本地缓存：客户端拥有内存和文件级别缓存，当访问注册中心失败时会自动启用缓存数据，保证服务发现高可用。

（二）服务治理

（1）服务鉴权：提供安全的访问机制，支持黑白名单鉴权方式，支持系统和业务标签参数进行鉴权。

（2）服务限流：保障应用不被突发流量击垮，提高系统问题稳定性。支持服务和接口级限流配置和监控。

（3）服务熔断：当下游的服务因为某种原因导致服务不可用或响应过慢时，上游服务为了保证自己整体服务的可用性，不再继续调用目标服务，直接返回。当下游服务恢复后，上游服务会恢复调用。

（4）服务容错与降级：支持 failfast、failover 和 forking 容错策略和 fallback 降级方法。

（三）全面的应用生命周期管理

（1）多种应用托管方式：支持虚拟机、容器部署方式。使用虚拟机部署，应用可以独占资源；使用容器部署，可灵活分配资源，实现资源共享。

（2）应用全生命周期管理：提供从创建应用到运行应用的全程管理，功能包括创建、删除、部署、回滚、扩容、下线、启动和停止应用。

（3）版本管理：支持镜像仓库管理镜像版本。

（四）高可用的配置中心

（1）可视化配置管理：支持在控制台上管理配置，支持多版本管理，支持将配置发布到应用部署单元（部署组）或者命名空间范围。

（2）动态推送配置信息：支持配置动态推送，服务从配置中心读取到更新后的配置进行逻辑处理，支持查看部署组上已发布的配置，支持配置回滚操作。

（五）可视化的应用运维

（1）服务监控：支持服务和接口的成功率、调用量、耗时、异常次数等多维度监控和告警。

（2）服务依赖拓扑：支持查看服务之间的依赖关系，了解系统瓶颈服务和链路并进行针对性的服务优化。支持服务与 API 网关、消息队列、数据库等上下游组件的链路查看。

（3）JVM 监控：支持查看 JVM（Java Virtual Machine，Java 虚拟机）内存分布、线程、堆栈、火焰图。

（4）日志服务：提供日志采集、日志存储、日志检索，日志关键词告警等功能。支持日志与调用链联动排查线上问题。

（5）全链路灰度发布：在发布过程中，将具有一定特征或者比例的流量分配到需要被验证的版本中，用来观察新的验证版本的线上运行状态。当线上调用链路较为复杂时，全链路灰度发布可以将线上的各个服务隔离出一个单独的运行环境。

（6）弹性伸缩：支持根据预先设定的弹性伸缩规则，动态增加或者减少部署组的实例数。

（六）微服务网关

（1）请求转发：微服务网关可以通过配置管理需要被转发请求的微服务 API。微服务网关会及时从注册中心感知后端服务节点健康状况，保证在后端服务节点变动情况下请求不中断。

（2）API 管理：微服务网关集中管理所有需要对外暴露的 API，进行 API 的生命周期管理。

（3）API 治理：支持 API 级别的限流、路由等能力。

（七）分布式事务

高性能、高可用的分布式事务中间件，用于提供分布式的场景中，特别是微服务架构下的事务一致性服务。支持基于 TCC（Try Confirm Cancel）的 MT 模式，支持跨数据库、跨服务的使用场景。

（八）分布式任务调度

高性能、高可靠通用的分布式任务调度中间件，通过指定时间规则严格触发调度任务，保障调度任务的可靠有序执行。分布式任务调度服务支持通用的时间表达式、调度任务执行生命周期管理。

（九）持续集成（CI）、持续交付（CD）

通过使用模板定义软件交付流程，提供在云环境中建模和预配置所有基础设施资源的标准。这些“基础设施即代码”模板可以通过代码为应用程序预配置整个技术堆栈，而不必使用手动流程。

第五章　卷烟工厂数字化转型的建设方案和实施路径

第一节　总体技术架构

卷烟工厂数字化转型完成后，将通过采用大量智能装备，在虚拟池化的基础平台上，采用微服务开发、数字孪生技术、仿真技术、大数据技术和人工智能技术的组合，实现整个智能工厂的全面认知和执行。

省级中烟将打造“全面感知、实时分析、智能决策、精准执行、持续学习、绿色环保”的智能工厂，实现互联互通、全过程实时可控、敏捷响应前端业务变化、实时决策分析功能。现有的以虚拟机为硬件平台，各软件系统各自成为体系的架构，无法满足中烟提出的智能工厂建设要求。参照云原生技术路线，卷烟智能工厂的建设，从技术架构上，是以平台为基础（工业 IaaS 层）、数据为核心（工业 PasS 层）、应用为载体（工业 SaaS 层），从端、边、云、网、智进行全面的建设。图 5-1 为智能工厂的技术架构蓝图。

SaaS 层能满足如下应用需求：应用多变性需求，支持需求多变、流程动态的轻量级创新应用；应用组件可共享需求，通过共享组件的复用，实现降本增效；应用更可靠性需求，确保应用可靠性、容错性、业务连续性和故障恢复效率。

PasS 层能满足如下应用需求：海量、异构等工业大数据存储与处理需求；对于业务应用之间以及 IT 与 OT 层、更广泛、频繁、通用性的数据共享需求；数据实时展示与分析需求；数据驱动业务优化需求。

IaaS 层能满足如下应用需求：敏捷交付需求，通过将 IT 技术标准化、组件化、服务化，形成快速响应和敏捷交付模式；弹性可扩展的需求，采用云平台的设计理念，智能自动按需扩展，实现资源动态分配和合理利用；广泛互联的需求，

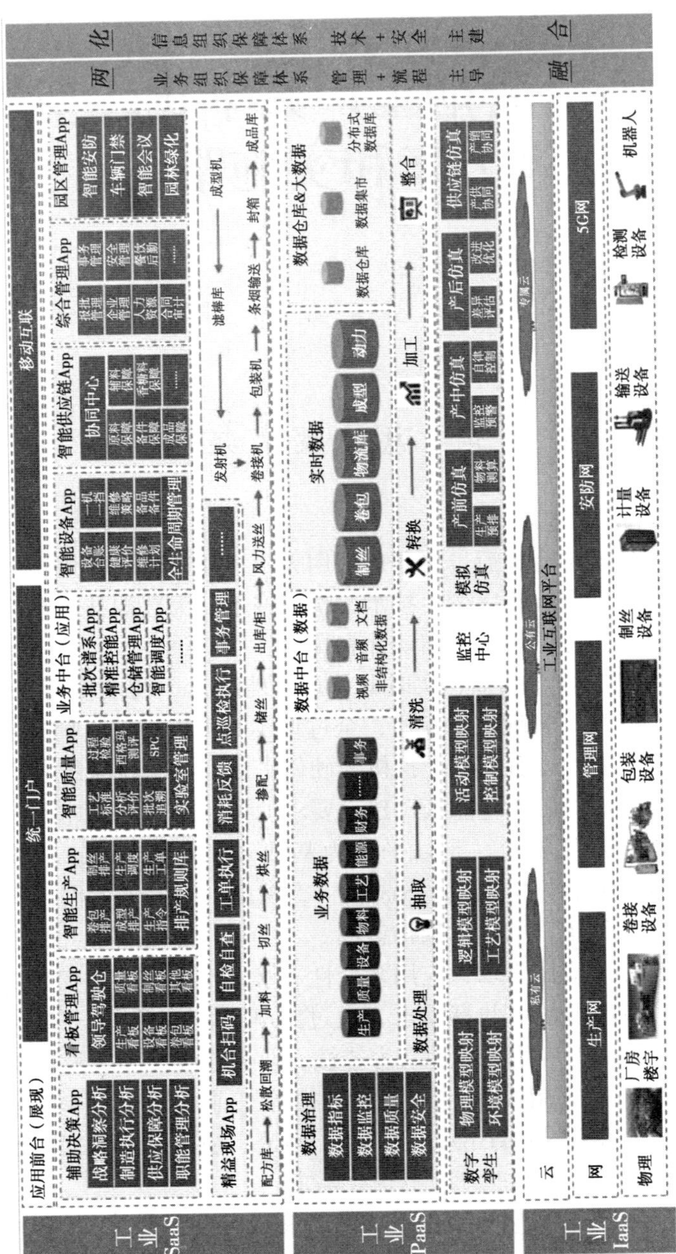

图 5-1　智能工厂的技术架构

提供多终端触点、多种集成（包括 IoT）连接方式，为构建开放平台奠定基础；安全可控的需求，降低系统宕机时长，保证系统的稳定运行。

第二节　基础设施平台建设

一、行业云平台

省级中烟根据行业 2021 年云平台体系布局和建设工作要求，按照中心节点和省级节点两级部署、统一管控的行业“1+1+N”云平台体系的要求，充分借鉴行业相关建设要求，搭建省级中烟及下属各卷烟厂的一体化云平台及边缘设施，为业务运行和创新应用提供基础环境。图 5-2 为行业云平台实施架构。

依据行业云平台的总体建设路径，确定了与行业工业领域及省级中烟相关的四个方面内容：一是以工业打通上下游，畅通产业循环；二是以计划管理为主线，提升产业链一体化组织运行效能；三是以数据要素为驱动，提升供给体系质量；四是以工业互联网平台为支撑，推进新一代信息技术与卷烟制造深度融合。

二、大数据中心

烟草行业在向数字化和智能化转型的过程中面临着大数据的处理需求、统一的数据治理规范及相关的数据资产整理及复用等问题。当前，缺少统一的设备信息集成途径；数据格式多样化，难以传输和集成；缺少与合作伙伴分享数据和后端服务的便捷途径；缺少云上云下跨网络的安全信息通道。建设一个全栈式的应用与数据集成平台，聚焦应用和数据连接，适配多种使用场景。提供轻量化消息、数据、API、设备等集成能力，简化上云流程，支持云上云下、跨区域集成，帮助省级中烟实现数字化和智能化转型。

（一）数据仓库

整合数据资源，构建大数据平台，发现数据价值，已成为企业经营的新趋势和迫切诉求。而如何从海量数据中快速挖掘“价值”，成为助力客户实现预测性分析的关键要素。数据仓库是企业的重要数据分析系统，随着业务量的增长，自建数仓性能逐渐不能满足实际要求，IoT 场景下会产生大量实时数据，为了快速获取数据价值，需要对数据进行实时分析，数据仓库服务（Data Warehouse Service，DWS）的快速入库和查询能力可支持实时数据分析（见图 5-3）。

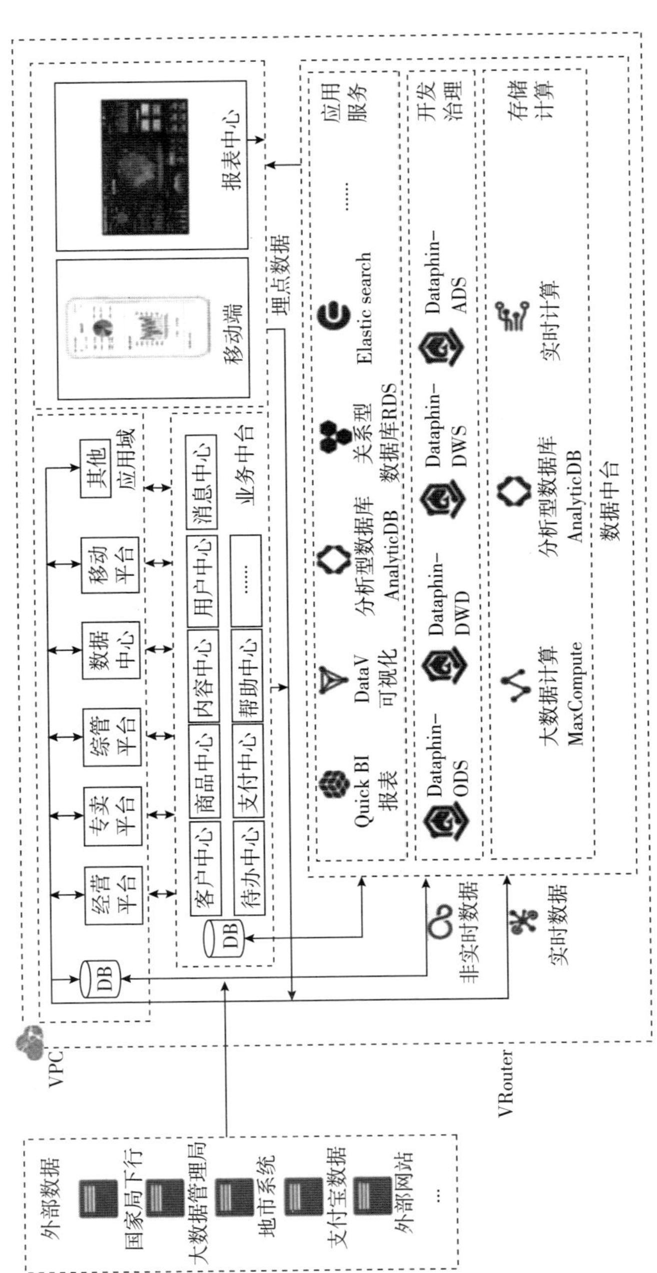

图 5-2 行业云平台实施架构

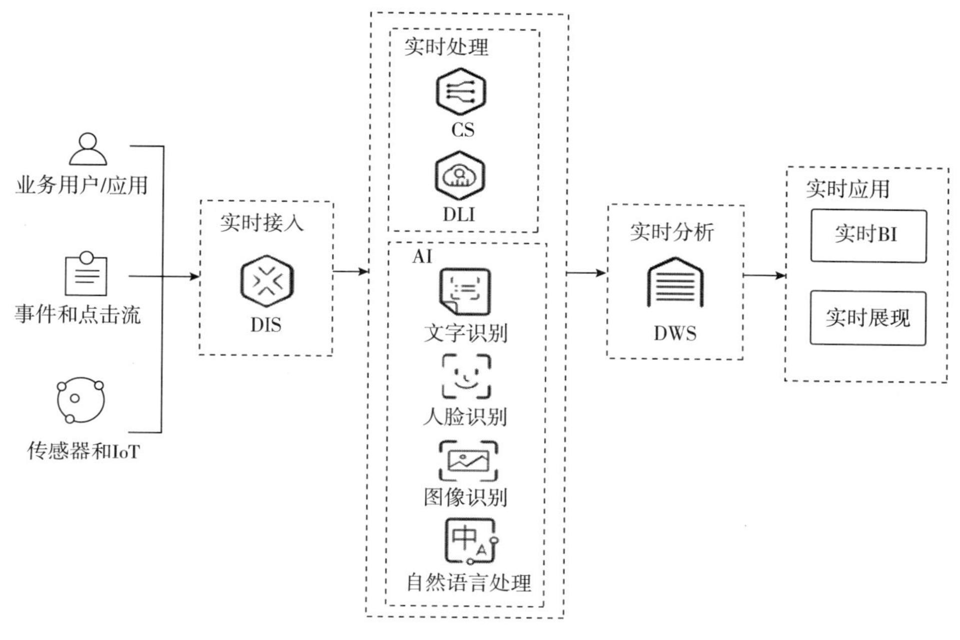

图 5-3　数据仓库应用

智能工厂 IoT 数据经过流计算及 AI 服务处理后，可实时写入 DWS。围绕数据进行分析和预测，对设备进行监控，对行为进行预测，实现控制和优化。AI 服务对图像、文本等数据的分析结果可在 DWS 中与其他业务数据进行关联分析，实现融合数据分析。

（二）数据湖

面向智能工厂数字化运营诉求，需要快速构建从数据接入到数据分析的端到端智能数据系统，消除数据孤岛，统一数据标准，加快数据变现，实现数字化转型。

数据湖探索（Date Lake Insight，DLI）通过 SQL 提供 ETL 计算能力，对原始数据进行标准化、主题化加工，计算形成几大类基础信息数据，支撑各类专题业务分析应用（见图 5-4）。

面对智能工厂多样化的数据分析诉求，数据应用往往需要对接多种数据分析引擎，但烟囱式的数据应用往往会形成数据孤岛。DLI 支持多数据源融合探索分析，实现免数据搬迁，进行多类数据源（OBS、CloudTable、RDS、DWS、ES 等）关联分析。

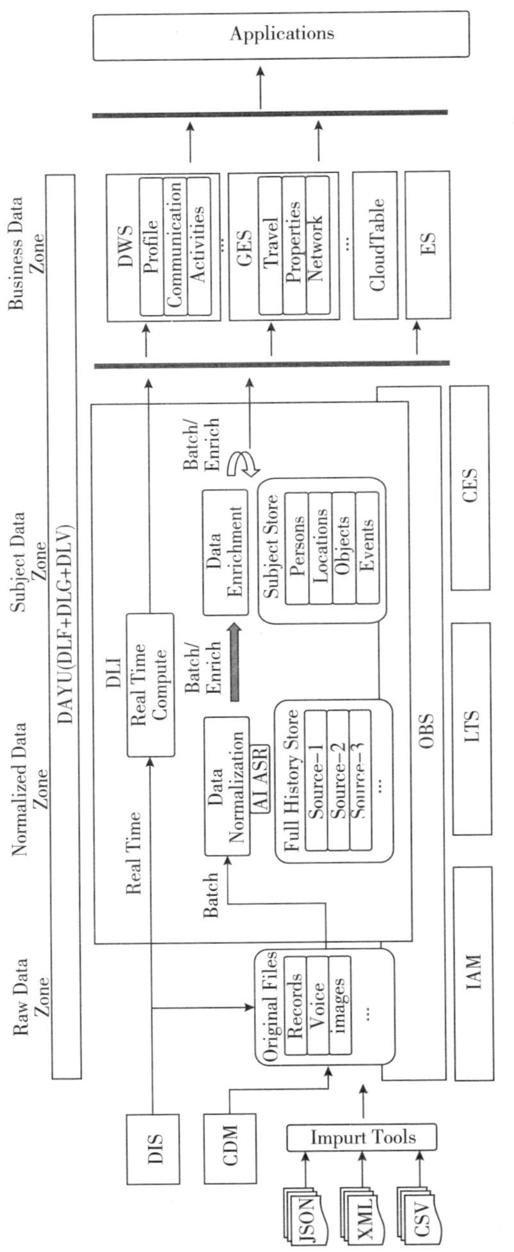
Applications
Business Data Zone
Subject Data Zone
Normalized Data Zone
Raw Data Zone
DAYU(DLF+DLG+DLV)
DWS
Profile
Communication
Activities
...
GES
Travel
Properties
Network
...
CloudTable
ES
DLI
Real Time Compute
Real Time
Batch/ Enrich
Batch/ Enrich
Data Enrichment
Subject Store
Persons
Locations
Objects
Events
Data Normalization
AI ASR
Full History Store
Source-1
Source-2
Source-3
...
Batch
OBS
CES
LTS
IAM
Original Files
Records
Voice
images
...
DIS
CDM
Impurt Tools
JSON
XML
CSV

图 5-4 数据湖技术架构

物联网设备或边缘设备，上传数据到数据接入服务（Data Ingestion Service，DIS）或者其他云存储服务，DLI 直接从 DIS 读取数据，实时分析数据流（故障检测、数据清洗、统计分析、指标预警等），实时把流分析结果持久化或推送告警通知。

三、工业互联网

省级中烟工业互联网是促进卷烟生产制造现代化水平提升的重要基础设施，通过新一代信息技术与卷烟制造深度融合，支撑设备互联、数据共享，推动形成以数据为核心驱动要素的新型烟草工业体系。按照国家局工业生产经营管理一体化平台总体架构要求，遵循烟草行业工业互联网体系的内容，建设省级工业互联网平台。

省级中烟工业互联网平台的建设目标是，促进工业生产要素互联互通，推动工业创新应用，培育以数字化、网络化、智能化为主要特征的新型生产方式，形成工业应用软件国产化替代和自主可控能力，打造自主创新新高地，促进生产提质、经营提效、服务提升。

（一）省级工业互联网

将来，省级中烟工业互联网平台作为全行业工业互联网平台的省级核心协同平台及行业业务协同的延伸，将具有省级中烟公司工业数据的汇聚治理、数字建模、微服务管理、App 开发环境及工业 App 应用商店等功能。

1. 省级中烟工业数据汇聚及治理

省级中烟工业互联网平台的数据汇聚与治理模块，主要实现下属卷烟厂生产设备数据、厂级信息系统数据以及中烟本级信息系统数据的统一汇聚、统一存储，并按照行业数字中台标准规范对数据进行相应的管理，提供共享服务。

2. 省级中烟工业数字建模管理

主要提供工业数据模型的开发环境，支撑开发构建工业数据模型；形成省级工业数字模型资源库，可同步行业工业数字模型资源库内容，实现省级数据模型、数字孪生模型和工业机理模型等的统一管理。

3. 省级中烟工业服务运行管理

提供工业微服务的运行环境，支持微服务在云平台上的部署运行。构建省级中烟工业微服务库，可同步国家级平台提供的行业微服务库内容，实现省级中烟公司内部开发微服务标准化导入、统一存储、统一发布、统一监控，支持工业微服务统一共享调用，通过构建统一的微服务调用接口和数据共享接口，实现微服务间数据的快速共享，服务的灵活编排。

4. 省级中烟工业 App 开发环境

提供中烟工业 App 开发环境及分领域工业 App 低代码开发工具集，面向 ERP、MES、工业营销、指挥调度等领域，支撑开发、集成、测试、部署、运行、运维。基于分领域的专业开发模板，以向导方式引导用户完成工业 App 的应用开发工作。

5. 省级中烟工业 App 应用商店

构建省级中烟工业 App 应用商店，与行业工业 App 应用商店联通，同步行业统一部署的工业 App，并实现对于省级工业企业个性化工业 App 的上传、发布、更新、下线的统一管理功能。

（二）厂级工业互联网

厂级中烟工业互联网平台卷烟厂边缘侧系统主要是实现数据采集、边缘计算、数据汇聚等功能。

1. 数据采集模块

数据采集模块实现卷烟厂的设备数据和信息系统数据的标准化、规范化采集，实现卷烟厂“人、机、料、法、环、测”等数据在工业互联网平台上的汇集。设备数据的采集模块部署在机台侧的通用工控设备上，通过配置接口和通信协议，实现卷烟厂制丝、成型、卷接包、辅连、能源等设备数据采集。信息系统的数据采集模块部署在厂侧的通用服务器上，实现对于厂侧集控系统、物流系统等信息系统的采集。

2. 边缘计算模块

边缘计算模块是融合网络、计算、存储、应用核心能力的边缘侧设备端数字化底座，部署在机台侧的通用工控机上。主要功能包括：一是设备注册，实现工业生产设备在设备端的注册管理，并与标识解析体系下发的设备标识进行关联；二是数据预处理，实现数据在生产现场的轻量级运算和实时分析，缓解数据向云端传输、存储和计算的压力；三是设备端工业 App 管理，支持生产现场设备端工业 App 的部署、运行、更新等；四是数据传输，运用工业网络、5G 等网络通信技术，将数据传输至卷烟厂数据汇聚层，具备断点续传、数据压缩、数据加密等能力，确保数据传输高效、完整、安全。

3. 厂级数据汇聚模块

厂级数据汇聚模块是卷烟厂“人、机、料、法、环、测”实时数据和信息系统业务数据接入汇聚的中心、集中存储的载体、集中传输的通道。主要功能包括：一是信息系统数据接入，通过配置所需接口实现对卷烟厂内信息系统数据的采集；二是工业数据汇聚，实现设备、产线、车间等实时数据和信息系统数据在卷烟厂的集中汇聚；三是工业数据存储，提供对各类异构数据的存储、查询与管

理的功能；四是工业数据传输，通过适配各主流数据传输协议，将数据传输至省级中烟工业互联网平台的数据汇聚模块。

四、数据中台

省级中烟的工业互联网数据中台，将工厂、省级中烟公司的数据进行汇集及应用，并在未来通过省级中烟的数据平台，与商业公司、总公司等各层级单位，进行数据的汇聚、交换和共享。

数据中台的厂侧边缘层负责对于机台、设备采集的数据以及相关信息系统中的数据（主要包含与工业管理相关的所有数据资源）进行统一汇聚，并通过专线传输至省级工业公司的工业互联网平台（见图 5-5）。

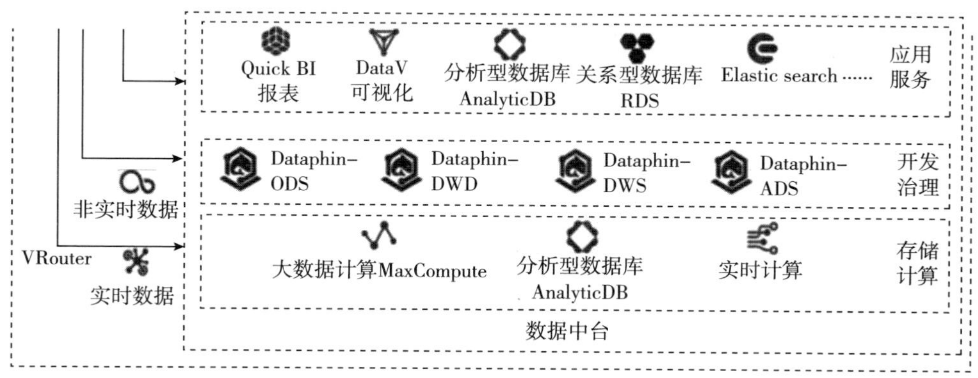

图 5-5 数据中台实施架构

在省级数据平台进行的数据汇聚与治理，主要是针对省级中烟公司信息系统数据以及厂侧汇聚的数据，采用分层数据设计，包含汇聚层、标准层、工业主题层和工业集市层。省级中烟的数据汇聚层主要包含管辖范围内更各卷烟厂的设备信息数据、ERP 数据、MES 数据、工业营销数据、生产指挥调度数据等；标准层按照工业互联网的数据要求，进行数据清洗以及标准化处理；工业主题层对基础层数据按照各资产主题维度进行加工处理；工业集市层的数据来自数据资产层和基础层，根据实际业务需要进行集市划分。省级中烟部署数据容器，实现对各厂侧数据的统一存储。同时，省级中烟在数据中台调用设备实时数据以及从相应汇总类信息，为数字孪生应用或其他决策分析应用提供数据支撑。

五、业务中台

省级中烟的业务中台作为烟草行业创新、产业协同的基础设施，围绕实现自主可控的目标，协同行业标识解析体系，为实现 ERP、MES、工业营销、生产指挥以及数字孪生等行业核心应用的解构上云提供应用开发、管理、共享的支撑。基于已经成为业界事实标准的 Kubernetes 容器管理平台以及支持无侵入式业务代码接入的微服务框架，行业工业互联网平台在底层构建了可支持异构云平台资源的适配层，以保障行业工业互联网平台以及各行业应用开发商所开发的应用及微服务可以在异构的行业云平台资源上实现稳定可靠的运行（见图 5-6）。

省级中烟业务中台的建设还将基于各异构云平台厂家提供的标准的、开源的、开放的软件开发套件（SDK）、应用接口（API）、数据接口（JDBC/ODBC），编写应用、微服务和数据的开发指导规范，以便对行业应用开发商在应用、微服务及数据开发过程中所使用到的云平台资源、接口、开发框架提供开发指导，确保底层异构资源平台能够对上层工业应用的运行提供可靠的支撑与保障，实现工业互联网平台上应用数据的互联互通。

省级中烟业务中台的建设还将基于主流开源技术路线构建平台的工具集，对行业用户所需要的微服务开发运行管理、数据模型的开发管理、App 的开发管理等工作提供支撑，有效支撑行业应用的敏捷开发、开放共享。

六、AI 中台

AI 中台是数据中台的进一步发展和方向。相较于数据中台和业务中台，AI 中台能提供更为人性化、智能化的服务解决方案。AI 中台的数据来源为数据中台，它能在数据中台提供的服务的基础上，从智能化服务为核心，提供更智能、更快捷的数据查询、分析和预测，以提供更好的数据服务。同时，AI 中台并不是在数据中台数据处理结果上加些智能化就可以的，它是以数据中台提供的数据为基础，贯穿数据分析、数据处理等各个方面，以提供全面的个性化与智能化服务。

省级中烟的 AI 中台主要面向中烟的业务需求，提供更敏捷、更智能的响应方案。AI 中台在数据中台提供的数据服务基础上，收集厂侧数据，并对数据进行预分类、分析，建立数据分析模型及学习模型，并根据模型设计训练、模型/算法库、复用标注管理、监控服务等一系列相关 AI 紧耦合的能力支持，对于算法、模型的标准化研发指导，以及可复用服务封装能力，达到多层次可复用、服务统一化、流程角色优化、能自动化迭代等用户智能化、个性化需求（见图 5-7）。

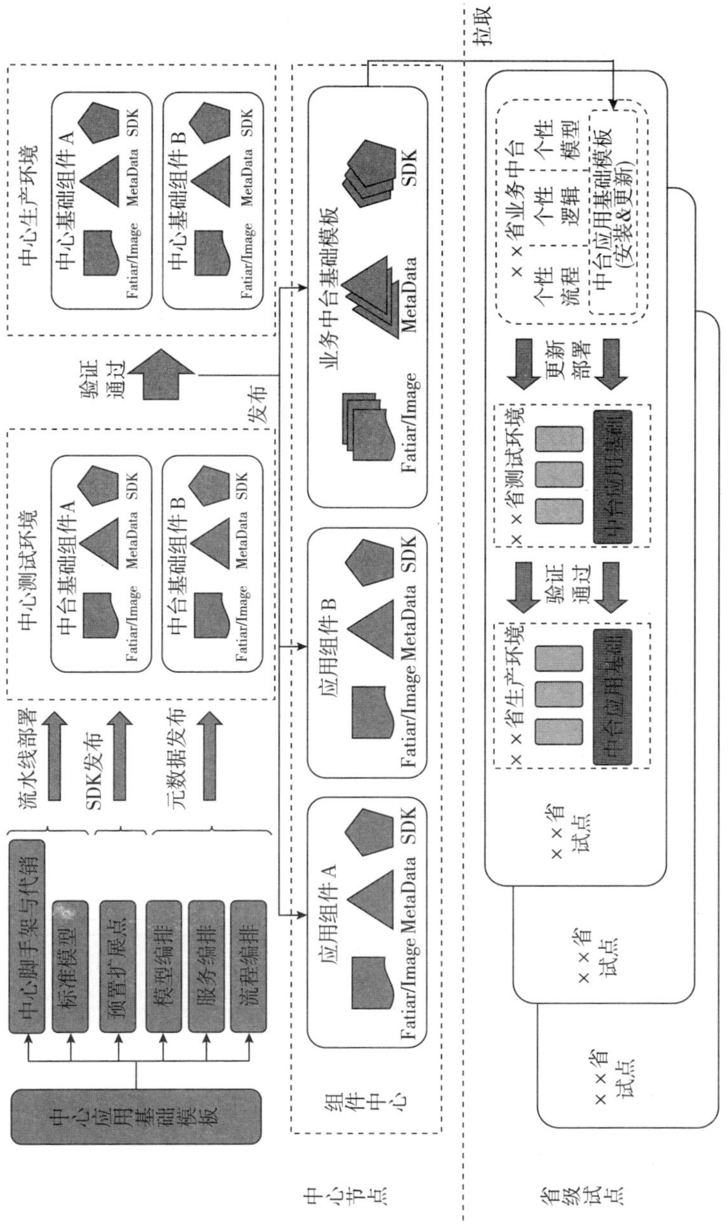

图 5-6　业务中台实施部署

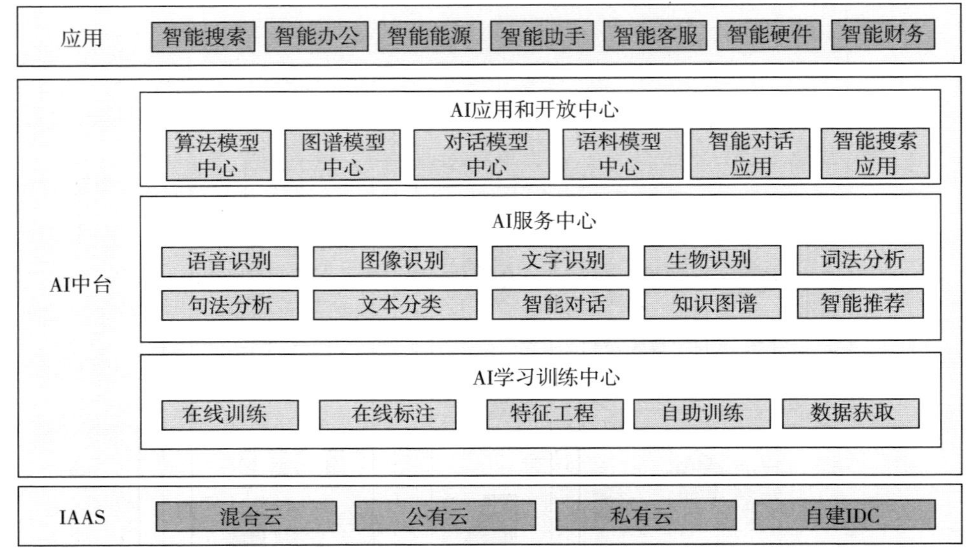

图 5-7　AI 中台部署

省级中烟 AI 中台紧紧围绕这个目的和初衷，实现可重复使用的 AI 模型、服务沉淀共享，以实用、易用、好用为原则，快速组合、组装、产出满足个性化智能业务要求，能让业务开发人员、项目实施人员快速构建满足中烟的各种业务需要的智能化应用（见图 5-8）。

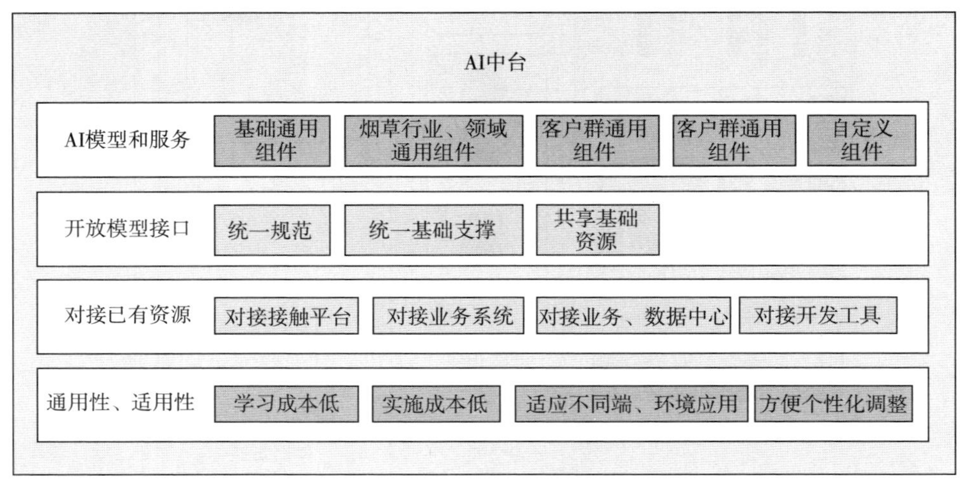

图 5-8　AI 中台技术特性

（一）模型/服务多样化、实用化

个性化和智能化是发展方向，为保障中烟的各种业务需求，中烟 AI 中台将建成为一个大型的“AI 模型和服务”市场，其中包括众多的模型、实例、规范和各种组件，可以随时按需要选用。这些模型、组件包括语音识别、语音合成、人脸识别，以及烟草行业的各种自然语言处理（Natural Language Processing，NLP）服务、行业的知识图谱、领域的图片识别等服务，还包括在智能报表、智能监控、智能推荐、智能客服等方面的通用组件。中烟 AI 平台还提供开放的组件接口，当平台中没有想要的组件时，可以方便地自建组件，以便于自己或他人使用。

（二）开放的中台接口，可以对接各种服务

省级中烟 AI 中台是整体信息化建设的一部分，与其他基础平台能够很好地对接与融合，以使 AI 更好地助力中烟信息业务的智能化。

中烟 AI 中台与底层基础平台及数据中台完整对接，充分利用基础运行平台的运行和管理能力，与其他业务同时部署、运行，以保障资源的合理利用并解决应用冲突问题。中烟 AI 中台作为智能化应用的增强服务，原有的业务逻辑还是继续由业务系统管理，通过与业务系统的对接，实现快速的智能化。同时，AI 中台为了实现业务一体化，与业务开发平台进行了对接，这样在新业务的开发中，就能无缝接入 AI 模型和服务，将其运用到日常业务中。

（三）支持 AI 模型组件和服务之间能互通、拼装

省级中烟 AI 中台提供一些基础的支撑，来保障所有 AI 模型组件和服务能互通、拼装，以确保 AI 中台中的所有模型组件和服务都能组合使用。

首先，用统一的调取规范来制作各种通用组件、行业组件、领域组件、特定组件等微服务。其次，用统一的基础平台作为支撑，所有的微服务需要在平台上注册使用，以此来保障所有组件所依赖的环境、资源不相互冲突。最后，所需要的数据资源要经过摄取整理，保证数据可以在不同模型服务间共用，避免人力、物力资源的浪费以及数据的冲突。

（四）易用性强，操作简单，代替大部分人工操作

省级中烟 AI 中台采用模块化组件、图形交互的人工界面，简化了维护 AI 系统的人工成本及复杂要求。业务研发人员可以通过简单的界面操作、少量的代码、简便的操作来进行业务的接入和调试服务。同时，采用预设大量模块以及开放模块开发接口方式，面对实施环境的多样性，能快速满足需求和交付。

七、网络建设

（一）省级中烟数据专线建设

根据专网带宽需求，针对此类颗粒度的数据业务，目前通信行业主要的传输

技术有分组传送网（Packet Transport Network，PTN）、多业务传送节点技术（Multi-Service Transfer Platform，MSTP）、光传送网（Optical Transport Network，OTN）三种。

1. PTN 技术

PTN 技术基于分组的架构，继承了 MSTP 的理念，融合了以太网和 MPLS 的优点。PTN 是以 IP 作为传送单位，承载电信级以太网业务为主，兼容 TDM、ATM 和 FR 等业务的综合传送技术。其安全性高，端到端远程实时监控管理能力强，主要适合承载 1M~10G 的中小颗粒业务。

2. MSTP 技术

MSTP 是同步数字体系（Synchronous Digital Hierarchy，SDH）的改进技术，在 SDH 的基础上增加了对 IP 分组业务的承载能力，但承载能力非常有限，仅可承载少量小带宽的 IP 业务，带宽升级复杂，其特长还是在于承载时分复用技术（Time-Division Multiplexing，TDM）业务。MSTP 双节点上连接成本过高（各大运营商现网基本不采用双上联结构），网络安全性稍弱。适用范围：适用于 2M~20Mbps 范围的各类 IP 化业务和 2Mbps~155Mbps 范围的各类 TDM 业务承载；不适用于大颗粒 IP 化业务占比很高的情况。

3. OTN 技术

OTN 是传统波分的升级技术，可靠性高，交叉调度能力强，可实现子波的划分，适合承载大量大颗粒业务和少量中小颗粒业务。适用范围：适用于 10~100Gbps 范围的各类 TDM、IP 化业务接入，主要应用于骨干环网的传输。但不适用于小颗粒业务占比较大的情况，非常适合承载 10G 以上的大颗粒业务。

三种传输技术方式对比如表 5-1 所示。

表 5-1　PTN、MSTP 和 OTN 传输方式对比

传输方式	组网结构	描述	网络安全性	主要适用范围	线路成本	设备成本	满足保障等级
PTN	双路由+上联双节点	客户设备采取双路由及上联双节点的接入方式	高	1M~10G	高	中	AAA
	逻辑双路由+上联双节点	上联路由无保护，上联设备有保护	中	1~10G	高	中	AA
	单路由+上联单节点	存在上联路由及节点失效的安全风险	较差	1~10G	低	中	A 或普通

续表

传输方式	组网结构	描述	网络安全性	主要适用范围	线路成本	设备成本	满足保障等级
MSTP	双路由+上联双节点	客户设备采取双路由及上联双节点的接入方式	高	2~155M	高	高	AAA
	逻辑双路由+上联双节点	上联路由无保护，上联设备有保护	中	2~155M	高	高	AA
	单路由+上联单节点	存在上联路由及节点失效的安全风险	较差	2~155M	低	高	A 或普通
OTN	单路由+上联单节点	存在上联路由及节点失效的安全风险	差	10~100G	高	高	A 或普通

图 5-9 为省级中烟专线网络建设示意图。

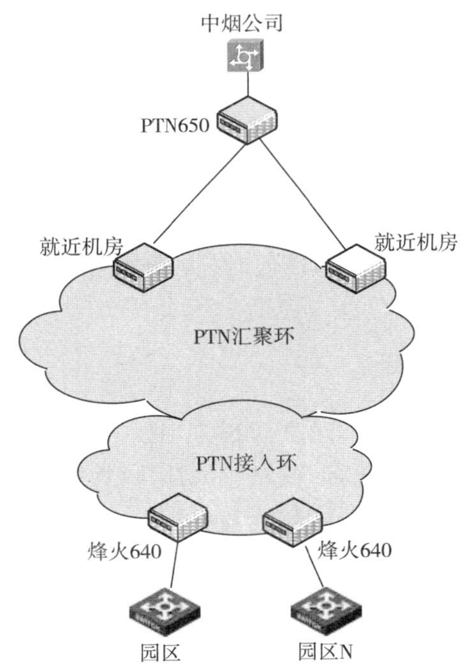

图 5-9　省级中烟专线网络建设

（二）省级中烟物联网网络建设

物联网平台以运营商内部核心网元为依托，向不同的目标客户提供多维度、多层次的能力，实现了物联网解决方案的定制、使用和扩展；提升了客户业务运营效率，为其拓展新业务模型提供了思路，实现万物互联。物联网平台具备如下七大核心能力，如图 5-10 所示。

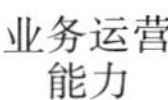
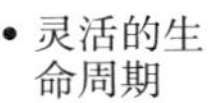

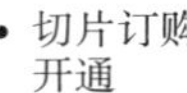

图 5-10　物联网平台的七大核心能力

（三）省级中烟 5G 专网网络建设

5G 的三大技术特性决定了其可适用于增强型移动宽带、低时延高可靠通信、大规模物联网三大应用场景。5G 技术具有以下特点：①高速率，5G 采用了载波聚合、精确波束管理和灵活子载波等技术，同时可选的毫米波也可提供超高的速率，每用户峰值速率达 1G+bps。②低时延，5G 的时延可达到个位数的毫秒级别，空口时延可达 0. 5~1ms。③大连接，5G 每平方千米高达百万的连接数可以支持连接周边的每一件物品。

1. 5G 专网模式

结合应用重要级别，提供不同的无线网、核心网资源专用方案，网络能力逐步叠加、网络专用程度逐步提高、网络价值逐步增强。图 5-11 为 5G 专网实施部署。

（1）优享模式：完全依托大网，提供 QoS+DNN。完全复用大网：无须新建资源；配置局数据实现差异化服务：通过配置不同 DNN 实现速率、优先级差异。

（2）专享模式：无线侧增强覆盖，UPF 按需下沉。无线侧增强覆盖：按需补点，按需调优；UPF 按需下沉：核心网媒体面资源独享。

（3）尊享模式：提供频率或基站专享，按需提供专用 SA 核心网。基站/频率专用：独占无线侧资源，实现高隔离、高可靠；专用 SA 核心网：按需提供控制面资源（AMF/SMF/UDM）等。

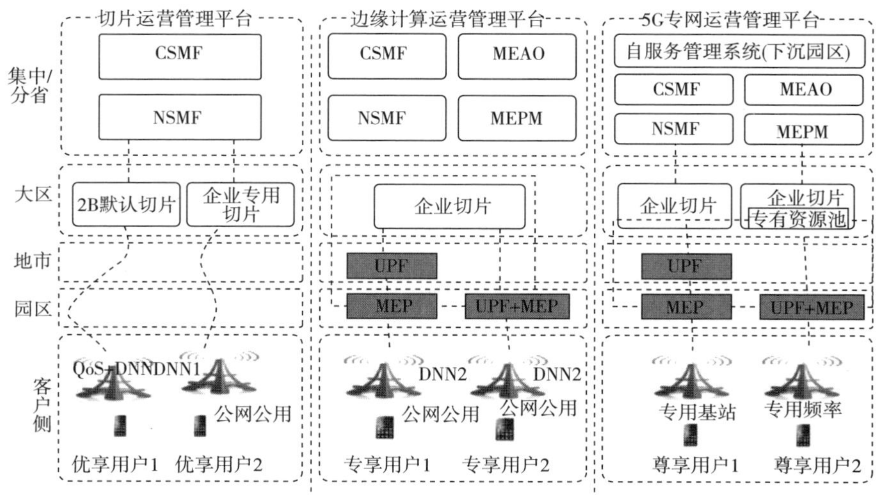

图 5-11　5G 专网实施部署

2. 省级中烟 5G 专网融合

图 5-12 为省级中烟 5G 专网案例。

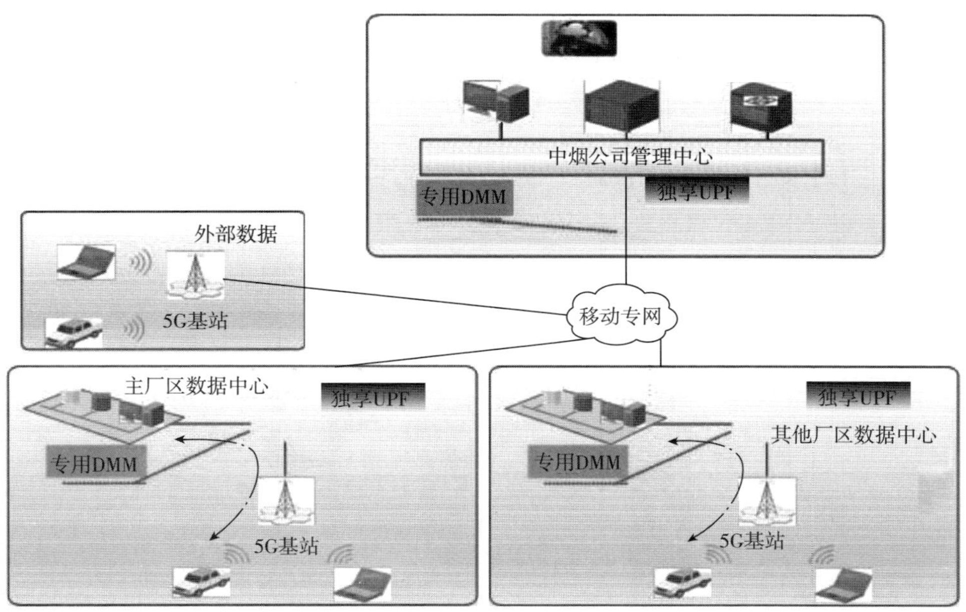

图 5-12　省级中烟 5G 专网案例

3. 5G 专网平台部署

图 5-13 所示为 5G 专用网平台部署。

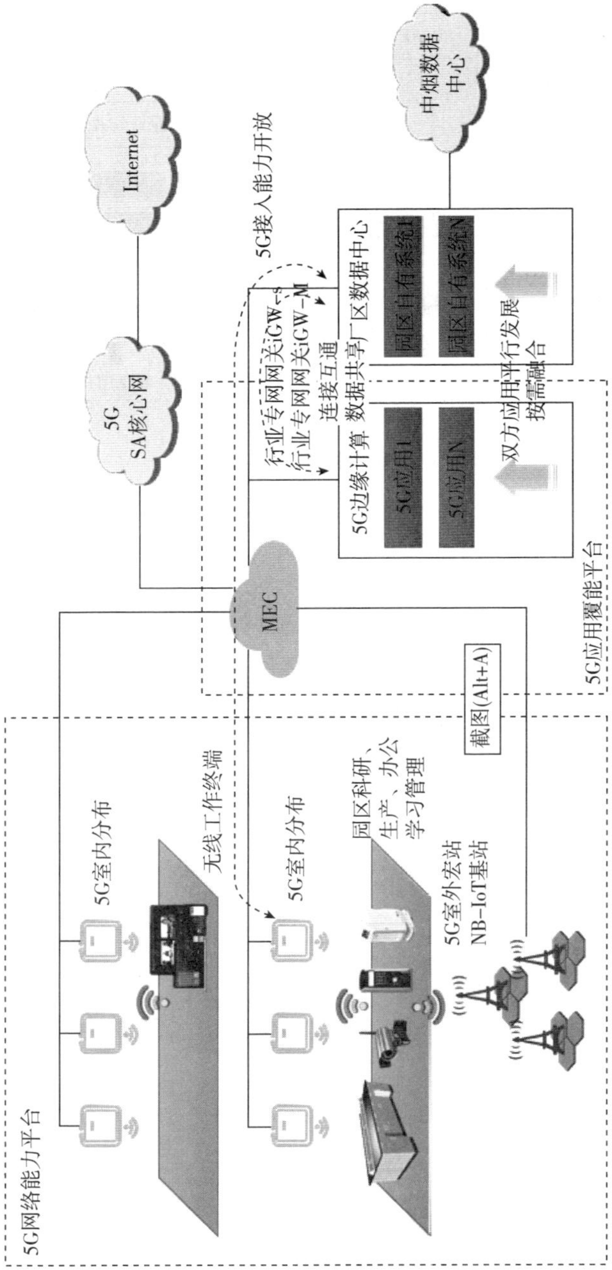

图 5-13　5G 专网平台部署

（1）各厂区 5G 专网：在每个烟厂结合本地实际情况进行 5G 专网建设。

（2）厂内数据处理：通过 UPF 下沉，按需进行数据分流，厂内处理业务应用数据。

（3）厂区数据互联：省级中烟通过移动专线与 9 个园区进行数据互联，实时数据调取。

（4）边缘核心网：通过厂区下沉 UPF，实现低时延及数据不出园区。

（5）传输网：通过移动 SPN 网络，实现 5G 基站与 UPF 数据互通。

（6）无线网：按需进行宏站、室分及微站建设，做到厂区全面覆盖。

（7）达成效果：厂区内数据传输时延将低于 20ms，上行速率可达到 200M，可全方位满足 AGV 货车、监控数据回传、产品监测高清图像回传等应用接入需求。

集接入认证、智能路由、NAT、IPsec、VPN 等功能于一体，满足园区内、各园区间互联互通需求融合接入/安全控制/态势感知/业务感知/快速接入切片。

（四）省级中烟云网一体化建设

1. 云网一体

专网专用、网随云动，建设“一张网”，全局智能流量调度、调优。建设门户统一入口，提供“一站式”服务、一跳入云、一点受理的“一体化服务能力”。

2. 安全可控

坚定不移地加大研发投入，强化核心技术的自主创新，打造完整的产品体系和健康的应用生态，通过自主掌控核心技术，移动云提供多类安全服务，提供通信级安全体系保障，打造最值得信赖的云。

3. 云网融合

基于运营商自有的大规模基础设施和丰富的通信网络运营经验，移动云协同建设云、网，构建硬件、基础软件、云管平台的全栈一体化研发运营支撑体系，满足客户基于数据处理能力、数据敏感性、网络时延和综合成本的云网整体解决方案需求。

4. 云边融合

结合资源优势在边缘、AI、生态等方面拓展，支持云端应用下发并进行管理，支持远端对边缘节点服务进行统一调度，支持边缘数据流式分析等多维度的云边协同能力，计算力无处不在。

5. 云智融合

基于云基础设施及云上的 AI 能力以及周边的大数据、物联网等能力，面向行业提供一体化的智能场景解决方案，建设互利共赢的 AI 生态，让云+AI 赋能百业。

6. SD-WAN 技术

软件定义广域网（Software Defined Wide Area Network，SD-WAN）是新一代

的广域网接入技术方案，主要概念是将软件定义网络的技术应用在广域网中。SDW 技术使用虚拟化技术，简化数据中心的管理及维运的工作；延伸这个概念，将相关技术应用于广域网上，可以简化企业级用户对于广域网的控管。通过这项技术，省级中烟可以用低成本的网络访问方式，创建起高性能的广域网，无缝连接起卷烟厂总部和各分支机构。除连接企业办公网络外，高速大带宽低成本的 SD-WAN 还能连接工业网络，实现远程的图像识别、视频检测等高级功能。企业因此可以部分或完全替换掉昂贵的私有广域网技术，例如 MPLS 和 PTN 等。

此外，SD-WAN 技术非常适合与基于云原生解决方案相结合，能够天然地与省级中烟下一代基于云的中台系统对接；同时适用于出差或者离开办公室的人员在世界各地方便快捷地访问公司内部网络。

与传统的网络技术相比，SD-WAN 具有开通快捷、全球覆盖、基于身份的认证、云原生的特点。SD-WAN 还能够和零信任等安全方案结合实现安全访问服务边缘（Secure Access Service Edge，SASE）。SASE 给企业带来的巨大价值主要体现在以下几个方面：①灵活性。基于云基础架构提供多种安全服务，例如威胁预防、Web 过滤、沙箱、DNS 安全、数据防泄露和下一代防火墙策略。②节约成本。利用单一平台，无须购买和管理多点产品，可以大大降低成本和 IT 资源。③降低复杂性。通过将安全堆栈整合到基于云的网络安全服务模型中来简化 IT 基础架构，可以最大限度地减少 IT 团队管理以及需要更新和维护的安全产品数量。④提高性能。借助云基础架构，可以轻松连接到资源所在的任何位置，可以在全球范围内访问应用程序、互联网和公司数据。⑤零信任。基于云的零信任方法消除了用户、设备和应用程序连接时的信任假设。一个 SASE 解决方案能提供完整的会话保护，无论用户是在公司网络上还是在公司网络外。⑥威胁防护。通过将完整的内容检查集成到 SASE 解决方案中，用户可以从网络的更高安全性和可见性中受益。⑦数据保护。在 SASE 框架内实施数据保护策略有助于防止未授权访问和滥用敏感数据。

众多国家部委和央企已经确定 SD-WAN 方案是它们的新一代网络架构。省级中烟除卷烟工厂外还有其他多个生产分厂，适合在各个厂之间建立传统网络和 SD-WAN 网络的混合网络架构。基于企业的策略，在不同网络承载不同的业务，比如传统的工业控制网络在 PTN 网络承载，而监控，办公等业务在 SD-WAN 承载。

综上所述，根据省级中烟的实际情况，以及对传输距离、专线带宽颗粒、网络安全性的要求，当前采用 PTN 组网的承载关键业务，同时采用 SD-WAN 承载办公、监控、云等创新业务等，达到最佳的业务承载效果。

第三节　信息安全建设与运营

一、概述

智能工厂安全保障体系要集防御（P）、检测（D）、响应（R）、智能（A）、运营（O）于一体，要不断适应新的安全形势，在 PDR 网络安全模型的基础上，利用人工智能技术来提升 PDR 的自动化程度，通过运营让 PDR 变得更加有效、PDR 运转得更好。通过 APDRO 网络安全模型，为用户构建以技术、管理和运营三大安全体系为目标的可运营的智能化安全体系，让等级保护对象具备安全可视、持续检测、协同防御的能力。图 5-14 为信息安全技术与体系架构。

二、信息安全建设

贯彻落实国家法律法规、《“十四五”信息通信行业发展规划》和网络安全工作的“三化六防”[①] 的要求，以安全治理为导向，以构建安全管理、安全运维体系为支撑，通过完善信息安全防护体系，全面提升信息安全防护、监测、响应和恢复能力，实现业务应用、数据和基础设施的安全保障。

智能工厂安全体系建设包括多个层面内容，应从工控网络内部、工控与 IT 网络边界、数据采集与运维、应用平台、数据中心构建多层次安全措施，强化纵深防御，全面掌握工业生产网的安全态势，保护工控生产运行安全，保障业务运营（见图 5-15）。

（一）统一的安全出口和身份认证接口

要统一安全规范，对互联网出口、广域网边界、终端服务器进行纵深立体防护建设。对外开放必要业务服务，对内严格把控，做到源、目的 IP、端口、协议的单、双向放行，工控协议的多维度控制，实时监控数据流向，匹配样本库，将所采集的信息上报至日志中心汇总分析，以态势感知为依托，形成风险可视化。支持 CAS、OAuth 2.0 标准身份认证协议，统一平台级身份验证和基于角色授权管理体系，实现对用户的统一管理和鉴权，确保应用安全管控。打造集防御、检测、响应于一体的闭环安全体系，变被动防御为主动防御，运用人工智能技术，

① “三化六防”，即实战化、体系化、常态化的思路，以及动态防御、主动防御、纵深防御、精准防护、整体防控、联防联控的措施。

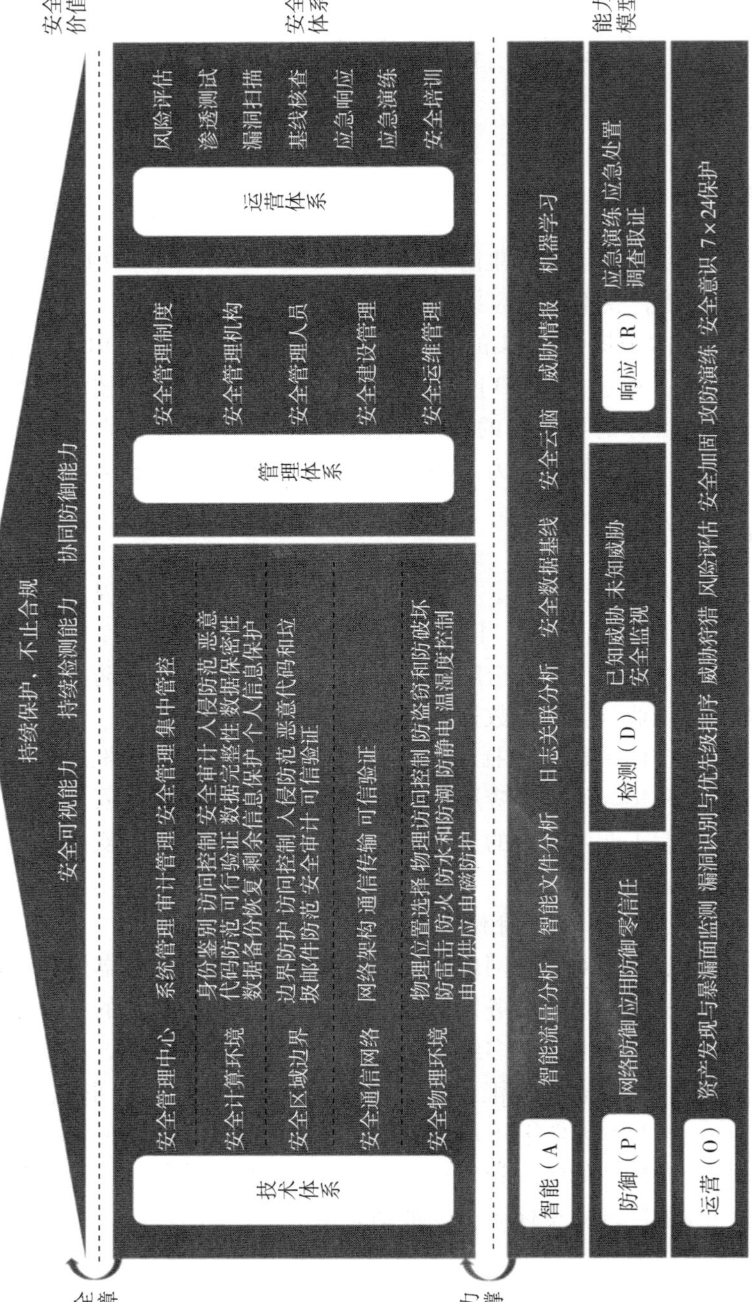

图 5-14 信息安全技术与体系架构

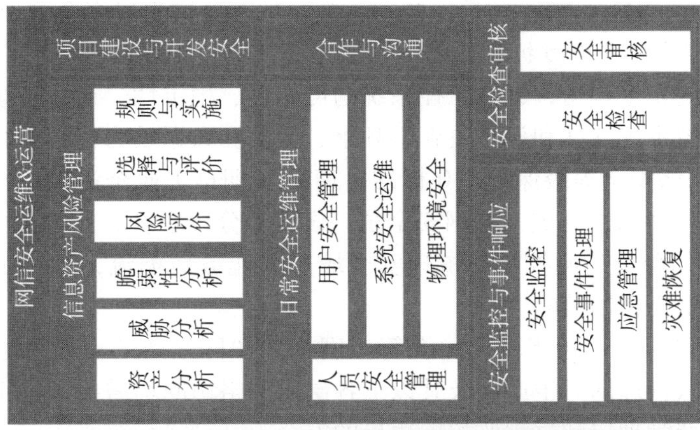

图 5-15 信息安全层次建设

以数据、算法、人驱动模型迭代，提升闭环安全的自动化水平。为用户提供一个“统一门户、统一监控、统一预警、统一运维”的互联网出口安全管理中心。

（二）工控系统安全防护及监测

从工控系统安全视角，针对工控系统的可靠性、稳定性、运行连续性的严格要求，以及工控系统软件和设备更新不频繁、通信和数据较为特定的特点，按照IEC 62443和网络安全等级保护2.0标准，遵循《烟草工业企业生产网与管理网互联安全规范》要求，开展工控网安全统一设计和分厂建设。

（1）边界划分及访问控制：梳理安全域边界业务数据流，优化工控网安全域边界划分及访问控制策略。

（2）管理网生产网边界安全：在管理网与生产网之间的安全域边界部署工业网闸，所有从管理网对生产网及其以下各层的网络访问均需要通过工业网闸的控制，确保生产管理层和过程监控层边界的安全。

（3）分区分域防护原则：在管理网与生产网之间的安全域边界部署工业网闸，确保生产管理层和过程监控层边界的安全，所有从管理网对生产网及其以下各层的网络访问均需要通过工业网闸的控制；运维人员需要通过堡垒机方可进行特权运维操作；通过上述安全域边界安全防护措施满足行业《烟草工业企业生产网与管理网互联安全规范》的要求。

（4）区域划分：在安全区域上划分生产管理服务器区和网络安全运维区，在网络安全运维区部署工控安全集中管理、主机白名单、漏洞扫描以及堡垒机。其中，主机白名单系统在该区部署管理服务器，服务器和终端部署其客户端代理，用于对计算机终端进行防护，特别是计算机异常进程、关闭终端USB端口。

（5）车间子域划分：对各车间进行子域划分，即过程监控层、现场控制层、现场设备层，各车间中控室部署工业安全监测审计系统进行保护，采集过程监控层、现场控制层的工控流量，实现对工控网络协议层的安全审计，对穿越安全域边界的流量进行攻击行为、异常行为的检测以及工控协议的审计等，及时发现违规操作行为和恶意代码传播。

（6）工控态势感知：在工厂层通过工控态势感知系统监控全网事件，集中采集、存储、分析各类安全设备所产生的安全日志和告警，进行关联分析、安全运维监控及辅助执行安全管理；在公司层定期对各下属企业、各厂区的生产网络、工控服务器、网络设备、工控设备进行安全漏洞检查、安全基线检查及其他安全检查，实现一体化的安全检查服务。

（三）网络安全防护及监控

建立网络系统安全信息共享机制，加强网络安全信息汇集分析共享，强化网络安全漏洞管理，提高网络安全态势感知、事件分析、追踪溯源以及遭受攻击后

的快速恢复能力。

要持续强化网络安全监测预警、风险研判和管控处置，运用人工智能、大数据技术提升网络威胁情报分析预警能力，加强网络安全漏洞管理，加强信息通报预警，主动防御控制化解风险，筑牢网络安全防线。

应建立网络安全态势感知采集分析平台，通过建设安全态势感知平台和相关采集分析平台，对网络中各个节点的流量和安全数据进行采集，以大数据分析为基础，结合威胁情报、行为分析建模、关联分析、机器学习、大数据关联分析、可视化平台等技术精准检测安全威胁，深度可视安全风险，全面感知安全态势，实现安全架构从被动防御到主动防御的升级，达到从局部安全提升为全局安全、从单点预警提升为协同预警、从模糊管理提升为量化管理的效果。

（四）数据安全防护

数据安全是数据治理体系建设的核心部分，通过承接公司数据治理体系建设要求，在技术层面对数据（含敏感数据）进行加密保护，同时对敏感数据进行实时防泄漏监控，从而全面实现对省级中烟敏感数据的保护。

数据全生命周期安全防护包括数据采集安全、数据存储安全、数据传输安全、数据处理安全、数据交换安全、数据销毁安全。通过构建统一的数据安全治理的框架，逐步提升组织建设、制度流程、技术工具、人员能力等方面的能力，建立并完善安全能力模型。通过数据清洗、数据访问控制、数据加密、数据脱敏、数据水印、数据隔离、数据防注入、审计、风险分析等平台技术的支撑，实现数据全生命周期安全防护，实现数据的安全管理过程，以及在后期对数据安全治理工作进行稽核的过程的辅助监管。

（1）技术方面：在对数据进行识别的基础上，采用主动防御和被动监测相结合的数据安全防护技术控制手段，对数据进行保护和监控。实现敏感数据识别、敏感数据保护（加密、控制）与敏感数据监控。

（2）流程方面：根据公司数据安全策略，明确对数据的安全控制要求，建立制度化的行为规范和相应的流程，将数据的安全保护意识纳入企业文化，降低数据泄露风险。例如，数据分级流程、敏感数据评估流程、访问权限评估流程、合规性控制流程、风险评估流程。

（3）人员方面：人员是数据安全防护体系的第一道防线，省级中烟未来需要提升内外部用户数据安全意识以及对风险行为的控制能力和要求，全面提升省级中烟内外部用户对数据的保护意识和数据保护要求的遵从。例如，加强培训、离开终端锁屏等管理要求。

三、信息安全运营

在信息安全领域，风险主要存在四个控制要素：资产、漏洞、威胁、事件，只有将上述四个控制要素管控好，才有可能管控好风险，最终实现安全合规、安全风险可控、安全能力可量化。建设可采用“人机共智”模式，构建完善持续、主动、闭环的安全运营体系。可以从以下两个方面不断完善安全保障体系的运营：

（一）安全人员组织结构完善

完善管理机构岗位设置，针对性保障人员配置，设立信息安全管理工作的职能部门，设立安全主管、安全管理各个方面的负责人岗位，并定义各负责人的职责，应设立系统管理员、网络管理员、安全管理员岗位，并定义各个工作岗位的职责。

设立跨部门授权与审批机制，加强跨部门沟通和合作，应针对系统变更、重要操作、物理访问和系统接入等事项建立审批程序，按照审批程序执行审批过程，对重要活动建立逐级审批制度。应加强各类管理人员之间、组织内部机构之间以及信息安全职能部门的合作与沟通，定期或不定期召开协调会议，共同协助处理信息安全问题。

（二）网络安全事件应急保障机制建设

应急保障体系可以分为两部分：应急响应服务以及应急演练服务。

应急响应服务：为需要建立 7×24 小时的应急技术支持服务平台，明确安全事件联系人和联系方式，若省级中烟及下属卷烟厂遇到突发的安全问题，如发生网络入侵事件、遭受拒绝服务攻击等，应通过安全保障体系团队及时对该事件进行处理或解决；同时，在收到单位的应急响应服务请求的告警信息后，可由业界安全专家或主管单位安全专家协助系统管理人员查明安全事件原因，确定安全事件的威胁和破坏的严重程度，及时解决出现的问题。

应急演练服务：健全网络与信息安全运行应急工作机制，检验各核心系统安全应急预案的科学性、可操作性，验证网络安全小组和网络安全技术人员应对网络和信息安全突发事件的组织指挥能力和应急处置能力，确保发生安全事故时响应工作及时、有效，最大限度地减少网络与信息安全突发事件造成的损失。同时，通过演练，不断提高各级部门开展应急工作的水平和效率，发现预案的不足，进一步完善应急预案。每季度至少组织一次应急演练，通过实战演练提高应急能力。要深入开展风险评估和安全测评，积极运用技术手段提高安全态势感知能力，主动防御安全风险。

第四节　智能感知执行层建设

智能感知执行层将按照完善当前信息化、智能化和自动化短板，提升单机、过程质量、物料消耗的智能感知执行能力的思路去建设。首先实现信息接口的互通和数据分布式同步，然后通过对设备增加必要的用于寿命或故障检测的传感器，对物料和辅料增加消耗识别和质量在线测量的非接触式智能边缘装置，以及对过程非在线质量检测设备增加数据集成接入能力，提升统计过程控制（Statistical Process Control，SPC）的过程分析能力、对全厂资产参考定位 FIM 技术标准实现全厂资产运营和寿命的智能监测能力。

一、制丝车间

制丝的生产执行主要体现在批次计划接收、工单分解、工单下发、制丝投料记录、贮柜管理、香糖料调制、过程工艺监控、烟丝管理、料液管理、烟叶单耗管理等方面。下面从制丝车间举例几个应用发展方向。

（一）信息化和自动化

1. 智能无人换批工序

目前，制丝线的换批需要通过人工出柜复检、在线批次叶丝残留人工确认后，再通知中控室操作员进行换批操作，因此换批动作时间较长，且依赖人工干预操作。通过在各关键节点使用机器视觉监测，实现物料的跑料实况感知和节能模型分析，实现无人干预全线自动换批，节省换批时间，节约人员配置。图 5-16 为制丝线流量识别与仿真。

图 5-16　制丝线流量识别与仿真

2. 制丝物料流量均衡控制

现有的流量均衡控制在实际使用过程中存在限量管光电开光和电子编码器误报，容易出现断流和堵料现象。通过 AI 智能算法模型结合视觉识别技术联动控制定量带转速，实现贮柜底带、喂料机底带及提升带转速可自动调节，达到制丝线的自动流量均衡，实现制丝产线的不堵、不断、不波动、不延迟的功能，为工艺质量的均衡性控制建立了良好条件（见图 5-17）。

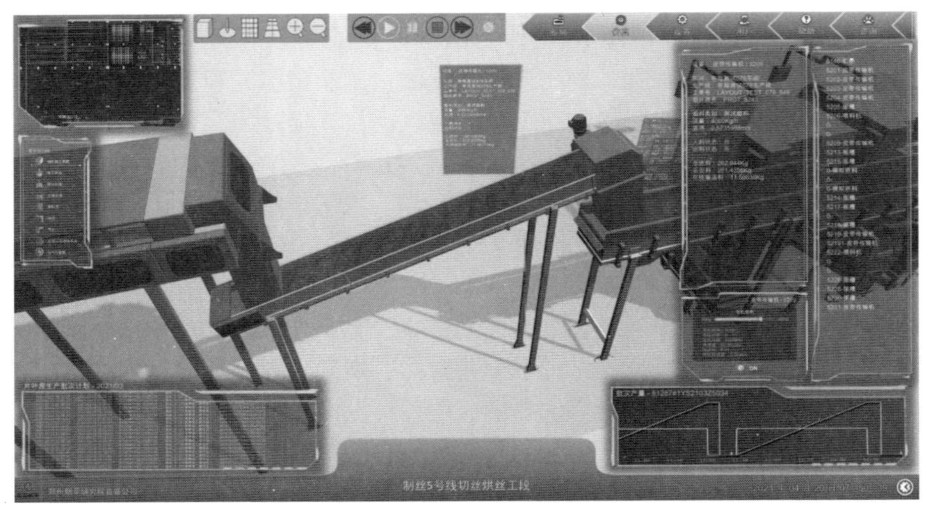

图 5-17　制丝线物料均衡控制

3. 集控系统制丝产线全覆盖

目前，部分工厂的残烟线及小样线等小规模产线的数据没有集成到制丝中控室进行集中监控和业务流程的管理。建议通过必要的残烟线/小样线改造，满足通过制丝集控平台接受 MES 系统下发的计划工单。通过原有的自动化系统，将数据采集点汇总到制丝集控，形成统一的统计分析报表，满足对残烟线和小样的质量管控。

（二）智能感知执行能力建设

1. 制丝数字孪生智能产线

传统的集控方式，采用传统的 PI 时序数据采集和非分布式数据存储的方式进行工艺数据的汇聚展示，通过 MES 接口实现生产工单的下发及生产状态的回送。传统方式在底层数采和智能感知层面，已经无法满足未来大数据分析平台的数据需求及生产工艺仿真的数据需求。因此，需要通过基于物联技术和分布式计算及存储技术，结合 3D 展示及仿真功能，实现未来自动化与信息化的融合。具

体来讲，需要在设备互联互通、数据融合共享、信息系统集成等方面进行升级改造。要达到最终目标，需要建立大量的模型库和知识库，实现对新技术的验证，最终实现车间级别信息物理系统（Cyber-Physical Systems，CPS）的建设试点和应用推广（见图 5-18）。

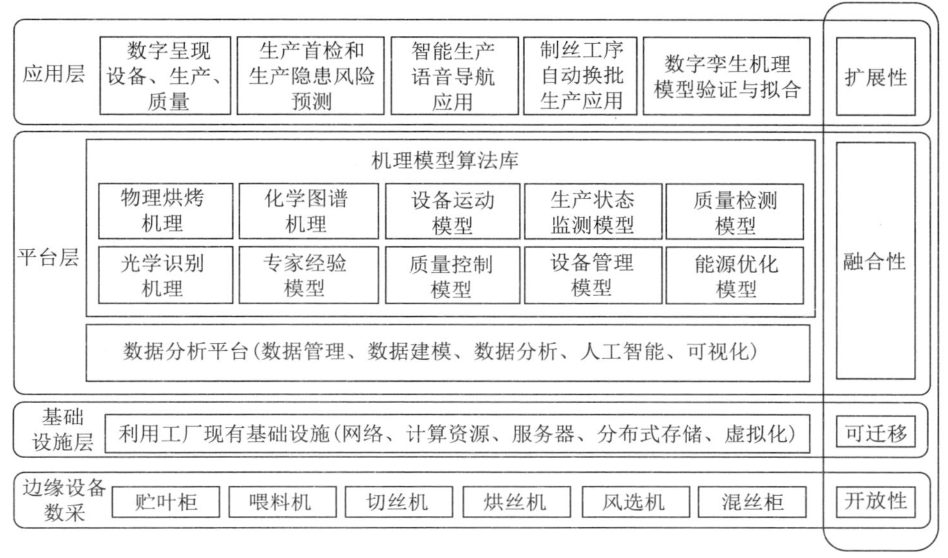

图 5-18 制丝线数字孪生平台应用架构

2. 烟草品质在线云检测系统

目前在实际生产过程中，对于烟丝质量的衡量指标主要是物理指标（水分、温度等）。由于缺少化学成分指标的在线实时检测手段，因此无法建立烟丝的加工工艺参数和烟丝质量之间的定性与定量关系，也无法通过知识图谱的精准预测模型及优化算法实现关键工序加工参数的自适应调整功能。同时，传统的水分仪器由于受到采样和分析模型的限制，无法对新配方和环境温湿度进行自我模型适应型分析，水分数据不准确并最终影响烟丝出口水分的控制精度。

烟草品质的在线云检测技术需要具备以下特征：

（1）自动校准与启停：通过云端模型实现自动校准，解决了环境影响检测值的难题，具备基于线性可谓谐滤光片（Linear Variable Filter，LVF）分光原理抗震性能优异的功能，确保得到高精度检测值；同时具备判定产线上是否有物料自动启停等功能。

（2）云端建模与维护：现场采集的光谱数据到云端计算并及时返回到终端，

将模型管理、数据计算和光谱信号采集分开管理，保证模型的易维护和易管理。同时数据维度广泛，涵盖水分、烟碱、总糖、总氮等维度。

（3）均质化测定能力：未来通过时序数据库建立标准工艺参数专家图谱库，实现配方均匀性的检测，以及加工过程均质化的测定。同时，根据大数据分析预测技术，可实现关键工艺参数的反向推送和控制，实现烟草品质的稳定输出。

3. 在线加料、加香均匀性的在线检测

全行业目前没有有效的对于加香雾化状态标定及均匀性在线监测能力，导致加香均匀性无法通过数字化的手段进行有效管控。基于激光光谱分析技术可实现加香雾化离线评价系统，以及加香喷嘴雾化均匀性的视觉在线监测，可建立有效的加料、加香工艺参数和加料、加香均匀性效果的知识图谱，通过大数据分析预测技术，可实现对加料、加香工艺参数的联动控制，最终实现加料、加香均匀性的提升和稳定。

4. 制丝加工均质化

制丝加工均质化体现在成品烟丝的品质稳定性，影响均质化的因素主要包括配方的一致性、加工参数的一致性、掺配的均匀性、加香加料的均匀性等因素，通过智能制造的一系列支撑技术以及大数据分析能力，探索批次中与批间的制丝加工均质化影响因子，提升加工均质化水平。

5. 回潮前烟包表面及切面的霉变监测

烟包霉变检测是影响制丝质量的重要环节，不同配方的原料醇化时间不同，时间跨度比较大，以及原料水分差异和储存环境等因素导致出现霉变现象，通过对切片后烟包表面进行视觉检测并配合机器学习，可以实现烟包的表面霉变以及切面的识别和报警，后期可探索实现自动剔除等功能。

6. 制丝智能杂物剔除

在激光除杂机后，对于剔除的烟叶通过人工分拣的方式进行多次分拣，由于人工分拣效率不高且疲劳作业后容易出现漏检，可以通过基于视觉识别及协作机器人的方式实现剔除含杂烟丝的自动分拣，通过视觉识别方式和数据采集反向控制实现梗签含丝率和杂物检测，与风选设备实现控制联动。

7. 智能单机检测

目前制丝车间中烘丝机的蒸汽通过手动阀门人工开启，可以通过比对机械仪表来实现设备工艺的产前保障，即通过在原有手动阀门旁路增加电动阀门和流量计的自动化执行装置，实现蒸汽的自动化开启（原手动阀依旧起到应急启停的能力）。同时，通过对主机设备加装必要的振动监测和视觉系统，在不增加维修备件和设备本体电气结构的情况下，实现设备的智能化监测。

8. 制丝电机外壳温度无人巡检与预警

目前主机及辅连传动设备主要靠电机驱动，生产线上有着大量的电机，电机故障是设备维保比较常见的故障源，而且一旦出现电机故障，会对生产线的连续生产造成极大困扰，可以通过移动巡检机器人加载红外热像传感器，进行制丝线电机温度异常巡检，将采集的红外温度数据实时分析、对比、预测并实现预警功能。同时，可以进行历史数据的分析，对未来电机配件的全生命周期管理和预测性维护提供数据支撑。

二、卷包车间

（一）信息化和自动化

1. 卷包数采系统优化升级

以卷包集控系统为基础，对滤棒成套生产设备和辅料的数据采集进行拓展，在进一步增强设备底层的全面感知能力的同时，通过对数据的分析和拓展，构建滤棒输送的数据信息中心，并以此为基础，采用自定义数据建模、实时分析诊断、生产现场辅助等技术和方法，创建卷包车间滤棒输送交互系统，强化卷包生产的 PDCA 管理闭环①，推动面向智能化的传统制造升级，提高精益制造水平并建立完整的生产数据服务中心。

2. 卷接包设备质量参数数采提升

卷接包加工过程中，只实现了部分工艺质量参数的采集，对于设备上一些质量控制检测的点，比如卷烟机剔梗量、小盒外观图像检测剔除、条盒外观图像检测剔除、条缺包检测、箱缺条图像检测等质量检测点，仅仅发挥了异常剔除或者报警的功能，无法实现检测结果数据实时上传、实时分析。可以对目前的卷接包设备增加数据采集和分析功能，如在 MES 中增加数据采集点，通过数据分析建立控制图和处置规则。

（二）智能感知执行能力建设

1. 基于巡检机器人辅料视觉识别在线统计及自动叫料平台建设

采用巡检机器人的方式或定点视觉检测方式，运用智能视觉识别技术，实时检测与识别托盘上物料耗用情况，并使用算法自动测量物料余量，代替人工观察物料余量的情况；同时，应用 5G 无线传输技术，将检测到的物料余量数据实时上传，由系统统一管控物料下发和 AGV 的调度，可有效降低人员工作量，避免和减少人为原因造成的叫料错漏、叫料不及时等问题。

---

① PDCA 管理闭环将质量管理分为四个阶段，即 Plan（计划）、Do（执行）、Check（检查）和 ACT（处理）。

2. 基于巡检机器人视觉识别残料自动回收

采用巡检机器人的方式，运用智能视觉识别技术，检测产线残料的品种和数量，代替人工检查和巡查；同时使用5G无线传输方式，将检测到的数据上传，并由系统调度完成对残料的自动回收和处置动作，可有效降低人员工作量，实现残料的自动即时回收。

3. 智能化小包外观、缺条视觉检测深化应用

应用与AI计算机视觉相关的深度学习技术，设计开发在线小盒卷烟外观缺陷自动检测装置及智能检测及分析软件平台的研发，打造云边协同的质量管控模式。在边缘侧运用深度学习技术，实现烟盒外观缺陷的迁移学习和泛化能力，实现无须设置维护的检测算法和系统。通过车间的中心系统平台实现缺陷识别算法模型的管理、云端外观缺陷分析中心、云端图像二次复检处理等部分，实现智能小包外观质量的整体提升和维护下降。

4. 基于知识图谱的设备运维知识管理

卷接包拥有大量的工艺数据和维修数据，使用自然语言处理及深度学习等技术，从结构化及非结构化的历史工单、维护手册、传感器数据中分析故障的原因、现象及处理方法，建立烟草设备维修维护的知识图谱。使用机器推理机制，如贝叶斯网络，对故障原因进行综合分析，可以快速高效地分析和推理问题原因并找到解决方案，极大提升运维效率，并减少对人员经验的依赖（见图5-19）。

5. 卷包智能单机

通过加装必要的设备监测传感器，建立设备运行仿真系统，同时建立和完善设备的维修知识图谱，在使用过程中结合大数据分析模型和算法实现设备运行状态的预测性维护及设备健康状态的自动预测预警功能。

三、动力车间

（一）信息化和自动化

1. 除尘系统监测管控项目

依据工作人员进入设备现场的困难程度，建设设备在线监测系统，如机房内制丝除尘、排潮管道风量、风压的在线监测，以及集中输灰管道的在线风速测试单元；提高末端监控的数字化管理和分析能力；建立工艺预测模型，逐步实现异常数据变量与故障或失效点的联系；建立系统智能故障诊断及预处理功能，提升除尘、排潮系统的供能稳定，提高烟支产品的质量。

2. 配电数采稳定性改造

某烟厂通过对7台主控PLC、46个子站数据采集及接入、配电系统30个数据管理机、135个串口服务器数据采集及接入包含1111块多功能电表、30块电

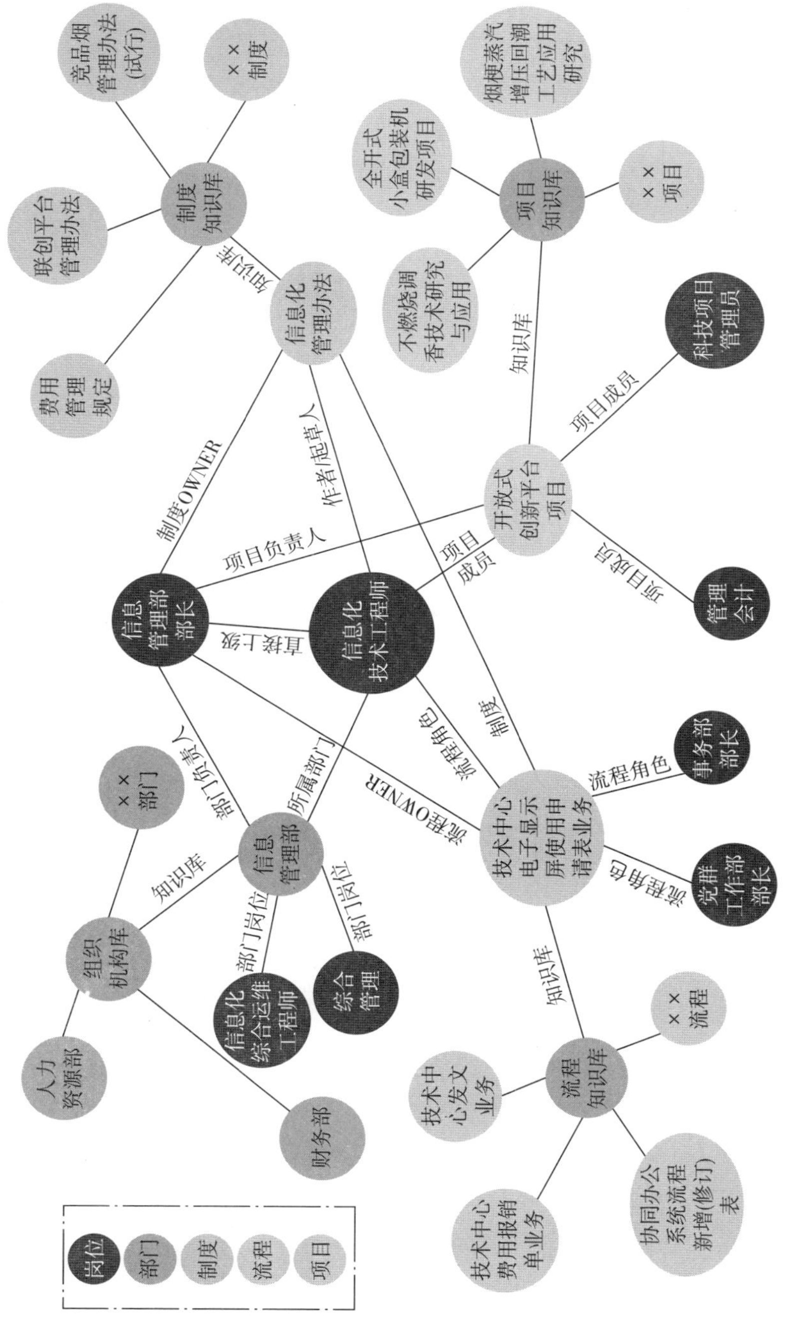
竞品烟管理办法(试行)
××制度
联创平台管理办法
制度知识库
费用管理规定
知识库
信息化管理办法
制度OWNER
作者/起草人
烟梗蒸汽增压回潮工艺应用研究
全开式小盒包装机研发项目
项目知识库
××项目
不燃烧调香技术研究与应用
知识库
科技项目管理员
项目成员
开放式创新平台项目
项目负责人
项目成员
项目成员
管理会计
信息管理部部长
直接上级
信息化技术工程师
制度
流程角色
流程角色
事务部部长
流程OWNER
技术中心电子显示屏使用申请表业务
流程角色
党群工作部部长
部门负责人
所属部门
××部门
信息管理部
知识库
组织机构库
部门岗位
部门岗位
信息化综合运维工程师
综合管理
人力资源部
财务部
知识库
流程知识库
××流程
技术中心发文业务
技术中心费用报销单业务
协同办公系统流程新增(修订)表
岗位
部门
制度
流程
项目

图 5-19 知识图谱

能质量分析仪及变压器、滤波器、电容补偿柜等设备的数据采集及接入和配电系统434组无线测温设备数据采集及接入，实现对配电数据的数字化管控。

3. 安全环保管控系统建设

通过对高风险设备的预测预警目标的状态进行数据采集，对氮氧化物、污水排放COD值、异味臭气排放浓度、粉尘排放浓度的数据量纲化并集中采集，建立高风险设备安全风险管控平台和污染物排放数据收集平台。通过引入机器人巡检+视觉识别的方式，实现安全环保管理活动的全面管理、无人化管控、高实时预警功能。

（二）智能感知执行能力建设

1. 动力设备健康状态智能预测系统

通过增加传感器和大数据分析的技术，实时监测锅炉、制冷、空压、真空设备当前运行工况并提示当前工作模式状态。通过建立知识图谱的方式，实现关键设备自感知诊断预警能力。建立全生产过程的大数据分析模型，分析各工艺环节中的数据关联关系，形成知识图谱，逐步向预测性维护转变。

2. 动力能源质量智能诊断与调控

应用专业机理模型和大数据分析相互结合的技术，构建能够实时进行在线质量预测与诊断的数据机理模型，推进质量管理由事后的结果控制向事前质量预防逐步转变，包括：蒸汽压力自适应调节技术；空压系统压力的自适应调节技术；除尘系统故障诊断及风速自适应调节的技术探索；制冷空调系统故障诊断及温湿度质量异常识别和调节等。

3. 智能巡检分析系统建设

通过智能巡检机器人，配置高清摄像头、红外温度探测、气体探测等，识别巡检路线的仪表点和需要识别温度的设备。同时，建立一套符合车间实际巡检需要的智能识别检测算法，如仪表盘读数、设备温度、现场地面积水、蒸汽泄漏、火焰检测。通过5G技术，打通和控制系统的接口，能够和控制系统数据双向互通，通过微信推送方式，将报警提示给巡检人员（见图5-20）。

四、物流车间

（一）信息化和自动化

提升卷包平衡库和配盘的自动化能力和制丝烟包配方替换的数据共享能力。

1. 基于视觉识别备件库智能管理平台

运用视觉识别技术，建立备件库智能管理平台，在备件查找、备件盘点等使用场合，使用视觉识别、图像搜索匹配功能，实现无人自动查找和自动盘点等功能。除了能大幅降低工作量，还能实现备件管理的高可靠和高复用。

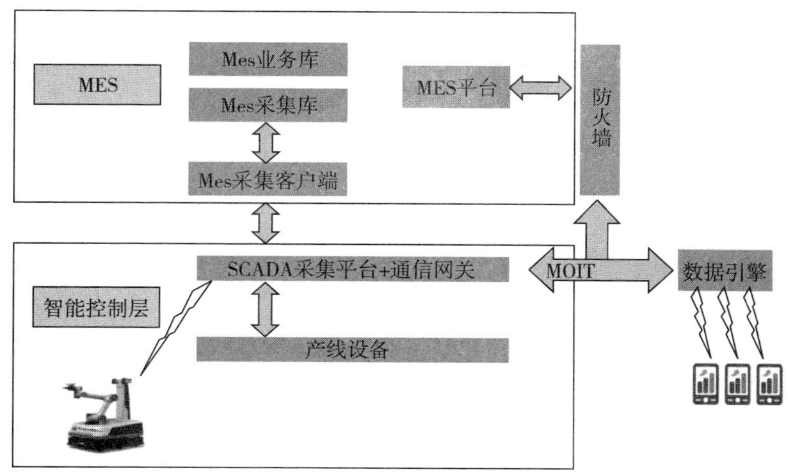

图 5-20　智能巡检技术方案

2. 基于视觉识别辅料库自动盘库系统

采用视觉识别的方式，将对辅料的外形图像识别以及对物料包装上的标签识别相结合，可精确识别物料品种并完成计数，建立基于视觉识别的辅料库自动盘库系统。该系统可以加大盘库频率，及时掌握物料状况及早发现物料异常情况，不但能降低人员工作量，提升库存管控精度，还能早期发现和预警物料异常情况，避免影响生产。

（二）厂级感知平台建设

1. 基于室内定位的固定资产监控与盘点管理

通过基于 GIS 技术的室内高精度地图绘制和超宽带室内定位基站建设，实现对固定资产位置的信息采集：建设一套智能企业资产管理（Enterprise Asset Management，EAM）平台，实现对固定资产的位置监控、数量盘点、状态展示、寿命预测，能够提升管理效率并为固定资产采购提供依据。

2. 工厂行为定位分析和应用

使用针对人的视觉识别技术，如人脸人形检测、工作制服检测、安全帽检测、行为动作检测等，可以在厂内建立人员行为轨迹分析系统，结合 GIS 系统可自动跟踪和判别人员违规行为、禁入禁出、行为异常等，帮助提升内部人员规范管理。同时，可以形成人员轨迹热力图，分析车间设备和产线物理布局合理性并提出建议，使用深度学习技术寻找人流、物流的最优路径，有助于提升人员效率。

第五节　数字资产管理层建设

通过对异构数据的汇聚、算法模型库和业务组件的集中管理，建设全方位的数字管理服务平台。模型及算法包括计划分解模型、计划仿真模型、物流调度模型、质量稳定性关联模型、设备健康度评价模型、设备几何模型、工艺参数仿真模型、制丝物料仿真模型、化学成分知识图谱等。图 5-21 为数字资产管理平台功能。

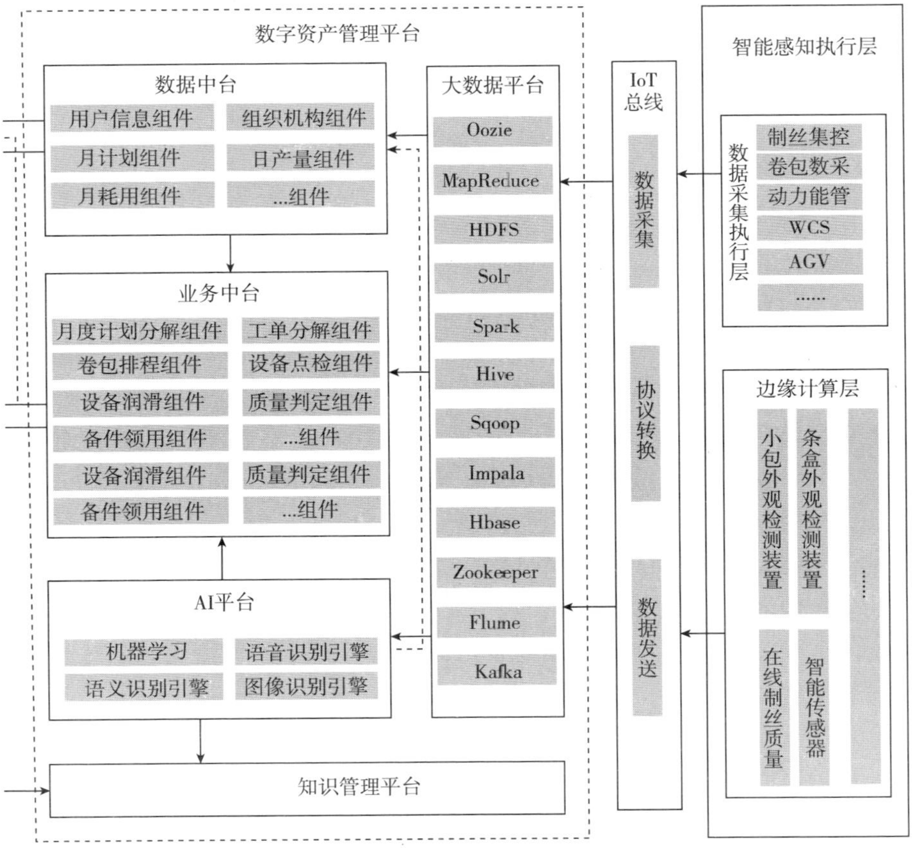

图 5-21　数字资产管理平台功能

一、数据汇聚治理

依据数据湖建设思路，对业务数据和时序生产质量数据分别进行治理。

（一）业务数据

根据中烟总体的主数据结构模型，结合厂内实际业务流程，通过建立数据标准，采用人工或自动化数据标注工具、数据质量管理工具等，对业务数据进行短期的静态数据治理及长期的静态和动态交互数据管理。图 5-22 为业务数据分类汇聚。

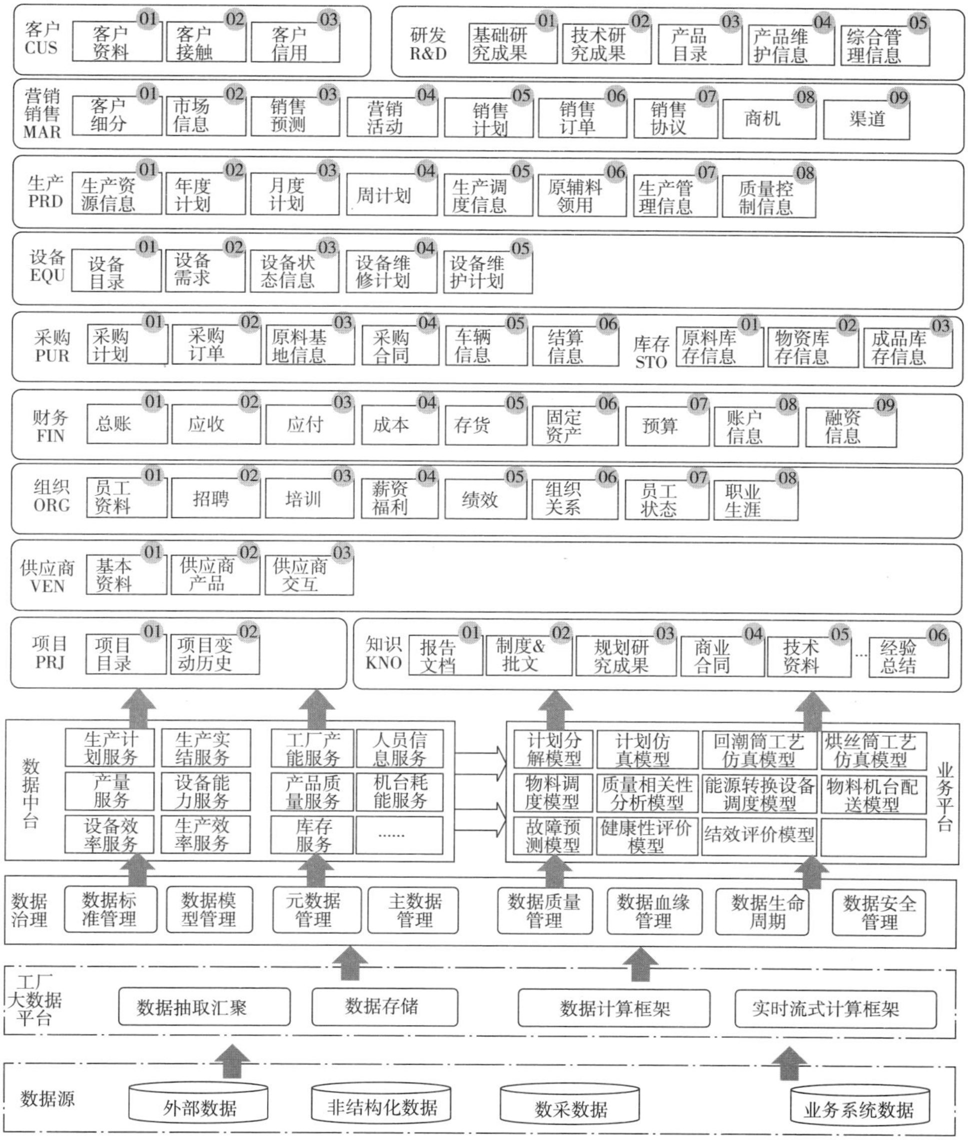

客户 CUS：01 客户资料；02 客户接触；03 客户信用
研发 R&D：01 基础研究成果；02 技术研究成果；03 产品目录；04 产品维护信息；05 综合管理信息
营销销售 MAR：01 客户细分；02 市场信息；03 销售预测；04 营销活动；05 销售计划；06 销售订单；07 销售协议；08 商机；09 渠道
生产 PRD：01 生产资源信息；02 年度计划；03 月度计划；04 周计划；05 生产调度信息；06 原辅料领用；07 生产管理信息；08 质量控制信息
设备 EQU：01 设备目录；02 设备需求；03 设备状态信息；04 设备维修计划；05 设备维护计划
采购 PUR：01 采购计划；02 采购订单；03 原料基地信息；04 采购合同；05 车辆信息；06 结算信息
库存 STO：01 原料库存信息；02 物资库存信息；03 成品库存信息
财务 FIN：01 总账；02 应收；03 应付；04 成本；05 存货；06 固定资产；07 预算；08 账户信息；09 融资信息
组织 ORG：01 员工资料；02 招聘；03 培训；04 薪资福利；05 绩效；06 组织关系；07 员工状态；08 职业生涯
供应商 VEN：01 基本资料；02 供应商产品；03 供应商交互
项目 PRJ：01 项目目录；02 项目变动历史
知识 KNO：01 报告文档；02 制度&批文；03 规划研究成果；04 商业合同；05 技术资料；…；06 经验总结

数据中台：生产计划服务；生产实结服务；工厂产能服务；人员信息服务；产量服务；设备能力服务；产品质量服务；机台耗能服务；设备效率服务；生产效率服务；库存服务；……

业务平台：计划分解模型；计划仿真模型；回潮筒工艺仿真模型；烘丝筒工艺仿真模型；物料调度模型；质量相关性分析模型；能源转换设备调度模型；物料机台配送模型；故障预测模型；健康性评价模型；结效评价模型

数据治理：数据标准管理；数据模型管理；元数据管理；主数据管理；数据质量管理；数据血缘管理；数据生命周期；数据安全管理

工厂大数据平台：数据抽取汇聚；数据存储；数据计算框架；实时流式计算框架

数据源：外部数据；非结构化数据；数采数据；业务系统数据

图 5-22　业务数据分类汇聚

（二）时序生产质量数据治理

通过对制丝、卷包生产过程数据的采集、处理、关联，实现设备、物料、工艺参数、环境条件、质量指标等数据的融合集成，构建全面、准确、规范的制丝和卷包加工质量大数据；后期通过业务数据统计分析、智能挖掘和建模，开发基于数据和知识驱动的生产过程模拟预测、性能监测、异常诊断、操作优化等智能化应用技术。通过提高制丝和卷包生产描述、分析、仿真、预测、诊断、决策、控制、优化等智能化水平，为制丝和卷包生产效率、产品质量提高和能耗物耗、生产成本的降低提供技术支撑。图 5-23 为质量数据主题分类。

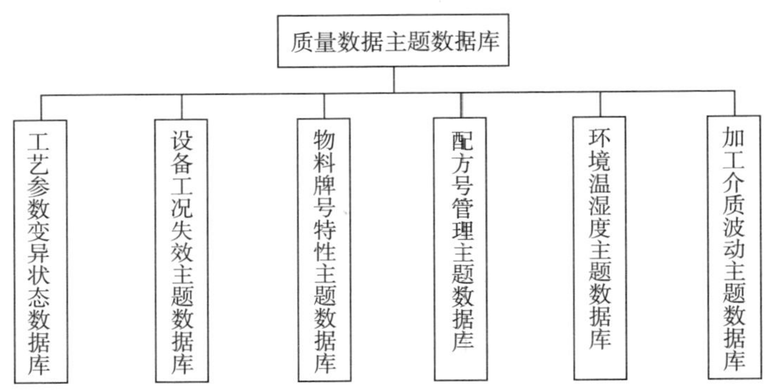

图 5-23　质量数据主题分类

以制丝车间为例，通过时序数据治理后，可建立有效的数据服务系统，以及服务与业务管理组件和质量管控模型。图 5-24 为质量数据的治理与应用流程。

二、业务管理组件

通过承接中烟纵向的业务流程模块外（例如烟叶基地管理模块），结合现有的 MES 系统，对 MES 进行解构，形成与工厂自身业务管理流程相适应的各类业务组件，包括但不限于生产计划服务组件、生产实绩服务组件、工厂产能服务组件、人员信息服务组件、设备组合公钥（Combined Public Key，CPK）能力服务组件、产量服务组件、产品质量统计过程控制（Statistical Process Control，SPC）服务组件、机台耗用（能耗、物料消耗）服务组件、设备综合效率（Overall Equipment Effectiveness，OEE）服务组件、生产效率（出丝率、成品合格率）服务组件、库存服务组件、月计划组件、月耗用组件、月度计划分解组件、工单分解组件、制丝和卷包排程组件、设备润滑组件、备件领用组件、工单分解组件、设备点检组件等。

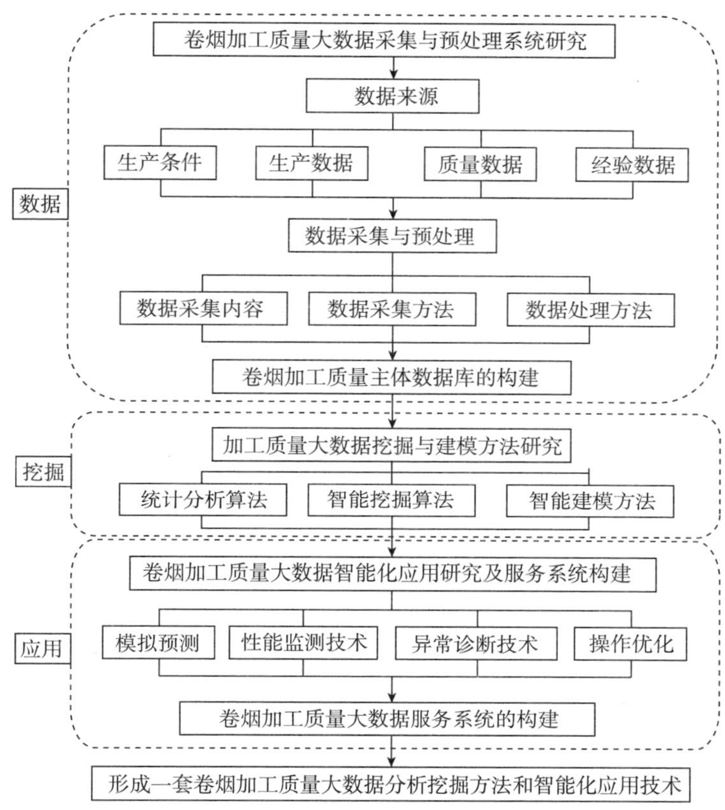

图 5-24　质量数据的治理与应用流程

三、制造管理模型

通过基于大数据分析和机理建模的技术手段，利用 Tensor Flow、PyTorch、人工神经网络（ANN）、深度神经网络（DNN）、自然语言处理（NLP）、Neo4j 等技术工具，建立智能物流协同管理模型、智能辅料调度管理模型、智能质量关联性分析及预测模型、智能物料（烟叶、辅料、滤棒成型甘油酯）消耗分析模型、智能排程仿真模型、智能能源精准供能模型、出口水分动态调优模型、加料加香化学成分均匀性分析模型、设备健康度评价模型、设备失效预测模型、人员绩效和员工画像分析模型。

第六节　智能仿真决策层建设

基于数字资产管理层的完善及数据管理标准的落实，结合数字孪生技术、仿真技术、可视化技术、扩展现实技术等技术及微服务软件架构，建设全厂全业务链的智能仿真决策平台（见图 5-25）。

在建设路径方面，首先通过建立分布式计算及存储能力的厂级信息物理系统（Cyber-Physical Systems，CPS）平台和数字孪生仿真平台，结合模型和算法管理组件，实现设备状态数据采集、设备健康状态监控、状态监控与故障定位、重点设备的健康评价模型管理、物流设备结构模型管理；实现智能诊断与作业协同、智能成本分析、物流设备预测性维护和基于 AR 与 MR 的维修支持，实现设备透明化展示，支撑设备远程维护和智能操作指引；此外，还能实现物资采购基地管理业务的智能决策，以及实现园区的一体化管控能力。

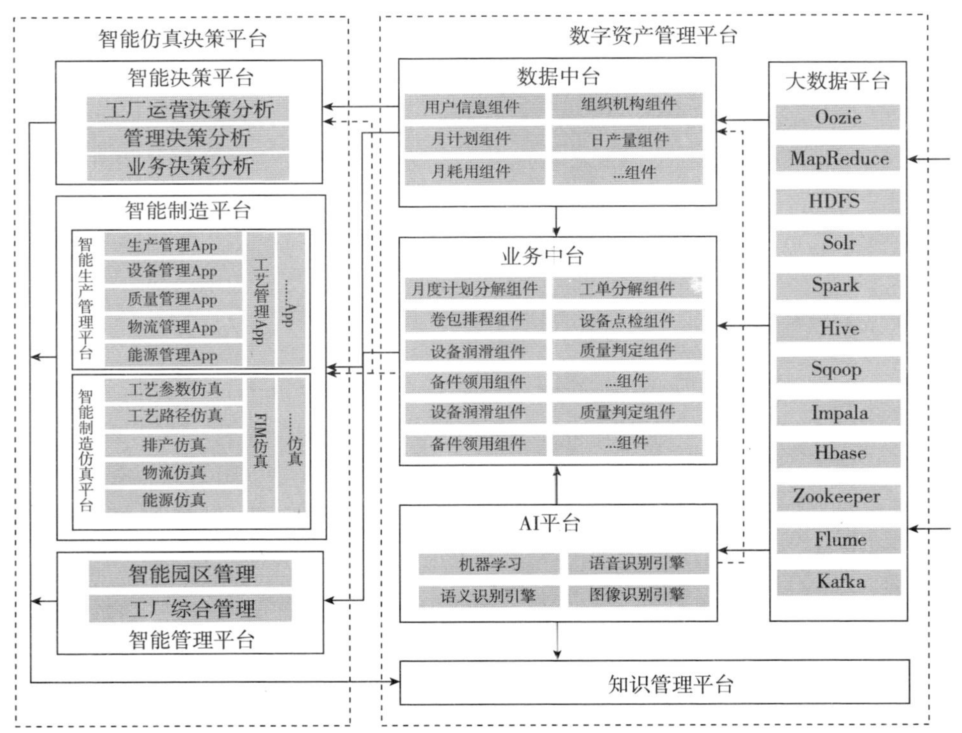

图 5-25　智能仿真决策平台

一、智能决策平台

智能决策平台包括工厂运营决策分析、管理决策分析和业务决策分析等功能。智能决策是专家规则与机器学习相结合的产物。智能决策平台是以大数据分析和 AI 为核心的大数据智能决策平台，将为企业和工厂提供基于行业特性的海量算法模型和高性能大数据引擎，帮助企业实现由数据驱动生产的愿景，提供生产和运营的最优决策。

智能工厂要求信息化实现三大支撑能力，包括：①集中统一的数据管控能力。生产智能化的每个环节都是一次机器决策或机器辅助决策的过程，其中数据分析决策模型是智能化的核心，利用建立适应智能工厂环境的工业大数据管理体系及工业大数据平台，通过工业数据采集、存储、建模、分析、可视化等关键技术进行集中管控，为决策层和各领域提供专业、客观、及时、准确的数据分析支撑。②稳健弹性的基础设施能力。利用高速率、低延迟、大连接数的 5G 通信技术及靠近物理设备端的边缘计算技术，产生更快的网络服务响应，满足在实时业务、应用智能、安全与隐私保护等方面的基本需求。③敏捷快速的技术架构能力。构建灵活敏捷的开发运维平台，通过敏捷开发的方式，以数据中台、技术中台、业务中台为代表的一系列技术快速等提升交付效率，降低运维成本，提高系统稳定性。

将工厂生产运行环节中的每个决策活动予以识别，并逐步构建每个决策活动的决策模型，使得在有生产数据输入模型的情况下，模型能够生成驱动设备或者人员采取行动的执行指令，从而实现模型驱动的生产运行的开展。当然，智能模型的构建过程，必将是一个先有模型辅助人员决策，验证模型决策的正确性之后，逐步过渡到由模型进行自主决策的过程。

二、智能制造平台

（一）智能生产管理平台

智能生产管理平台涵盖了生产、设备、质量、物流和能源等相关业务管理的范畴。从管理模块方面划分，可以分为智能排程、智能调度、品质管理、智能物流、设备管理、异常管理、能源管理和安全环保模块，如图 5-26 所示。

另外，智能工厂的特点是多端化和移动化，在软件形态上，移动端和 PC 端的分布各不相同，具体如图 5-27 所示。

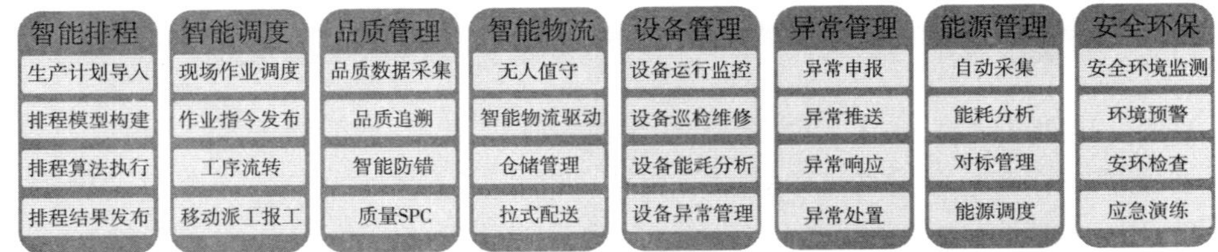

图 5-26　智能生产管理平台的模块划分

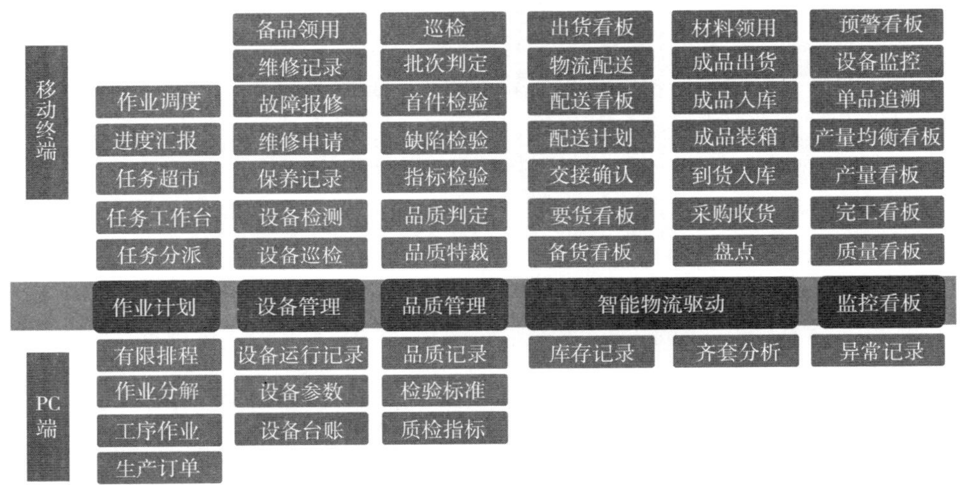

图 5-27　智能生产管理平台的多端化和移动化

（二）智能制造仿真平台

仿真平台包括离散系统仿真、工艺机理模型仿真、建筑模型仿真等。当前，结合数字孪生技术的工艺仿真技术正蓬勃发展，下面将简要介绍仿真平台的建设方案。

1. 基于数字孪生建立仿真模型

数字孪生体是实体或逻辑对象在数字空间的全生命周期的动态复制体。基于历史数据和实时数据及算法模型实现对对象状态和行为的数字化表征、模拟验证和预测。对物理和逻辑空间的对象实现深入的认知、正确的推理及精准的操作。数字孪生体是模型和数据的载体，与设备实体孪生体对应与连接，形成数字孪生体模型。数字孪生体仿真模型如图 5-28 所示。

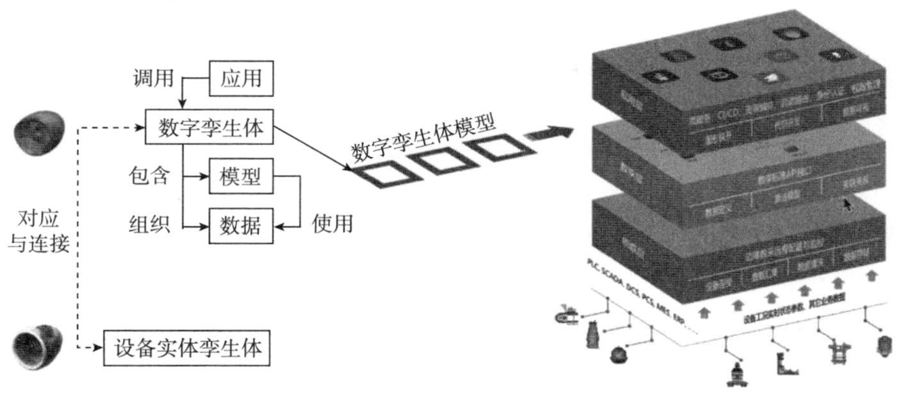

图 5-28　数字孪生体仿真模型

2. 建立数据映射关系

建立数字孪生体后，对应的数据可以从设备（如 PLC、SCADA、DCS）、传感器（如不同的仪表）、生产管理系统（如 MES、EMS）、业务管理系统（如 ERP），通过数据网关进行连接和采集，在数字孪生平台上统一处理、存储和分析计算。根据数据定义形成数据字典，建立模型关联关系、通过算法实现工业系统的表征和工业模型的计算。沉淀的模型数据和特征数据通过数孪标准 API 接口方式提供查询调用。图 5-29 为数孪体的数据映射。

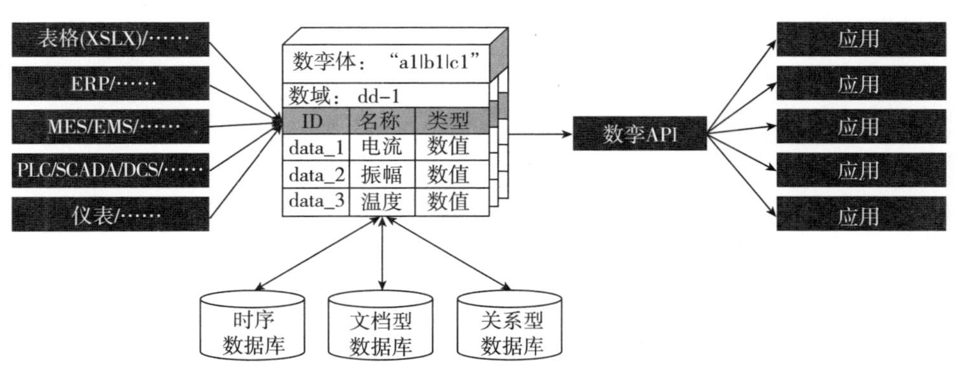

图 5-29　数孪体的数据映射

3. 仿真平台应用

（1）设备实时工况监控与故障报告（就地、远程）。

利用仿真平台中的模型、数据和可视化表达方式，创建生产线的实时工况监控系统，在数字空间内实时再现与存储设备工作过程，并对各类故障进行警报与记录；同时创建移动终端 App，在容许可视化质量精度内将监控和故障警报功能远程移动化。

（2）批次计划排产仿真。

利用数字孪生系统的仿真运行功能，对批次排产计划进行事前仿真以发现错误与矛盾，实现排产辅助；可以使用一定时期内批次生产信息历史数据进行事后仿真来进行功能校核与检验。

（3）工艺展示与培训辅。

基于数字孪生系统的基础模型和可视化引擎，可以定制交互式虚拟工艺展示应用和员工设备操作、维护培训辅助系统。

三、智能管理平台

智能管理平台包括智慧园区管理和工厂综合管理，可以从如下几个服务方向进行规划：

（一）综合安防应用服务

智慧园区的综合安防服务，其核心就是通过创建园区情境智能整体解决方案，使园区主管部门具备实时、准确的情境意识，实现先进的园区安全集成。这样一套平台体系，是通过安防系统的集成，并融合不同类型的实时传感器和数据采集子系统，可在固定和移动等各种模式下运行并适应各种环境条件，为所有的使用者和相关方提供实时的动态数据信息和决策的操作平台。

（二）便捷通行应用服务

人员出入管理方案需要聚焦在园区办公人员（包括员工、访客）的体验提升、园区物业和运营人员管理效率的改进两个方面，从门禁、闸机、访客、一卡通等系统打通和联动，到大数据平台、IoT 平台、视频监控平台、GIS 平台等新技术和新平台的应用，支撑人员无感知进出，支撑园区人流统计、园区人员轨迹查询等安保诉求，整体建设目标如图 5-30 所示。

（三）设施管理应用服务

在智慧园区中有大量的设施和设备，不同类型的设备有不同的用途，如能耗类的电表，环境类的烟感设备，安防类的摄像头等。园区的日常运营中许多业务场景都涉及这些设备，且需要业务应用和物联设备产生交互，包括获取设备基础信息、位置信息、运行状态信息并对设备进行操控。以前在园区中，一般是由不同的垂直子系统来分别管理设备信息。因此，设备信息要重复在多个系统中录入，难以保证信息的一致性，难以统一管理。各个垂直子系统之间也难以使用设备信息进行交互，导致难以实现跨子系统的业务协同。为打通不同应用场景和不

通行便利

- 刷脸通行闸机
- 普通刷卡通行闸机
- 访客刷身份证通行闸机
- 访客刷二维码通行闸机
- 刷脸开门禁
- 刷卡开门禁
- 刷二维码开门禁
- 刷手机NFC卡开门禁

来访顺畅

- 访客线上预约，通过线上渠道提前预约
- 员工邀约访客
- 访客自助登记，支持现场自助预约办理
- 短信通知
- 访客指引，访客到达现场后的服务指引

安全识别

- 人员权限管理，设置闸机、门禁、区间的通行权限，建立人员档案、出入权限设置、黑白名单设置等
- 人员大堂通行免刷卡，自动识别未授权人员
- 人证比对，通过现场访客机做人证比对
- 公安系统比对，支持公安部信息比对

高效运行

- 园区人员数量统计，支持园区人员数量、流量统计，实时统计园区、楼宇里面的人员数量，便于做对应的数据展示
- 人员轨迹查询，异常情况下查询访客、员工在园区的活动轨迹

图 5-30　便捷通行管理的目标

同垂直子系统的设备信息，更方便高效地实现各自系统与设备交互的功能，在智慧园区解决方案中通过设备运营中心进行集中管理。

（四）资产管理应用服务

传统的资产管理方法是以账面为基础的事后统计式管理，因为时效性差，往往账面上与实物不符，存在“有账无物”及“有物无账”的问题，这就造成了和财务方面的信息不对称性，信息不能及时传递，不能准确科学、有条理地进行管理。

为保证实时掌握物品的库存准确数量及物品的存放位置、物品的状态信息，实现从物品的入库、库存实时盘点到物品储库的全过程管理，使用 RFID 标签简化繁杂的工作流程，有效改善供应链的效率和透明度。对仓库到货检验、入库、出库、调拨、移库移位、跟踪、资产盘点等各个作业环节的数据进行自动化的数据采集，保证仓库管理各个环节数据输入的速度和准确性。资产进出敏感区域、在敏感区域的活动轨迹、在敏感区域的活动，都将被系统授权（或者拒绝）并记录。物品与人员实时数据都将送往后台进行处理，并与外部系统（如 ERP 系统、门禁系统、监控报警系统）进行接口，以保证系统联动。

资产可视查询、资产轨迹、非法携物出门告警解决了资产丢失不可知的难题；资产盘点极大提升了盘点效率。

（五）能效管理应用服务

1. 能效实时监控

为实现可视、可管、可优化的目标，首先需要做到园区能源采购、输配、使用的可视化，使园区的能效管理人员对能源运行情况、运行效率、各类指标、故障情况做到心中有数；其次进一步实现能源运行的调配、控制、事件处置等。

为实现能效实时监控，应考虑园区能源运营的几个关键要素：完整性、准确性、可视化和易用性、数据的分级实时性。因此，在能效实时监控功能范围内，有如下功能点：能源设备可视，按设备类型在地图上分层可视；能源数据可视，能源设备、能源计量、运行状态、参数等数据可视；能源设备画像查看；能源运行事件告警和处置。

2. 能耗告警中心

在智慧园区的业务场景中，提供统一的能耗告警中心，集成现场子系统上传的能耗告警、数据信息，通过 IOC 事件告警规则生成的告警信息，实时地在能耗告警中心页面上进行展示，使用户可以实时查看告警位置、级别、类型等信息，为事件、告警的快速响应提供依据。

3. 用电需量预测

在智慧园区的业务场景中，有很多与园区高压进线相关的业务场景，例如，在算法组件管理场景中，需要算法组件与高压进线绑定，根据进线去启用或停用算法；在需量预测场景中，每条高压进线均有对应的园区外部参数、申报需量、预测需量、反馈需量、实际需量、偏差值等数据。因此，需要提供对高压进线进行统一管理的场景。在该场景中，对进线的编码、名称、关联电表的绑定、额定功率进行集中管理。其中，高压进线作为一种较为重要的数据在智慧园区解决方案能效需量预测中被集中管理，以打通不同应用场景对高压进线信息的需要。

4. 能效工单

在智慧园区的业务场景中，园区管理人员处理各子系统上报的能耗告警，需要派发工单给相应人员进行事件处理；针对派发出来的能耗告警工单，需要进行统一的管理，可查看园区的各类能效工单处理状态和当前责任人；能效告警工单处理过程中，可对工单进行转发和确认处理。

（六）高效办公应用服务

智慧园区通用园区场景增加会议室和会务资源的统一预约和通用管理的会务系统，让会议室资源线上可视、可预约。员工可以通过 PC、移动端、会议室门口屏，多种方式快速预约或释放不需要的会议室资源。在预订会议室的同时还可以了解该会议室的设备，并可以同时预订视频会议。

第六章　卷烟工厂数字化转型的应用场景

第一节　生产管理

卷烟智能工厂的生产管理，将利用排产模型、流程算法，并借用信息化技术手段，实现生产计划的协同及拆分管理；通过对生产计划执行和生产现场的实时感知、分析、决策、优化，实现生产管理的智能化。

一、智能化场景流程

场景1：中烟制订生产计划。

场景2：计划预下发，即根据中烟计划初步制订生产计划。

场景3：生产能力评估，即根据产能模型和生产资源日历评估计划能否及时完成。

场景4：计划调整，即根据生产能力评估结果，应用产能模型和计划工具，重新调整计划。

场景5：计划正式下发。

场景6：计划排产，即在APS中应用基于约束的模拟仿真排产模型，选择排产原则，对正式计划自动排产，生成生产工单。

场景7：生产工单，即将生产工单通过MES下达给各生产车间。

场景8：资源调度，即根据生产工单，组织各类生产资源保障，包括原辅料配送、能源供应、设备准备、人员准备等。

场景9：生产资源齐套检查，即正式生产前，由操作工在车间管理系统中对生产相关资源的完备性进行检查。

场景10：生产执行，即根据知识专家库，将生产支持信息根据员工需求，实时推送到员工终端。

场景 11：执行监控，即根据生产计划、质量标准对生产过程进行监控，实时反馈生产过程情况，并通过车间管理系统将异常情况实时推送给相关人员。

场景 12：完工报工，即生产完成后在系统中进行完工报工。

场景 13：成品入库，即完工后产品通过自动化设备由产线运输至成品高架库，自动扫码入库。

场景 14：统计分析，即完工产量、生产过程中异常情况及处理方式、物料消耗情况、生产过程质量情况进行归集分析，根据分析结果不断训练优化计划模型、排产模型、生产过程参数模型、知识经验库等。

二、单点案例方案

（一）限量管流量控制

用光栅（光电管）测量限量管中物料高度，通过 PID 控制，让上料皮带自动找到最佳喂料频率，实现恒速、不停顿喂料，使限量管内物料高度变化小，落料压力恒定，出料更均匀，流量更稳定。下落的物料遮挡光栅（光电管）造成光栅（光电管）误动作，测量数据跳动太大且频繁，通过滤波无法有效解决，失去了 PID 控制的优势。将组成光栅（光电管）的光电管信号全部采集进 PLC 系统，逐一进行处理，采用屏蔽算法结合关键工位的视觉识别，还原物料高度真实值，并根据此原理智能判断出光栅（光电管）的故障，以及故障光电管位置，以实现智能诊断报警。细化 PID 控制的细节处理，对 PID 的初始化、启动、中断以及中断后的恢复进行合理处置。图 6-1 为限量管流量控制技术方案。

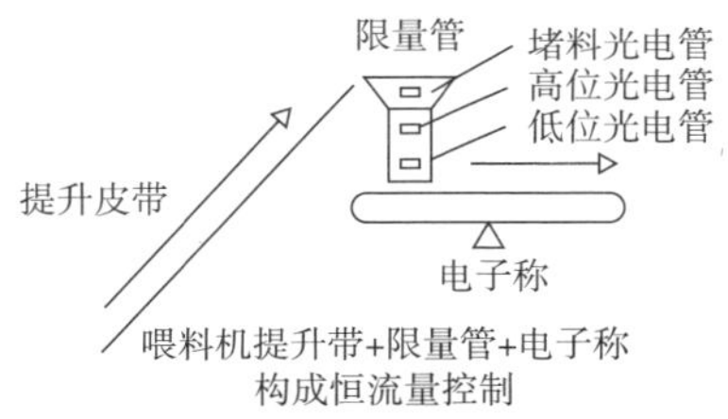

方案优势

①延长设备使用寿命
②节约电能消耗
③实现柔性均匀喂料，更加符合烟草加工工艺需求
④减少人为干预，减轻操作工的劳动强度

提升方案

①根据体积流量守恒，建立起皮带秤运行 线速度和喂料机提升带运行频率之间的函数关系
②生产过程中，对皮带秤线速度和提升带运行频率进行数据采集，并自动筛选出有效数据，代入建模公式，反推建模系数
③根据建模公式计算当前工况下的，提升带最佳运行频率
④根据限量管高低位光电管的动作情况，形成反馈校正偏移量，消除建模误差，实现提升带连续不停顿的喂料
⑤每一个有效生产批次结束后，将上一批反推的建模系数和历史建模系数进行变权值迭代计算，形成模型的不断自学习

图 6-1　限量管流量控制技术方案

（二）贮柜流量均衡控制

根据物料在贮柜中的堆放形状、料头距离拨料辊的距离、底带最大线速度、物料实际长度、生产时对应的频率，通过简单的建模，计算出料头和料尾过程中底带的运行频率，实现料头料尾的自动调速。对出料的过程进行准确判断，处理好出料进程的中断与恢复，在计算出料百分比时，采用了实际频率—底带线速度—底带位移的计算法。贮柜的进料端和出料端分别计算各自的信息，在计算进柜重量时，通过采用累计量增量累加法，秤累计重量可随时清零，而不影响贮柜累计重量的计算。该算法通过不断的补偿，减少进柜重量和秤累计重量的误差，整批物料最终误差在几千克范围内，确保了贮柜信息的准确性。图 6-2 为贮柜流量均衡控制技术方案。

（三）柔性排产

柔性排产的过程，是对接 ERP 系统，同步订单信息（订单日期、订单产品种类、订单数量范围、订单优先级，订单最晚交付时间等）；使用智能算法，基于订单产品种类、订单数量范围、订单优先级、产品 BOM、产品工艺要求、设备支持工艺、设备保养计划，生成智能排产方案，并同步生成生产任务单；排产方案在满足 BOM、工艺和产能要求的情况下，保证在最晚交付时间内生产完成，尽量减少换型次数，提高总体产能。

1. 柔性排产需要考虑的优化目标

图 6-3 为柔性排产的优化目标清单。

2. 柔性排产的系统架构

图 6-4 为柔性排产的技术方案。

3. 柔性排产的实施路径

（1）衔接市场订单，加强生产订单预测，让市场响应更及时、生产更高效。

（2）以行业成熟高级排程算法为基础，支持制丝生产的分组加工、半成品/成品柜式贮等工艺要求。

（3）纵向往下到端指挥协同生产，往上基于实时反馈加强进度监控预测预警，更智能，以保证准时生产。

（4）产后产销平衡预测，更智能，以保证准时交付，提升客户满意度（见图 6-5）。

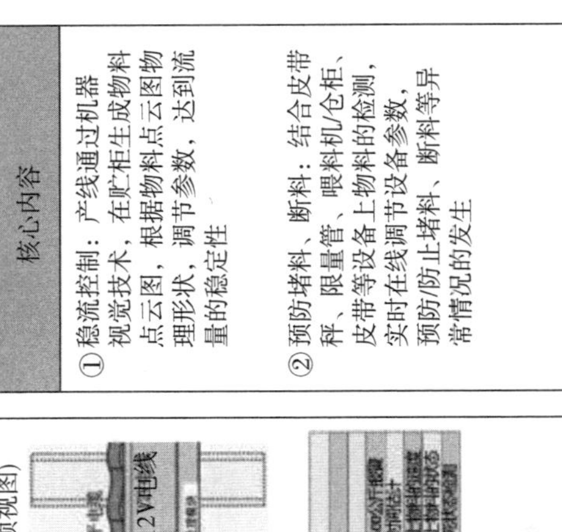

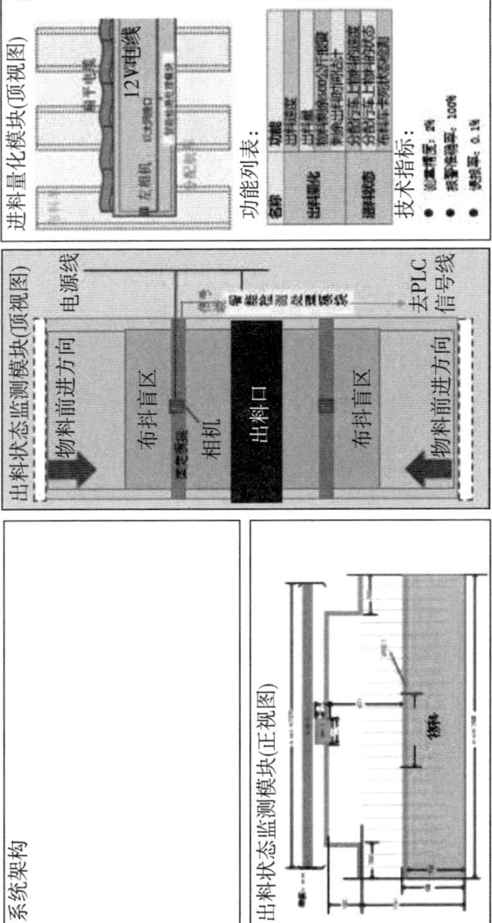

图 6-2 贮柜流量均衡控制技术方案

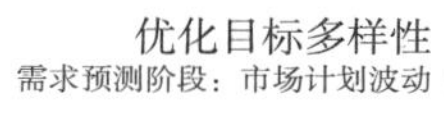

优化目标多样性
需求预测阶段：原材料供应情况

优化目标多样性
需求预测阶段：工厂生产设备产能

优化目标多样性
需求预测阶段：运输的波动性

优化目标多样性
需求预测阶段：车间人员的波动

优化目标多样性
需求预测阶段：意外订单需求波动
…

优化目标多样性
需求预测阶段：库存策略的调整

优化目标多样性
需求预测阶段：流程中节拍不平衡

优化目标多样性
需求预测阶段：工艺流程变改/工程变更

优化目标多样性
需求预测阶段：进出口限制因素

图 6-3　柔性排产的优化目标清单

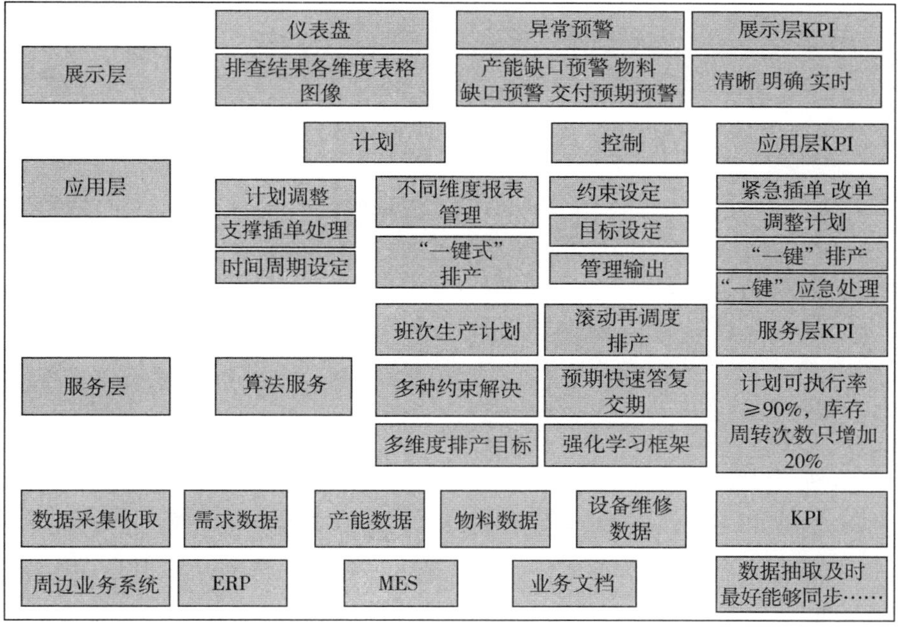

图 6-4　柔性排产的技术方案

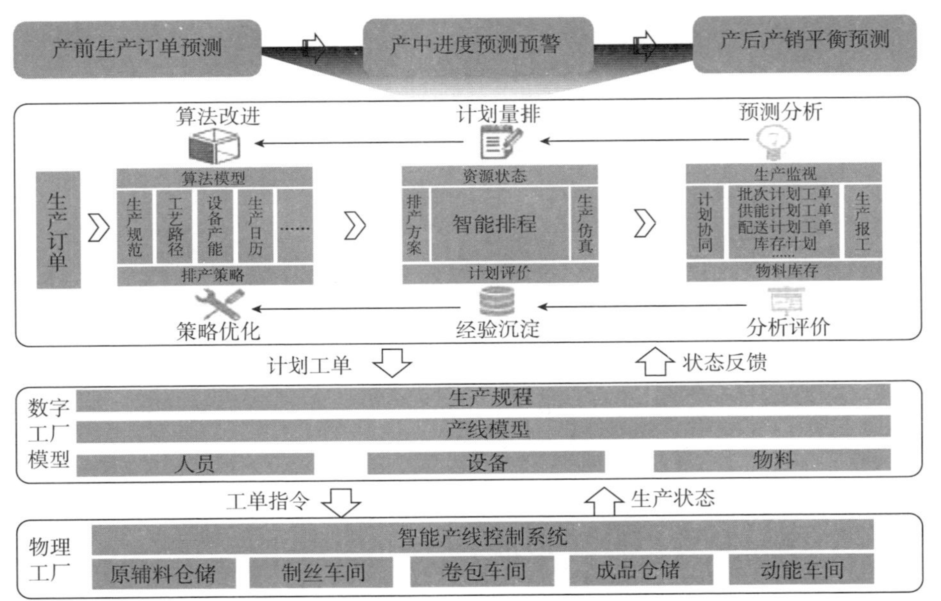

图 6-5　柔性排产的实施路径

第二节　质量管理

一、智能化场景流程

场景 1：物资采购，即运用 AOI 和监测仪器进行监测。

场景 2：原辅材料仓储，即自动盘库；在仓储过程检验中，系统自动采集烟叶温湿度、碳化等指标。

场景 3：卷烟生产，即系统通过比对生产 BOM 和物料条码防止物料错误使用；AOI 等在线监测仪器进行自动检验；工艺质量的预测与自调整、自优化。

场景 4：产品销售，即全过程批次信息进行质量问题自动追踪和定位分析。

二、单点案例方案

（一）质检云平台

利用人工智能、机器人、物联网等先进技术，打造统一的全厂 AI 质检云平台，满足卷烟厂各种质量管理应用场景的质检需求，同时，通过对质量缺陷进行

定义与统计，可以分析归纳出不同机台、不同香烟之间的缺陷规律，进而为后期生产工艺提升提供事实依据。

全厂AI质检云平台可以打破原有的工控机模式，采用端—边—云一体化的三层网络架构，各层级分工明确，端侧负责图像采集和动作执行，边侧负责图像推理计算、综合检测结果的下发，云侧负责训练、算法优化和大数据分析、存储等，以高带宽有线网络作为承载网，相互协作。AI质检云平台通过算法模型、配置参数全网统一下发，各个设备的检测标准可以做到设备间的统一，避免出现质量标准不统一的情况，也方便用户统一管理模型和配置。同时，人工智能的算法具备自学习和人工介入重新学习的能力，针对漏检和误检的烟条，算法模型不断优化，漏检率和误检率最终无限接近于零。

1. 业务应用

基于质检云平台，可结合烟厂个性化的质检要求及缺陷管理过程，提供满足卷烟厂内各个生产线的产品质量检测、生产设备监控、产品质量追溯等业务功能。

2. 云侧：云平台

云平台提供IaaS及PaaS服务。在IaaS层，提供硬件设施，包括覆盖全厂的万兆全光网络、核心网络设备、提供算力的服务器、存储服务器以及云化虚拟技术等；在PaaS层，提供各种软件平台，包括数据中台、AI中台、知识图谱等，完成数据处理、数据建模，建立不同应用技术方向知识图谱。

3. 边侧：边缘计算

采用集计算、存储、应用核心能力为一体的开放平台，为终端用户提供实时、动态和智能的服务计算。边缘计算服务可以实时、快速地进行数据处理和分析，让数据处理更靠近源头，缩短延迟时间；可以持续学习，根据用户需求调整数据模型，带来个性化互动体验；提高应用程序效率，让应用程序可以更高效、更快速地运行。

4. 端侧：生产设备

结合烟厂生产设备和生产工艺要求，在生产设备端装配工业2D相机、工业3D相机等专业传感器，集电气自动化、光学、机械为一体，实时采集各生产线生产过程产品质量数据。

（二）烟支外观在线监测

由于卷包机械的产出速度越来越快，因此在烟支外观检测环节对检测速度和响应速度的要求特别高，须使用高速相机在产线抓拍实时烟支外观图片，并采用深度学习神经网络算法，通过对烟支外观缺陷的视频进行大数据学习和训练，在边缘侧以嵌入式方式快速完成烟支外观检测内容并就近联动控制机构，完成控制闭环。同时，在使用过程中运用机器学习原理，用实时数据不断迭代优化算法模型和参数，可不断提高判别精度，有效提升烟支的出厂品质。

此外，可将检测结果数据作为实时记录上传到云端，可用做进一步的离线分析和工艺仿真用途，并充实到知识图谱库中，实现烟厂烟支检测工艺环节的工业大数据的采集和治理。

（三）烘丝机出口水分智能控制

通过工业大数据分析技术，对影响工艺质量考核指标的过程参数，如工艺参数、设备控制参数、环境温湿度等，进行关联性分析，梳理出关键工序的关键工艺指标；建立关键工艺指标与质量考核指标的机理关系模型，同时利用积累的大量历史数据进行数据驱动的建模，构建工艺质量关键控制参数的预测模型、控制模型、预测预警模型。

搭建智能模型运行管理平台，利用实时数据对模型进行在线验证及优化，实时计算在当前运行条件下的最优控制参数，并下发到松散回潮、烘丝设备控制器执行，使工艺指标贴近控制中心值，降低工艺质量的波动。大数据分析：基于烘丝机生产过程数据，采用模型预测控制技术、多元时间序列分析预测等大数据分析技术，对烘丝机出口水分进行预测。动态调优：根据预测情况自动计算最佳的控制参数及调整值，减少对人工经验的依赖，进而达到水分控制的稳定性。

图 6-6 为烘丝机出口水分智能控制技术流程。

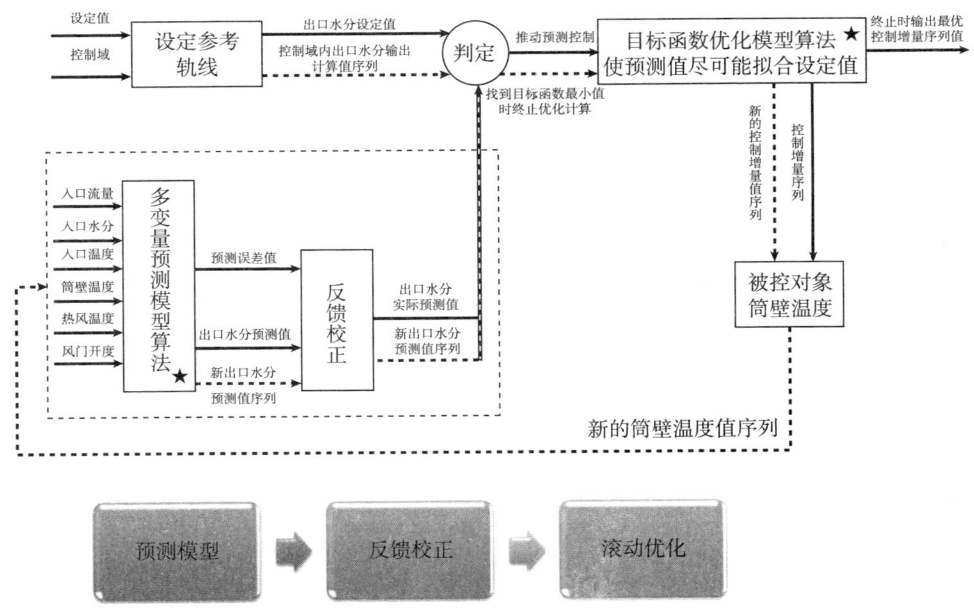

图 6-6　烘丝机出口水分智能控制技术流程

第三节　物流管理

卷烟智能工厂中的物流管理，将利用先进的数据采集技术、智能搬运技术、无线通信技术等对物流仓储信息进行采集、传输、加工、存储和监控，能够对整个物流仓储上每个环节进行全程的记录，实现智能化的物流管控。

一、智能化场景流程

场景1：月度收发货计划，即根据物流资源和收发货需求自动测算运输资源需求及仓储库容需求。

场景2：生成入库时间窗口，即计划根据物资发货及到货计划，按照模型测算出入库窗口计划。

场景3：最优路径规划，即根据车辆运输路线相关因素（路线费用、到货时间等）制定最优化的运输路径。

场景4：车辆驾驶员匹配，即根据现有驾驶员资源以及收发货安排，筛选最符合上岗的驾驶员。

场景5：园区排道排车（智能园区），即智能园区管理设备在车辆到达后，通过智能化显示屏以及驾驶员手持终端，传递车辆进场相关信息。

场景6：根据动态拣货计划，进行智能拣货，即利用智能手持终端接收拣货指令以及拣货策略；拣货人员到达指定库位后，通过 RFID 扫码确认产品信息并拣出所需货物。

场景7：扫码装车，即仓储操作人员通过扫码设备对成品进行扫码确认出库；驾驶员与车辆及货品进行合照并将合照通过智能手持终端上传至运输管理系统（Transportation Management System，TMS）。

场景8：在途追踪及安全监控，即利用电子围栏以及 GPS 捕捉车辆在途位置信息，通过智能汽车行驶记录仪（VDR）实时记录驾驶员行为（超速等），利用智能摄像头监控驾驶员是否有违规行为。

场景9：承运商动态调整到货预约时间，即驾驶员及仓储人员利用手持终端接收收发货计划，并就系统所建议的动态收发货计划进行接收、沟通及确认。

场景10：园区排道排车（智能园区），即智能园区管理设备在车辆到达后，通过智能化显示屏以及驾驶员手持终端传递车辆进场相关信息。

场景11：质检及扫码上架，即仓储人员通过扫码设备对货品进行扫码入库，并根据系统给出的库位规划信息进行上架，通过手持终端对货品库位 RFID 信息进行绑定。

场景 12：在库管理，即利用温湿度监控设备对库区内的货品进行实时监控，例如温湿度监控等运用 RFID 进行自动盘点、在库质检预警等。

场景 13：根据生产计划，进行智能配盘，即接收配盘指令进行自动配盘。

二、单点案例方案

（一）视觉自动盘库

目前在烟厂广泛运用了高架库来存储物料，并且使用了码垛机器人实现了自动上下料的无人化操作。但是对于库存物料的定期盘点仍然是采用人工的方式，没有财务上可信和可靠的自动化方法。

可采用视觉识别的方式，采用工业相机针对物料的标签和外形进行拍摄，同时用 AI 技术识别标签上的条码等规范化打印数据，以及其他非标准数据或手写数据，并核对物料外观外形、确认物料型号。然后对整个高架库的所有库位和库存物料进行自动遍历并计数，最终实现高架库库存物料的自动盘库。这种方式可以解决人员手动盘库带来的不便和困扰，由于是全自动化处理，可信度和可靠性得到保证，并且可以在不影响生产的前提下，增加盘库频率，及时发现库存问题，具有现实的价值和意义。

（二）云化 AGV

AGV 在卷包车间辅料运送环节已有广泛的应用，目前需要增强 AGV 的使用效率，降低使用成本。可以通过 5G 网络灵活实现网络部署，充分发挥 AGV 的作用，拓展更多的应用场景，例如废烟支废材料回收、滤棒配送、丝束配送等。

云化 AGV 满足了工厂对于 AGV 线路灵活、设备成本较低的需求，与 5G 结合后，“5G+云+视觉导航”形成一套基于云化共享管理、集中智能调度，且高速稳定可靠的智能搬运系统，在降低成本的同时提升搬运效率。

1. 应用系统组成

云化 AGV 应用系统构成主要包括 AGV 本体、控制与调度系统、5G 网络等。AGV 自带控制与调度系统，可实现基础功能（见图 6-7）。

（1）AGV：AGV 系统主要由 AGV 小车、地面导航定位系统、充电系统、智能网关无线通信、车载 PLC 及 AGV 云平台组成。其中智能网关安装在小车车体内部，可利用 CPE 或内嵌 5G 模组接入 5G 网络，连接云端，通过云化部署的 AGV 自带平台或定制化开发应用，实现对 AGV 的指令下发及控制。

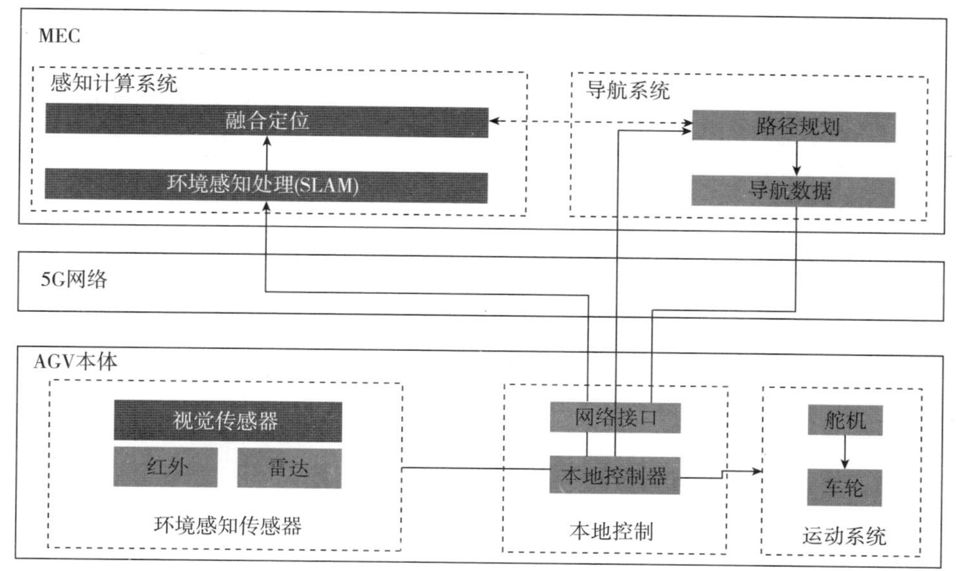

图 6-7 云在 AGV 技术架构

（2）控制与调度系统：对 AGV 自带控制与调度系统或定制化开发的应用进行云化部署，可根据 AGV 小车上报的位置及状态信号监控系统内所有 AGV 小车的运行状态，当出现异常时完成报警操作；还负责采集输送系统内各站点的输送需求，根据各输送站点的信号状态自动分配 AGV 小车的任务，并可对接仓储管理系统、导航规划系统等，实现云端统一调度管理、全局的路径及避障规划，提升 AGV 使用效率。

（3）5G 网络：提供全面、高可性的无线信号覆盖，保障 AGV 与云端交互的低时延及高可靠性；未来还将通过 5G 网络的定位能力为 AGV 提供初定位信息，可以更快速匹配更小范围内的地图数据，加快融合定位的计算速度，提升效率。

2. 云化部署

5G 网络低时延、高可靠的特点，允许将 AGV 控制与调度系统部署于云端，调度系统通过 5G 网络数据传输与 AGV 实时通信，实现信息交互。该调度系统采用集中调度管理方式，控制台根据生产管理系统下达运输任务，通过 5G 网络传递给指定的 AGV。同时，也可将 AGV 上位机运行的定位、导航、图像识别及环境感知等具有复杂计算能力需求的模块上移到 5G 的边缘计算服务器，突破 AGV 终端的计算能力和存储的限制，提高智能化程度。

3.5G 网络

需要在 AGV 可活动范围内进行室内 pRRU① 全覆盖，资源配比不小于 7∶3，间距不超过 50 米，且所有 pRRU 配置为同一小区。运营商网络内需要对终端号码进行固定 IP 管理，即每个 CPE 启动时，需要分配固定 IP，不可随机分配，因为可能会出现每台 CPE 在掉电后更换 IP 地址的情况。

第四节　设备管理

卷烟智能工厂的设备管理将利用先进的实时传感设备、数据采集技术、智能分析技术等实现对设备状态分析、设备运维指令发送、设备部件状态自调整、自动创建运维工单及工单完成情况监控，能够对整合设备管理运行每个环节进行全程记录，实现智能化的设备管理。

一、智能场景流程

场景 1：根据产能需要和产线布局规划等要求，提出设备购置需求，进行采购。

场景 2：设备采购入厂进行安装调试。

场景 3：根据历史经验数据模型及相关技术文件制订维保策略和维保计划。

场景 4：用嵌入在工厂机器或能源管网中的传感器对状态进行监控，形成稳定的数据流。

场景 5：数据通过终端网关路由到边缘层或云端进行分析和存储。

场景 6：数据在终端和云端得到分析，并提供对机器和能源管网状态的分析，比如在接下来的 1 个周期内发生故障的概率或对产品质量的影响等。

场景 7：异常会触发机器的自动预报警，对不需要人员进行维修的预警，自动调整设备部件状态；对需要人员进行维修的预警，报警创建具有适当优先级的运维工单。

场景 8：工单生成后自动与维修人员进行技能匹配，维修技术人员进行检查并进行诊断和维修。

场景 9：班组人员可扫描设备上的二维码，在移动终端上查询并访问该类设备的技术专家库。通过一步步的可视化操作指导，以及相关图片和视频展示，班

① pRRU，即微型/皮站射频拉远单元。

组人员可以按照指引进行设备的正确检修和抢修操作。

场景 10：现场安全管控，包括危险因素在线监测、人员定位。

场景 11：班组人员对机器进行必要的维修，并在移动设备上标记工作订单已完成。

场景 12：维护完成后，设备状态显示正常，机器可以再次使用。

场景 13：对设备自动调节和维修结果进行分析，指导维修计划动态调整。

场景 14：根据设备报废规定，将需要报废的设备进行淘汰报废处理。

二、单点案例方案

实现设备全生命周期管理的信息化系统，针对维修、更换，实现设备管理的智能规划，可以从如下四方面着手：①量化健康状态，建立设备健康状态评估模型和评价指标，形成对设备健康状态的量化评估；②状态维修策略，解决极易造成维修"过剩"和"不足"的问题；③维保效果测量，针对设备维修保养，采用试车方式进行效果评价，形成周期性、综合性、趋势性的评估；④结合行业设备管理要求，导入设备精益管理思想，推行精益管理方法，综合结合设备备件的库存及采购一体化管控供能，实现设备全生命周期管理。

要实现设备全生命周期管理，最重要的基础就是实现设备的大规模数采。借助 5G 网络大带宽、广连接的特点，可实现对制造企业生产制造全流程制造资源数据的采集与传输。

大规模数据采集方案主要包括数据采集器（各类传感器）、工业设备、5G 专网、工厂数据采集系统等。各类传感器可采购合作伙伴的设备；工业网关可采用中国移动自研设备；工厂数据采集系统可依托中国移动上海产业研究院（以下简称"上研院"）工业互联网平台进行模块重组、定制化开发部署，或利用工厂已有系统能力。边缘计算与采集硬件的关系如图 6-8 所示。

硬件设施包括：①采集器，工业网关以及各类具有数据上传能力的传感器等，用于采集设备数据、环境数据等信息；②工业设备，包括工厂现场的加工设备、工业机器人、AGV、非标自动化产线、工业动力装置等；③5G 网络，利用 5G 网络大连接、大带宽等特性，实现大量数据的并发性采集，同时通过打造 5G 专网部署的 MEC，实现采集数据不出厂区，保障生产数据安全；④数据采集系统，提供边缘网关资源管理、数据管理、策略管理、告警及事件管理、可视化生产管理系统、可视化电子看板、可编辑组态、定制大屏看板、程序管理与传输、设备综合效率（Overall Equipment Effectiveness，OEE）等功能。

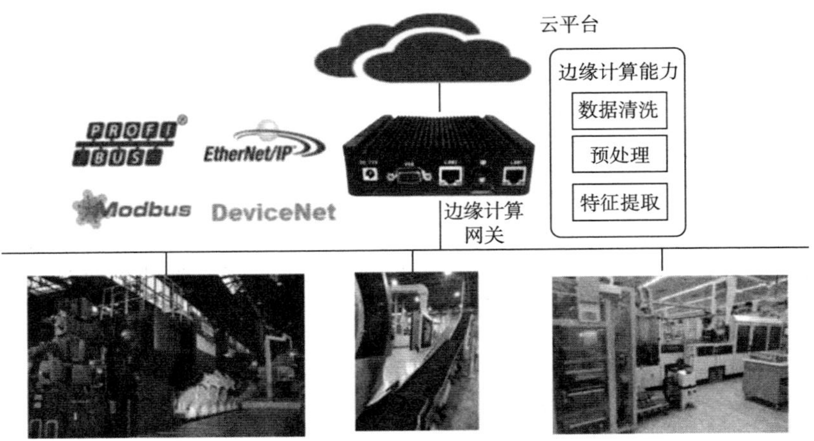

图 6-8　边缘计算与采集硬件的关系

应用方案部署包括：①终端部署，基于工业网关的 I/O 口、网口和串口，可以分别连接工业现场的各类传感器、工业设备、变送器、PLC 等。目前，工业网关支持主流的工业通信协议；②网络部署，一般分为两种情况，一种是通过 5G 网络完成数据采集，另一种是通过有线网络完成数据采集；③数据采集系统，根据不同的需求，可以提供公有系统也可以提供私有化的部署。公有系统可为烟厂提供域账号，并进行初步的 UI 设计，将烟厂现场的数据上传至公有云，系统功能可根据需求进行标准化配置，如 GIS 管理、数据管理、策略管理、告警及事件管理、可视化生产管理系统、可视化电子看板、可编辑组态、定制大屏看板、程序管理与传输、OEE 等功能选配。私有化的部署可为烟厂提供本地化的部署服务，烟厂独自拥有系统资产和使用权。可以基于高性能服务器进行部署，也可以基于私有云进行部署。

第五节　动能管理

卷烟智能工厂的动能管理，通过对动力设备的实时感知，建立一套完整的能源生产、转换、消耗的仿真模型，实现能源保障由粗放式供给向精准供应转变。

一、智能场景流程

场景 1：接收生产计划。

场景 2：基于生产计划，通过模型仿真计算能源需求。

场景 3：根据能源需求，通过知识专家库辨识能源设备的最佳组合。

场景 4：根据生产现场需求，执行能源供给（生产用能：卷包、制丝车间；非生产用能：办公与后勤），并实时监控生产现场设备用能状态和能源设备状态参数。

场景 5：通过实时数据驱动模型计算合理的能源设备参数，以达到精准控能要求。

场景 6：能源供给完工，进行统计分析，持续优化模型，并通过模型仿真自动辨识节能点。

二、单点案例方案

生产过程的精准供能，是在设备运行策略管控的基础上，综合全生产组织信息，在一体化平台中依据生产工单智能调配选择设备运行策略，生产组织方式、能源供应品质等。生产过程中实时追踪生产数据，精准控能并从能耗数据中反馈生产组织情况、设备运行情况。

（1）三层框架：搭建合理的系统框架并利用人工智能方法实现能耗的整体优化。系统框架可以采取三个层级合作构建的耦合形式，即基于大数据技术的大数据决策、PLC 控制系统和设备层共同协作。

（2）迭代优化：结合气象精准推送的供能模型的建立和不断迭代也需要大量的系统运行数据作为基础。

图 6-9 为多系统协同精准功能的应用示例。

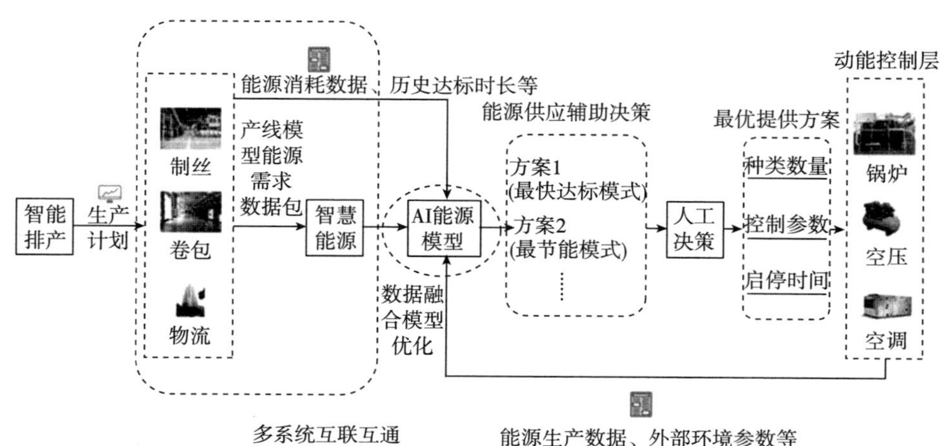

图 6-9　多系统协同精准功能的应用示例

第六节　现场管理

智能工厂的现场管理包含了人、机、料、法、环五大要素，其他要素在其他章节已有介绍，本节将介绍卷烟工厂的现场管理中，人的行为规范管理，以及点检、培训方面的智能化方案。

一、行为规范监测

利用5G视频安防监控终端采集高清视频，实时回传并在云端服务器进行模型训练与目标识别，实现对人员的安全着装规范检测、定制化行为识别、生产机械安全识别、危险行为识别、危险源检测及危险区域的人员误入报警等应用。

（一）应用系统组成

视频监控系统主要包括前端设备、智能安防监控平台、网络等。前端设备包括摄像头等，通过网络与平台实现连接，为平台实时传输现场数据。智能安防监控平台是中国移动自研平台，依托移动高速网络，面向行业用户提供整体视频监控解决方案，用户可通过手机客户端或PC端，随时随地查看实时监控视频并接收异常报警消息；同时上研院具备AI算法自研能力，可定制化开发，实现算法训练、安防样本积累等功能。前端设备通过专线/Wi-Fi/4G/5G等多种网络接入方式连接平台，实现基础监控、统一管理及智能应用等功能（见图6-10）。

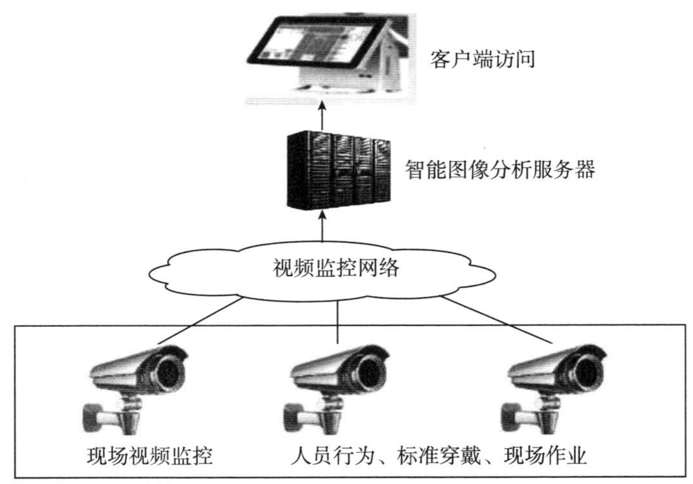

图6-10　安防监控系统框架

（二）应用方案部署

提供软硬结合的安全生产监控方案，基于厂区、车间内摄像头采集的图像，监测员工是否符合安全着装规范、作业规范，检测员工及作业车辆的违规离岗、违规闯入、违规停留等行为，综合评估厂区的合规度，为企业评估安全生产管理状况并采用有针对性的提升方法提供精准依据。

前端设备为高清摄像头，可复用已有的摄像头设备，或采购高清设备，部署在需要采集图像的区域，通过网络实时将采集的图像传输至安防监控平台。安防监控平台的部署方式分为标准部署和专属部署两种。标准部署指平台部署在移动公有云，用户只需在图像采集侧部署千里眼前端设备采集现场图像，通过开通账号即可实现监控、管理等功能；专属部署指为用户提供定制化部署方案，根据需求制定平台及前端设备技术规范，更好地满足安全等方面的要求。

二、点检与培训

AR（Augmented Reality）是增强现实技术，就是在真实的画面上叠加数字化信息。增强现实技术在工厂的现场管理中有不少应用，主要包括以下两个方面：一是 AR 点检。点检工作是对生产设备的定期检查，确保设备的良好运行，可以避免设备故障导致的生产损失。5G+AR 点检可以使点检过程更加智能化，实现点检路线预规划，并配合图像、物联网传感器数据的采集与展示分析，对点检设备数信息进行数字化记录与存储，提升点检工作准确率和效率，为后续溯源提供准确信息。二是 AR 培训。一线工人数量多，流动性大，水平参差不齐，员工可通过 AR 眼镜（或 VR 头显），在虚拟环境下自主学习多媒体标准化培训教程。通过预先搜集的教学素材，基于工厂侧的生产工艺进行培训教程的模型编辑和制作，最后通过 4G/5G/Wi-Fi 网络实时推送至新员工佩戴的 AR 眼镜，并与现实实体进行画面融合（见图 6-11）。

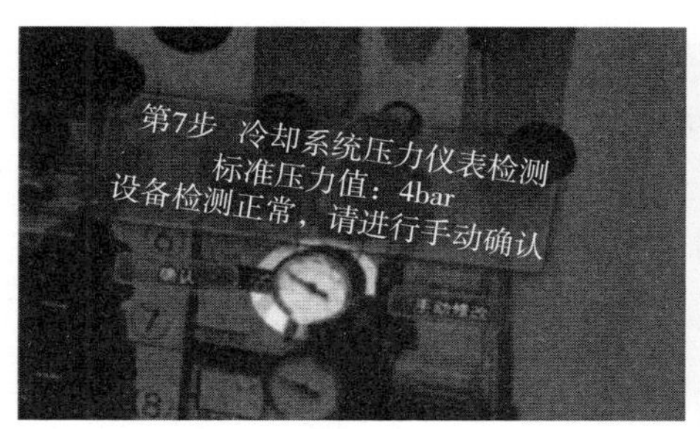

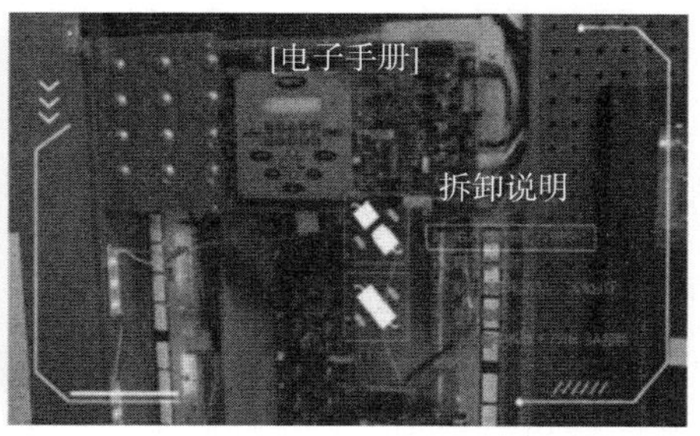

图 6-11 AR 点检和 AR 培训场景

（一）应用系统组成

AR 点检和 AR 培训的系统组相似，主要由智能硬件、AR 模型、网络等组成。智能硬件包括 AR 眼镜、智能手机、平板电脑等（见图 6-12）。

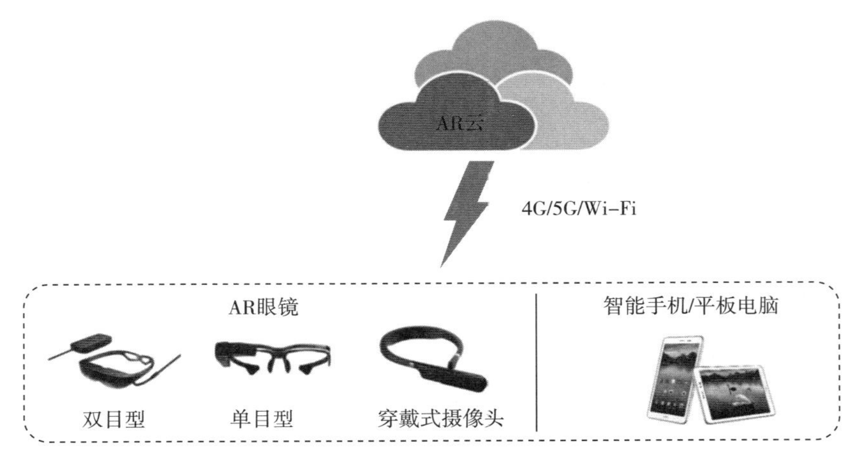

图 6-12　AR 点检和 AR 培训系统架构

（1）智能硬件：优先推荐使用 AR 眼镜。AR 眼镜基于 Android 系统，配备通信模组（4G/5G/Wi-Fi）、电源、音视频处理模块，可通过自带的广角摄像头获取现场高清图像（1080P/720P），并通过高清显示屏（单目/双目）展示虚拟现实融合叠加后的高清图像。若出于成本考量，也可以考虑使用智能手机/平板电脑作为替代方案。

（2）AR 模型：根据烟厂需求内容进行模型及算法设计。

（3）网络：AR 操作培训涉及 2D/3D 实体（如设备零部件、操作台）识别，以及大量经过渲染处理的多媒体素材分发，因此对于网络延时和上下行带宽较为敏感，建议依据实际项目优先选择 5G 网络。

（二）应用方案部署

以 AR 培训为例，2D/3D 实体差异性较大，识别算法需要不断优化，建议采用“私有云”部署模式：在部署模式方面，自建软件平台，以及配套云网资源；在软件平台方面，基于标准套件进行定制化开发，未来扩容成本较高；在智能硬件方面，一次性采购。

在实际项目中，识别算法需要根据 2D/3D 实体的外形、纹理、颜色等特征进行抽取和识别，然后将 AR 效果与 2D/3D 实体的位置进行精确匹配，整个过程需要基于标准算法不断优化。

第七章　卷烟工厂数字化转型的组织人才体系

卷烟工厂数字化转型还有一部分重要的任务是建立适合的组织管理体系，数字化技术让企业的“三流”（物流、资金流、信息流）得到了前所未有的“融、通、达”（融是融合，通是联通，达是触达），这使得打破企业的部门屏障，进行业务之间的大规模协作成为可能。

在数字经济时代，并不是企业建设了一些面向互联网场景的系统，或是采用了一些互联网技术就是数字化转型，有志于开展数字化转型的传统企业将会逐步转型为某种意义上的科技公司。企业从自身角度出发，自然希望通过科技手段来提升业务效率，构建核心竞争力，而传统企业有足够丰富的业务场景，这为打造核心技术能力创造了得天独厚的条件。在这个过程中，传统企业沉淀了对行业甚至对社会有价值的能力，从而可以将这些能力对外输出，像其他科技公司一样将这些数字能力变成企业营收的来源。传统企业以前可能是通过卖衣服、卖汽车、提供金融服务获取营收，将来会有越来越多的企业通过在这些业务场景中沉淀的科技能力进行对外的商业输出，赚取除传统商品销售利润之外的营收。一家企业从销售传统商品转变成具备传统产业能力+科技能力，从某种程度上来说是业务模式的转变，这势必会对企业的组织、人才、协同机制提出更高的要求。既然企业加入了科技公司的行列，就需要在与其他科技公司的竞争中具备自身的核心竞争力，而竞争力的打造来自产品、交付、组织、运营等多方面。比如产品研发团队需要专业的产品设计、软件工程能力，这就对很多传统企业的信息技术团队提出了更高的要求。

数字化转型建设需要非常专业的团队才能驾驭，数字化转型一定不是在现有组织、人员能力保持不变或变化不大的情况下就能做好的，随着企业数字化进程的不断推进，企业的组织模式、人才结构也需要做出一定的变革和调整，以满足企业数字化战略的落地。

第一节　数字化组织的特征

数字化组织是相对传统组织而言的，而所谓的传统组织本质上是工业社会的产物。工业社会讲求大规模、标准化生产，人们成立组织，制定一系列条条框框的制度、绩效、规范，通过“金字塔”式的科层级结构来管理员工，员工也必须服从组织。组织通过明确的制度和控制，来“使人更勤奋地工作”，从而提升生产效率。

传统组织的优点在于易于管理和监控，但是缺点也十分明显，就是决策效率低，臃肿而僵硬，权力集中在上层，下层的决策空间小，创新潜力无法释放。尤其是当下数字化的浪潮正在重塑各行各业，业务变化万千，不确定性增强，这种传统组织的问题表现得越来越突出。因此，企业需要建立一个与之相匹配的数字化组织，以应对变化，化挑战为机会，提升企业的竞争力。

一、数字化组织是网状化组织

数字化组织打破了传统“金字塔”式的科层组织，形成以“最小经营单元”为中心、扁平的网状组织机构。这种组织机构打破了业务的边界，一个团队、一个小组甚至是一个人都能够成为网格中的一个节点（中心），极大地提升了员工的积极性和自主能动性，释放每个员工的潜力，让企业保持大企业规模优势的同时，也具备小企业的灵活性。

二、数字化组织是平台化组织

平台化组织具有小前台、大后台、强中台的特点，能够让客户需求驱动企业决策，让员工从听领导的到听客户的。无论是稻盛和夫的“阿米巴”组织模式，还是阿里巴巴的“小前台+大中台”的组织模式，或是海尔的“小微”“人单合一”模式，其核心目的都是希望能够促使组织管理更加扁平化，使得管理更加高效，提高组织运作效率，使业务更加敏捷灵活。

三、数字化组织是自驱型组织

如果把组织比喻成一列火车，那传统的组织就是“绿皮车”，特别强调“火车头”的作用，“火车跑得快，全靠车头带”就是形容领导在组织中的管控和带头作用。在数字化时代，“绿皮车”已经不能满足企业的快速发展要求，企业需

要“每节车厢”都能够提供动能的“高铁”，即自驱型组织，能为员工提供发挥才能的平台，激活每个个体的创造力、能动性。

四、数字化组织是数驱型组织

数驱型，即数据驱动。传统企业的管理更多的是以从上到下的权威命令的方式进行驱动的，下级根据上级的指令进行开展生产经营活动并反馈结果。而对数字化的企业来讲，权威的不再是上级的命令，而是能够记录现象、描述事实、预测未来的数据。数据是企业的核心资产，数据流决定了物流和资金流，并为企业的管理决策提供重要依据。

五、数字化组织是学习型组织

当下，我们身处在一个科技迅速发展、市场瞬息万变、不确定因素诸多的环境中，需要企业为员工提供一个学习氛围浓厚的学习型组织，不断提升员工的知识和能力，以应对这种变化带来的不确定性。学习型组织能够充分发挥员工的创造性，是一种有机的、高度柔性的、扁平的、符合人性的、可持续发展的组织。

第二节　数字化组织的内涵

相较于传统的组织架构而言，数字化组织具有网状化、平台化、自驱型、数驱型、学习型的特征形式，但是数字化组织应具备“赋能、共生、协同”三个特征内涵。只有一个组织具备了这样的内涵，才是一个真正的数字化组织，才能支撑起企业的数字化转型。

一、关于赋能

第一，赋能就是通过给予员工一定的信任、激励、培训和一定程度的压力，让员工的思维方式、业务技能不断提升，从而帮助企业提升竞争力。

第二，赋能就是给予员工更多的信任。信任是一个个体或组织成功的关键因素，它不仅是一种美德，更是一个有形的推动力，是一项可以通过学习掌握的、可测量的技能。

第三，赋能就是给予员工更多事前的激励。传统企业管理的激励，更多侧重事后激励，而数字化组织的赋能在于事前激励，通过事前激励鼓舞人员斗志，激发人员的潜力，从而帮助企业提升竞争力，获得领先优势。

第四，赋能就是给予员工更多的培训。数字化组织是一个学习型组织，企业需要有意识、有计划地做好对员工的培训和培养。赋能培训可以开拓员工的思维和视野，建立数据思维、培养数据文化；赋能培训可以提升员工的专业技能，提高工作效率。

二、关于共生

第一，共生信仰。其核心在于“自我约束，无我利他”，即不能只考虑自己，要考虑能不能帮助别人；不要致力于做竞争和输赢，而是致力于成长。

第二，顾客主义。企业不仅需要以“为客户创造价值，帮助客户成功”作为长期价值观，也需要让客户参与到企业价值创造的过程中。因此，这个层面的共生，包含企业与员工的共生、企业与客户的共生、企业与生态的共生。

第三，技术穿透。“数据连接一切，数据驱动一切，数据重塑一切”，科技推动社会进步，技术可以重组产业、重组组织、重组市场空间、重组发展，这一系列重组，其实就是对各个行业的重新定义。

三、关于协同

在工业时代，分工让社会的生产效率得到了大幅的提升。而在数字化时代，人们逐渐发现，分工的边界越清楚反而效率越低、反应速度越慢，这就是长期以来“金字塔”式组织模式下滋生出来的“大企业病”。而破除“大企业病”，实现效率提升最有效的方式就是“协同”。在万物互联的数字化时代，影响企业绩效的因素不仅在于企业的内部环境，外部环境也成为影响组织绩效的关键因素，在这种情况下，企业必须打破分工的边界，实现跨业务、跨部门、跨企业、跨领域的融合和协同，才能使企业保持领先。

第一，打破企业内部的部门墙。基于数字化技术打通企业各系统之间的“信息孤岛”，实现信息共享；建立端到端的业务流程，打破企业的部门墙，实现跨部门的协同、协作；加强部门与部门之间的沟通和关系协调，使企业各项工作得到有效落实，使工作效率提高，从而促进企业的健康长远发展。

第二，打破企业的外部边界。企业边界是以企业核心能力为基础，在市场的相互作用下产生的经营范围和经营规模。技术的进步导致生产者和消费者的边界被打破，行业的边界变得模糊，传统行业被颠覆，组织管理方式应随之改变。企业应当打开外部边界，融合新的能力，以应对未来的变化。

第三节 数字化人才

在企业数字化转型的大背景下，一场数字化人才的抢夺战已悄然打响。2019年，华为发布“鲲鹏高校人才计划”。同年，腾讯正式发布“犀牛鸟精英人才培养计划”。2020年，百度在人工智能领域推出两个“500万”计划：预计到2030年，百度智能云服务器台数超过500万台；未来5年，预计培养AI人才500万名。而阿里巴巴早在2013年就推出了“阿里星人才计划”，布局数字化人才的培养。事实上，争夺数字化人才的不只有“BAT”、华为这些头部科技公司，各行各业都已经加入这场数字化人才争夺战中了。

企业在推进数字化转型的过程中需要数字化人才，企业的数字化人才梯队的建设应包含数字化管理人才、数字化专业人才和数字化应用人才三个方面。

一、数字化管理人才

在企业数字化转型中，无论企业高层的管理者，还是技术团队的领导，抑或是业务团队负责人，都需要数字化的管理人才。数字化管理人才拥有数据化的思维并具备数字化战略的头脑。数字化管理人才能够在分析企业的现状、需求和现有的数据基础之上，站得更高、看得更远，把握行业未来，洞察市场变化，抓住本质问题，勾勒前瞻蓝图、规划务实计划、监控落地执行。数字化管理人才在企业数字化转型中发挥着重要的作用，他们既是企业数字化战略的制定者，也是数字化转型的执行者。在企业数字化转型的过程中，数字化管理人才将发挥带头作用，将数字化的观念持续灌输给每一位团队成员，进而引导团队协同合作，完成企业数字化目标。

二、数字化专业人才

数字化专业人才是应用数字化技术推动企业转型的关键人员，他们是数字化产品和应用的缔造者和开发者，为企业构建数字化的基础架构和应用环境。数字化专业人才聚集在专业数字化技能打造，主要包括产品经理、研发工程师、数据工程师、应用架构师、算法工程师、前端设计师、运维工程师、运营工程师、硬件工程师等。企业数字化转型，人员结构必然发生改变，而专业的数字化人才能够根据企业的需求进行数字化平台搭建和维护，并能够对企业所产生的数据进行采集、存储、处理、分析、治理等一系列专业处理，从而让企业的数据产生洞察力，并发挥出最大的价值。数字化专业人才是企业数字化转型的基石，对企业的业务创新发挥着重要的作用。

三、数字化应用人才

企业数字化转型除需要数字化管理人才、专业技术人才之外，也需要能够将现实中的业务场景在数字化世界应用起来的数字化应用人才。数字化应用人才既是企业的业务骨干，也是使用数字化工具的“行家里手”，在企业的市场营销、财务管理、人力资源、供应链管理、生产制造等业务领域中，都需要引入和培养优秀的数字化应用人才。在企业数字化转型的过程中，数字化应用人才负责提出数字化需求、制定数据标准、定义应用场景、使用数字化工具、输出标准的数据。坚持“以终为始”，通过“数字化技术+应用场景”相结合，规范输入、标准输出，实现“业务数据化”。通过数据的不断累积、采集、融合、计算、处理、分析、挖掘，产生新的洞察力，指导业务开展和管理的决策，实现“数据业务化”。

数字化领导人才、数字化专业人才、数字化应用人才构成了企业数字化转型的人才生态，而卷烟工厂的数字化必须依靠数字化的组织和人才才能完成真正意义上的转型。

第八章　卷烟工厂数字化转型的结果评估

第一节　评分方法

将采集的证据与成熟度要求进行对照，按照满足程度对评估域的每一条要求进行打分。根据《智能制造能力成熟度评估方法》（GB/T 39117-2020）成熟度要求满足程度与得分对应表如表 8-1 所示。

表 8-1　成熟度要求满足程度与得分对应

成熟度要求满足程度	得分
全部满足	1.0
大部分满足	0.8
部分满足	0.5
不满足	0

第二节　评估域权重

根据卷烟工厂的特点，主要评估域及推荐权重如表 8-2 所示。

表 8-2 卷烟工厂数字化转型评估域

一级指标	二级指标	分值	说明
工厂建模水平	生产布局模型定义		生产布局模型代表制造二厂的物理部分，用以定义与维护生产组织形式与设施等物理部件模型，包括工厂定义、组织定义、位置定义、员工定义、角色定义、（设备）资源定义等功能，其中资源包括设备、部件、文档等
	工艺流程模型定义		工艺流程模型代表信息模型的控制部分，用以定义与维护糖香料、制丝、滤棒与卷接包等工艺流程步骤的顺序，包括生产线定义、工段定义、工序定义、控制段定义、设备与工序关联、设备与控制段关联等功能模块
	工艺质量模型定义		工艺质量模型代表信息模型的控制部分，用以定义与维护生产过程中的工艺、房量控制参数，包括工艺参数定义、标准维护、控制模式定义（标偏、CPK 等）等功能模块
	生产执行模型定义		生产执行模型代表信息模型在实际运行时所影响的相关部分，用以跟踪制造现场产品与资源的状态与历史，以提供生产活动的实时可视化，包括跟踪控制定义、实时在制品状态与谱系定义、实时机器状态定义等功能模块；同时依托逻辑模型，配置业务驱动节点及触发条件，定义停机事件模型、质量报警模型、工单管理模型、用户自定义的生产事件模型等
	产品谱系模型定义		产品谱系模型代表信息模型的控制部分，用以定义与维护在糖香料、制丝与卷接包生产过程中所涉及的产品谱系模型，包括产品结构定义、叶组配方定义、物料清单定义等功能模块
	工作日历维护		主要包括工厂/车间/班组生产日历、操作员排班计划、设备开动计划等
全过程批次管理	批次标识管理		支持离线物料全部实现批次标识管理
			支持批次编码生成与维护，实现批次标识的生成、打印和查询统计功能；具体包括批次号生产、条形码/二维码打印、条线码/二维码信息取、RFID 信息写入、RFID 信息读取、批次号查询
	批次过程管理		涵盖醇化、制丝、料香、卷包等批次过程管理，比如对试制烟丝、膨胀丝、梗丝、析出物等离线物料的批次标识、包装和使用登记，并将离线物料、工艺事件与转序物料的批次关联，强化对制丝过程批次任务管理能力
			支持批次生产任务管理，通过与生产排产与调度管理应用集成，将生产工单分解到批按批次组织生产，具体包括批次任务确认、批次任务调整与批次任务下达

续表

一级指标	二级指标	分值	说明
全过程批次管理	批次协同管理		实现物料供应、生产制造、成品交付的批次信息协同；通过支持采购入库的原辅料的批次管理，实现原辅料的质量前移、库存前移，提高原辅料的问题追溯能力，具体包括原辅料大小包装码信息协同、原辅料入库批次信息协同、原辅料在库批次信息协同、生产过程中批次信息协同、半成品批次信息协同、成品入库批次信息协同、成品在库批次信息协同、成品出库批次信息协同
全过程批次管理	批次追溯管理		基于批次标识，支持对原辅料采购入库、领料出库、生产全过程生产、下线入库、出库全过程环节进行跟踪，以展现生产过程中的工艺、质量、消耗、设备、事件等生产历史数据；具体包括原辅料批次跟踪与追溯、生产过程批次跟踪与追溯、成品批次跟踪与追溯等
全过程批次管理	批次拦截管理		基于批次协同和追溯，自动对问题产品、原料、辅料进行快速精准定位，锁定生产在线物料与离线物料（存放在高架库/平库中原辅料、半成品），同时根据管理需要之后支持多维度定位
全过程批次管理	批次拦截管理		基于制丝、卷包、封箱等模块之间的消息互联，支持问题批次定位后的产品拦截、拦截要点/任务确认，故障呼叫减少物料拦截范围，提高拦截效率
全过程批次管理	批次拦截管理		基于批次协同与追溯，支持问题成品与原料的定位，但需人工操作关联
生产排产与调度管理	生产进度计划（月度）		支持月度生产作业计划的锁定周期管理，即可设置生产作业计划控制区间
生产排产与调度管理	生产进度计划（月度）		生产作业计划不允许变更，以便固定某些特殊的需求；针对中烟月度主生产计划变更、设备故障、原辅料保障不足等突发情况进行提示，以便生产调度人员及时对生产作业计划进行相应的调整
生产排产与调度管理	生产进度计划（月度）		与中烟级生产决策指挥系统进行集成，接收中烟下发的厂级月度生产计划并反馈
生产排产与调度管理	生产进度计划（月度）		月度卷包生产进度计划：以中烟月度生产计划为订单输入，汇总设备产能与开动计划、作业人员资源、原辅料储备情况等基础信息，基于排产模型，制订厂级月度生产进度计划，具体包括卷包生产计划与手包进度计划（具体到牌号、日期、设备，未拆分至班组）
生产排产与调度管理	生产进度计划（月度）		月度制丝批次置换计划：基于月度卷包生产进度计划，生成当月的制丝生产批次，同时与原料配方以及香糖料配方进行关联（具体到牌号、日期、设备，未拆分至班组）

续表

一级指标	二级指标	分值	说明
生产排产与调度管理	仿真智能排产		支持基于约束理论模拟仿真的高级自动排产：识别生产瓶颈因素，以生产批次为单位，通过推拉结合的方式，考虑多种策略模拟仿真自动生成多种排产方案，对计划完成、换牌时间、原辅料保证能力、产能、设备开动进行预测，考虑少人化、最低换牌频次完善排产策略，自主对比并选择最优方案，为生产调度人员决策提供支撑，在现有资源条件下实现多规格、小批量生产模型优化，原辅料调拨次数、减少换牌及换牌时间等
			对异常插单现象通过对生产进度计划进行模拟与仿真，实现自适应的动态调整
	生产排产与工单管理（日）		卷包生产日进度计划：基于月度卷包生产计划，原辅料准备情况、产能、设备运行状态、工序衔接情况、生产进度等因素，根据排产策略与模型，制订到机台、设备、班次的卷包排产滚动计划，以满足生产进度要求；包括排产策略制定、排产计划制定、排产计划审核、排产计划调整等功能组件
			制丝生产日进度计划：基于卷包生产日进度计划，测算烟丝需求，生成制丝批次进度计划
			工单管理：基于生产进度计划、结合烟丝库存以及烟丝消耗等情况进行排产，编制生产工单，指导生产设备、人员、物料的调度，具体功能包括作业工单制定、下发、工单执行进度监控、工单调整、工单反馈等，涉及卷包生产作业工单、制丝生产作业工单（制丝、梗丝生产工单）、成型作业工单、香糖料配制工单、成品入库工单、外发烟（梗）丝工单、质检工单、香糖料配置工单、手包工单、计量设备检/校工单
	生产进度计划执行监控与变更		支持对生产进度计划执行的监控，包括计划是否接收、是否已经排产、是否进行生产、进度完成情况等信息的采集、展示与预警；当出现插单、生产异常时允许进行计划变更，支持变更流程发起（通知到相关部门）、审批确认与计划重新发布功能
	生产物料调拨		支持基于日生产进度计划，支持生产领料作业指导：基于滚动的详细日生产作业计划与产品 BOM 信息，综合在线库存，支持领料需求单自动生成、下发，并与原料、辅料仓储作业管理应用进行集成，将领料需求信息传递至储运管理办公室
			基于月度生产进度计划与产品 BOM，自动生成辅料、原料需求与半成品需求（嘴棒与膨丝计划，对比在线库存，触发厂间原料）、半成品调拨需求与采购需求

续表

一级指标	二级指标	分值	说明
生产过程管控	生产执行与监控		增加生产作业环节数据采集点，支持生产全过程实时监控
			集合应用机器视觉、体态识别、异常行为分析预警等人工智能技术，在安全防范、监管实施、质量检测和生产流程管理方面，实现实时监控、自动发现问题、主动预警
			增强生产作业环节预警：支持生产进度报警、工艺质量报警、设备故障报警、设备参数报警、计量器具偏差报警、辅料让步使用报警、温湿度报警、安全作业预警
			与集控数采集成，实现实时数据采集，支持生产部分作业环节监控，包括生产作业过程监控、高架库物流监控、动力生产过程监控、生产车间温湿度监控
			支持生产作业部分环节预警：基于卷包数采与制丝管理系统，实现辅料防差错、物料呼叫报警
	生产作业人员管理		对人员作业行为进行监控，通过实时视频传输，对人员作业的周围环境、工作内容与行为、安全措施进行完整的展现与监控
			完善对人员状态的基础信息管理：增加上岗培训合格与否信息、任务执行信息等维护
			增强对人员作业的调度：基于完善的人员基础信息，提供人员作业决策支持，实现人岗匹配、任务匹配，优化作业资源配置，提高设备有效作业率
			支持对生产作业人员的基础信息管理：人员基础信息、人员与机台对应关系（集控数采系统支持）、到离岗状态管理（集控数采系统支持）
	生产现场管理		结合管理要求，优化看板布局，配套增加可视化看板的数量
			针对生产时段，针对具体工序智能推送相关的生产指导信息，为操作人员提供作业标准与流程支持，包括预警报警、故障诊断、质量信息、设备保养标准、设备维护标准、异常处理流程指导等相关信息
			针对现场的异常与事故开展关联分析，提升现场管理要求
			支持车间现场作业开展与监控，具体包括运行看板管理、物料呼叫（高架库支持）、换牌通知、开班作业管理、班中作业管理、交班管理、工艺检查、变更管理确认、异常提醒、“6S”现场管理

续表

一级指标	二级指标	分值	说明
生产物料管理	物料基础信息管理		用以定义和维护工厂建模之外的物料基础属性，包括物料基本属性定义（物料类别、规格、单位、默认重量）、排产基础数据（物料最小排产单元、物料最优生产设备、物料排产单价）、投料基础数据（最小投料批次）等功能组件
	在线物料管理		支持线边库物料库存数量与状态、生产配送物流状态等信息实时展示，并与物料调拨集成，触发领料需求
			用以定义和维护日常生产相关的物料到货确认、退料确认等，包括车间领料、托盘退料确认、机台退料确认、在线物料机台、虚拟入库、虚拟出库确认、在线库存等功能
	离线物料管理		用以定义和维护离线物料（烟丝入柜、烟丝互拉、回收烟丝、试制烟丝、膨胀丝、梗丝等）的装箱、入库、消耗等信息，包括离线物料入库、离线物料掺兑、废料管理等
	在制品管理		用以在制品（烟丝、嘴棒、烟支等）的临时出入库管理和产成品的入库管理，包括嘴棒装盘管理、嘴棒卸盘管理、烟支装盘管理、烟支卸盘管理、临时件入库（高架库）管理，临时件出库（高架库）管理、产成品入库管理等功能
设备运维管理	设备全生命周期管理		支持设备动态状态信息维护：支持点检、润滑、维修、保养、改造、处置记录维护
			支持设备的长、中、短期产能信息维护
			借助二维码、VR 等技术实现设备全生命周期信息的呈现，实现从设备采购到生产人员领用再到报废即进行从起点到终点的痕迹化的信息管理与展示
			支持设备台账管理，具体包括设备的类型、安装位置、使用部门等基础信息管理，并与财务的资产管理进行关联
			支持设备的长、中、短期产能信息维护
			支持设备维修 BOM 管理，将设备与零备件进行关联，提供从设备查找零备件的功能和从零备件查找设备的功能
	设备项目管理		支持设备项目从立项到结束的整个周期管理，支持项目立项申报、项目任务分解、项目进度过程可视化监控、项目信息查询与统计、项目成果转化
	设备维修策略管理		基于设定的维护基本准则，对维修类别、具体维护项、维护周期、维护标准等信息进行管理

续表

一级指标	二级指标	分值	说明
设备运维管理	设备运维计划管理		支持设备维修和保养多维度计划的管理，包括计划的获取（录入或从其他系统传入）和调整，以及各层级维修计划的关联，在制订和调整维修保养计划时，系统可自动检查其与生产计划的关系，包括是否存在冲突等；能够记录（录入或从其他系统传入）维修/保养的执行情况，并与维修/保养计划进行比较分析
设备运维管理	设备预测性维护执行		支持在关键设备运行状态、历史维修数据采集的及基础上，对数据进行积累分析，判定故障趋势和设备状态趋势，针对性实施预防维护；例如对设备和能源管网的历史运维数据和故障数据进行关联分析，建立数学分析模型，通过对设备数据和能源计量数据实时监控和分析预测，指导运维从被动向主动转变
			支持一般性预防性维修：支持设备巡检（保养）管理：包括保养计划管理（月保计划轮保计划等周期性计划）、设备保养记录管理、设备运行记录管理；支持设备点检管理：包括设备点检计划管理、点检工单管理、设备点检记录管理、设备点检抽检管理
	设备故障性维修执行		细化设备故障记录：支持对设备故障部位组件信息记录
			支持对制丝、卷接包、动力设备故障维修的维修工单分配、维修记录管理等，支持记录故障现象、故障原因、解决办法、故障开始时间、故障结束时间等信息
			支持零星委外维修管理，支持零星委外维修申请审批、实施过程记录、验收等
	设备处置管理		支持设备报废处理，根据预设的条件触发相应的审批流程，系统可自动进行后续的账务处理
			支持设备调拨管理：根据设备调拨的具体情况，系统可创建设备调拨订单，允许用户定义订单状态的转换流程，用户可以定义包括确认订单、发送至仓库、确认运输、发票生成等订单不同订单执行状态，并可设置各状态间的先后控制关系
	设备维修专家库		基于完善的故障运维记录，编制维修经验库，支持维修作业
	设备维修成本管理		支持基于设备维修/保养的执行情况，记录维修时备品备件的领用情况，系统可自动进行后续的账务处理，并提供维修成本核算功能，可将维修工作单上的人工、物料消耗、工具和服务使用情况汇总起来，累计到设备或成本中心

续表

一级指标	二级指标	分值	说明
设备运维管理	设备运行监控与绩效评价		建立设备综合效率（OEE）多维度对比分析：比如对比维修前后/技改前后 OEE 指标分析
			支持设备性能的关联性分析：结合新型传感器实现及对设备状态分析的温度、震动、噪声数据实时获取与监控；结合物耗、产品质量数据，支持设备性能的关联性分析
			支持对设备的生产运行过程、维修过程进行实时监控与预警，便于相关人员及时获知设备运行状态信息安排预先维修，减少故障维修等
			支持设备绩效评价：根据每台设备在不同班组的生产日志、交接班记录和合格产量统计设备的故障停机时间和设备故障停机率、设备有效作业率以及设备运行过程中的关键指标数据，对设备运行综合效率与成本进行管理，包括时间开动率、性能开动率、合格成品率等
	备件领用与退回		支持维修 BOM 表的建立，即确定维修项目和所需备品备件之间的关联关系
			支持备件领用需求生成：在维修计划制订后，可根据维修 BOM 表运行 MRP[①]，生成维修计划对应的备品备件领用需求，传递至备品备件仓储作业管理应用
			支持根据上机适应性支持备件退回处理
	计量设备台账管理		完善车间计量设备台账管理，具体包括设备的类型、安装位置、使用部门、状态变动信息等基础信息管理，并与财务的资产管理进行关联
			支持部分计量设备台账管理，具体包括设备的类型、安装位置、使用部门、状态变动信息等基础信息管理，并与财务的资产管理进行关联
	计量设备检校管理		完善车间计量设备检校计划制订、检校过程记录维护，并与工艺质量管理应用集成
			支持部分计量设备检校计划制订、检校过程记录维护

① MRP，即 Material Requirement Planning，物资需求计划。

续表

一级指标	二级指标	分值	说明
动力能源管理	动能管控建模仿真		支持能源生产、转换、消耗的仿真模型，包括机理建模和数据驱动建模两个方面；通过对能源转换、消耗过程的机理模型研究，生成全部变量空间的数据，再对历史能耗数据使用数据驱动的方式进行拟合，积累实际能耗数据，不断修正和重新训练完善模型，为设备运行策略提供科学依据，并以此为依据，确定不同时期、不同工况的能源消耗基准
	能源供应计划调度		支持能源计划调度：基于生产作业计划，支持制订、审批、维护能源供应计划，进行能源供应工单的分配与发送，具体包括能源供应计划制订、能源供应计划审批、能源供应计划协同、能源供应计划调整、能源供应工单生成、能源供应工单发送等；基于能源计划管理支持预测各种能源介质的供应计划；支持能源调度管理：基于各种能源介质的供应计划，制订和维护真空系统、空压系统、制冷空调系统、锅炉系统、除尘系统、除异味系统、配电系统、污水系统等的设备开动计划，包括动力设备开动计划（锅炉、空压、冷冻水等）、生产用水调度、生产用电调度、生产用煤油调度等
	动能设备运行策略管控		支持设备作业策略：根据负荷预测模型的输出，系统通过动能设备和系统的热工数学模型，结合大数据人工智能计算工具，制定出动能设备和系统的最佳启停时间、最优运行台数和最佳能源供给品位
			支持能耗网格化管理：结合能源动力仿真模型和大数据、人工智能模型研究能耗实时评估和预测模型，对生产区域做网格化划分，对每个网格的能源消耗实时跟踪和对比基准做预警管理
			完善对仓储配送作业执行以及园区日常运营的能耗监控
	动能运行监控		支持动力系统运行监控数据采集，对生产车间锅炉系统、压空系统、制冷系统、配电系统、空调系统、污水系统、供水系统等进行数据采集与展示
			支持能源统计和消耗状况分析，包括能源能耗统计分析、能耗对标、能效对标、能源管理体系评价等
工艺质量管理	质量基础信息管理		支持与中烟生产决策指挥系统集成，获取中烟级工艺技术标准信息
			根据业务需求，自动推送最新的工艺电子卡片至相关部门
			支持定义和维护工厂建模之外的工艺质量基础数据，包括配盘BOM、质检类型、质检项目、质检周期、工艺技术内控标准管理（厂级）、六西格玛评测标准、质量标准虫情标准、温湿度、转序状态、质量外观缺陷、数采标签（OPC-Tag）配置、工艺纪律检查等；支持质量基础信息协同
			支持工艺指导卡信息维护

续表

一级指标	二级指标	分值	说明
工艺质量管理	质检工单管理		根据生产作业计划、原辅料到货单、原辅料在库情况等，依据设定的规则，自动生成相应的原辅料、成品多维质检工单，推送至执行人员，执行人员依据技术标准与检验规程，开展检验工作；支持人工拆单
	在线质检管理		增强根据质量控制标准对生产过程进行干预：支持超标预警、产品拦截
			支持在线质检数据的采集与维护，实现生产过程中质量数据实时采集，包括在制品的工序在线检验、产成品在线检验，质检单管理（录入、审核、套打）
			支持根据质检结果对生产过程进行评价和实时反馈
			支持根据质量控制标准对生产过程进行扣分管理
	离线质检管理		对在库品（特别是原料、成品）状态的监控与预警，实现对临近保质期或超过保质期的在库品信息实现提前预警，并将这部分在库品信息及时传递至质检人员，便于其针对性地安排质检工作
			支持离线质检管理：包括原辅料采购的入库等环节的质检需求提报、执行与记录；支持成品在库、出库质检需求提报、执行、记录
	质检活动管理		借助 RIFD、视频监控等，支持对质检人员巡检过程比如检测执行、检测范围的痕迹化管理，形成巡检日志，确保质检人员按时保质完成质检环节
	质检资源管理		支持质量检测所涉及的人员、标准和设备等质量检测资源管理，包括质检人员信息管理、质检设备信息管理、作业指导书信息管理
	工艺质量知识库		支持工艺技术标准、产品质量标准、质量问题案例等质量相关知识与管理规范分享
			支持与生产现场管理集成，将工艺技术标准、质检行为标准、作业执行标准按需及时展现给作业操作人员与质检人员，实现作业规范化
	质量事件管理		支持生产过程中的质量事件管理：关联相应的质检数据，以便追踪事件造成的影响和处理办法，并最终形成事件处理经验库，以减少事件发生的概率和提高事件发生时的响应能力，包括质量事件记录、工艺整改通知单、质量事件问题库、经验库
	SPCDA		基于 SPC 逐步实现 SPCDA：基于工艺质量标准，通过对质量数据的全面感知，实时分析质量趋势变化，识别异常分析影响因素，自动诊断问题，驱动作业优化
			目前基于 MES，制丝与卷包已经实现 SPC，并针对制丝进行 SPCD 探索

续表

一级指标	二级指标	分值	说明
工艺质量管理	质量风险防控		支持质量风险管理：支持质量全过程风险要素识别，并针对质量风险事件进行评价，并启动跟踪控制流程。包括风险识别、风险影响评价、风险跟踪反馈、失效模式管理严重度评分管理、不良率管理、不可探测度得分管理、RPN[①] 值管理
			支持虫情防护：对虫情防治的基础信息维护，虫情数据收集、多维度统计分析，并根据规则判别异常情况，预警提示
	质量改进管理		支持内外部渠道反馈的质量问题或异常、管理活动发现的质量改进需求的提报、派生工艺质量改进指令，对改进发起及处理实施、验证、评估、改善成果转化等全过程信息记录与跟踪
	质量追溯管理		基于批次标识，支持对原辅料采购入库、领料出库、生产全过程生产、下线入库、出库全过程环节进行跟踪，以展现生产过程中的工艺、质量、消耗、设备、事件等生产历史数据；具体包括原辅料批次跟踪与追溯、生产过程批次跟踪与追溯、成品批次跟踪与追溯等
			与实验室管理应用集成，完善质量追溯链条
	实验室管理		支持实验室日常管理：实现对实验室日常事务的管理，包括任务管理、体系文件管理人员管理等
			支持实验室设备仪器管理：实现对实验室仪器设备从台账到日常维护的全面管理，包括测量仪器管理、设备台账管理、设备维修管理、仪器检定管理、仪器调校管理等
			支持实验室耗材试剂管理：实现对实验室检测所需的耗材和试剂的管理，按照耗材和试剂分别管理，包括耗材和试剂的入库管理、领用管理、库存管理、相关统计等
			支持实验室环境管理：实现对实验室温湿度等环境参数的监控管理，通过对现场温湿度数据的采集，对环境要求进行预警
			支持委托检验管理：实现对委托检验的全过程及统计分析进行管理，主要包括委托申请、任务调配、检验执行、检验报告等
			支持竞品检验管理：实现对竞争品牌的检测及分析进行管理，主要包括检验定单、任务调配、统计分析（10 张分析报表）和分析报告等，其中分析报告直接输出报告文档
			支持评吸管理：对卷烟评吸的全过程进行管理，包括评吸计划、评吸规则、评吸人员评吸任务、评吸统计分析等

① RPN，即 Risk Priority Number，风险优先系数。

续表

一级指标	二级指标	分值	说明
工艺质量管理	实验室管理		支持基于 DOE[①] 实现质量改善：基于实验数据（试验和检测数据）的自动采集，通过对产品质量与工艺参数的关联分析，识别影响因子，优化工艺路径，提升工艺质量（目前将规划开展试点研究：制丝烘前水分合格率攻关与卷包滤棒吸阻标偏攻关）
	DOE		支持基于 DOE（实验设计）实现质量改善：基于实验数据（试验和检测数据）的自动采集，通过对产品质量与工艺参数的关联分析，识别影响因子，优化工艺路径，提升工艺质量（目前将规划开展试点研究：制丝烘前水分合格率攻关与卷包滤棒吸阻标偏攻关）
仓储作业调度	仓储资源管理		支持仓储存储资源管理：对仓储资源信息管理，可统一展示仓储资源供调度人员查看；具体包括支持实现对存储资源的管理，如仓库、库位、货位、托盘、组盘等，方便出入库作业“存”与“取”的动作以及即时的掌握库容情况
	出入库订单管理		支持对仓储作业资源包括人员与设备信息管理，可统一展示仓储作业资源供调度人员查看
	到仓预约		支持出入库订单集中管理：支持原辅料、成品、备品备件、非烟物资的采购入库需求、领料/件出库需求、销售出库等出入库需求统一的标准化的订单录入（包括加急订单），并转化为出入库作业单
	时间窗口		支持到仓预约管理：在系统中生成到预采购收货单，并根据预收货单进行到仓预约，预约时将明确到货清单供仓库进行对应作业准备计划；支持月台分配，当仓库管理人员接收到货品收货指令后，可以根据货品发货时间、承运商、仓库存放规划等因素，确定收货月台
	计划管理		支持时间窗口计划管理：支持单位时间内仓库可以处理的货物吞吐量确认，同时支持将出库计划与之匹配的仓储作业准备计划制订到时间窗口级别
原料仓储作业执行	库存管理		支持库存数据更新：支持库存数据在货物出入库时通过 RFID 和条码扫描后可自动更新，并且与其他系统集成便于业务部门可看到及时准确的库存数据
			支持库存状态实时更新，区分可用库存、实际库存等不同类型库存数据

① DOE，即 Design of Experiment，实验设计。

续表

<table>
<tr><th>一级指标</th><th>二级指标</th><th>分值</th><th>说明</th></tr>
<tr><td rowspan="16">原料仓储作业执行</td><td rowspan="3">出库作业</td><td rowspan="3"></td><td>支持适宜的拣货策略管理：比如订单量大、每单货量小时，系统可先自动按照波次策略将订单进行波次划分并制定波次作业的时间段，然后再进行批拣、二次分拣、自动分担与退拣</td></tr>
<tr><td>支持拣货作业，支持系统地根据货物的先进先出的等策略制定拣货及库位明细，并支持拣货路线的优化与下架作业确认</td></tr>
<tr><td>支持发货确认，借助 RFID 与条码扫描实现库存数据更新</td></tr>
<tr><td rowspan="3">入库作业</td><td rowspan="3"></td><td>支持入库确认：借助 RFID 和条码扫描将货物库存数据信息同步至生产执行系统，由生产执行系统统同步至供应链运营管理系统</td></tr>
<tr><td>支持储位自动分配：依据统一的库位规划进行库位自动分配</td></tr>
<tr><td>支持货物上架作业，作业人员可通过无线设备射频设备获得上架作业任务指令，可按照指令进行上架操作，同时借助 RFID 确认上架信息正确</td></tr>
<tr><td rowspan="5">在库作业</td><td rowspan="5"></td><td>支持货位卡管理：系统结合 RFID 芯片和条码管理，支持所有成品的规格、数量、出厂日期、入库日期等基础信息包括所在货位信息搜集上传至系统</td></tr>
<tr><td>支持库龄管理：系统记录在库货品的库龄信息（在库时间、生产日期等），并能够依照预设的原则自动预警</td></tr>
<tr><td>支持盘点管理：可按预定先定义的盘点策略生成盘点指令，操作人员可借助 RFID 进行实物盘点，盘点完成后，系统可自动产生差异报告，并进行库存差异即时调整</td></tr>
<tr><td>支持养护作业：支持对养护作业执行的记录与预警，例如翻垛作业执行情况记录，并可基于历史数据，进行提醒</td></tr>
<tr><td>支持货物状态：支持对在库货物状态（如原料包芯温度、醇化进度）进行记录，并与 MES 的质量管理集成</td></tr>
<tr><td rowspan="2">仓储作业执行与环境监控</td><td rowspan="2"></td><td>支持仓储作业执行监控：基于仓储控制系统（Warehouse Conchol System，WCS），实现对仓储人员与设备的运行作业执行监控</td></tr>
<tr><td>支持仓储环境监控：集成现场监控设备，支持实时监控、展示在库货物状态（原料包芯温度）及仓库状态（温度、湿度等），并可实现自动化预警</td></tr>
<tr><td>三维可视化[①]</td><td>BIM</td><td></td><td>针对园区建筑，支持虚拟的三维模型建设，记录建筑物构件的几何信息、专业属性及状态信息，以及非构件对象（如空间、运动行为）的状态信息，在园区建筑项目整个生命周期中为响应对策（如管道铺设、机台位置）提供信息支持</td></tr>
</table>

① 三维可视化（BIM），即 Building Information Modeling，建筑信息模型。

续表

一级指标	二级指标	分值	说明
智慧停车	车牌识别		卡口采用专用高速摄像机和车辆检测器采集车牌信息，系统将出入场车辆的车牌号码作为车辆管理的唯一凭证，自动采集出入场车辆的前部特征图像，自动识别车牌号码，作为车位引导、停车管理、安全认证的原始数据，并以车牌号码作为数据标识进行信息数据管理。通过出入口的识别结果比对来判断车辆性质和是否允许车辆进出场
	车位导引		通过视频探头检测车位的状态及车位所停车辆信息。视频探头所覆盖范围内无空车位时，车位指示灯显示红色；视频探头所覆盖范围内有空车位时，显示绿色。车位引导屏从管理平台获取视频探头信息并实时更新区域余位信息，并将最近的空闲车位推荐给车主，自动引导车辆快速进入指定空车位，降低了停车场安保人员的现场引导成本，消除了车主寻找车位的烦恼，提高了员工对智慧停车场乃至其整个智慧园区的满意度
	反向寻车		实现移动端支持，会按照车主设定的时间，自动为车主推送停车位编号，并规划出寻找车辆的最优路线。车主也可通过在 App 上输入车牌号，来获取车辆所处的位置
	违章管理		若车辆未到指定停车位停车，系统通过分析（结合相关视频或图像等信息）来做出最终判断，同时将信息通过短信或 App 通知方式推送给司机。累计 5 次违规停车，将被列入停车场黑名单，不再享受停车服务
会议管理	线上预订		会议创建人可在手机 App 或 Web 管理平台实时查看各会议室的预订情况和设备配置信息，可选择会议室的空闲时段进行预订，并在管理平台上填写会议主题，选择会议时间，勾选会议主持人及参会人员名单。预订成功后，平台自动给参会者发送会议通知，参会者可以对收到的会议通知进行接受或填写拒绝原因，平台自动反馈给会议创建人
	会议签到		会议召开前，平台自动给与会者发送会议提醒，以避免迟到。参会者来到会议室门口，门禁上方的摄像头会自动抓拍人脸信息，并与企业人脸数据库进行比对，比对成功后，会通过会议室门口的信息发布显示屏显示欢迎参会的标语，同时门禁系统自动打开，并自动完成会议签到。参会者进入会议室后，手机上会收到自动签到成功的消息
	无纸化升级		借助落地可移动式支架，电子白板支持无线投屏，无损展示视频、图片等文件；多点触控、多人同时书写、自动输出会议记录；借助一台前端会议摄像机，实现对音视频的有序控制、完整记录和播出到远程会场收看配置拥有超大规模语言模型，智能预测语境，提供智能断句和标点符号预测的讯飞转写机，将会议中的音频转换成文字存稿；建设视频会议系统，无论参会人员身在何处都可随时随地通过手机无缝接入视频会议

续表

一级指标	二级指标	分值	说明
会议管理	会议环境控制		配置会议室环境自动控制系统，提前自动实现会议室环境控制，如设置会议前 15 分钟，视频、音响等电子设备自动开启，灯光自动开启，窗命自动关闭等
班车管理	班车定位及查询		班车配置 GPS 装置，通过电子地图实时定位车辆位置，发布各班车历史轨迹，发布各班车行车路线及经停点，实时掌握班车行驶状况
			通过手机移动平台，将班车行驶动态信息共享给员工
			预约班车响铃、手机地图实时导航、按车牌查询，员工如果没有合适的站点，可在手机 App 上发起站点申请，在申请站点的界面中，可以看到提交站点的附近站点申请的情况，可以进行站点开通申请
	班车运行管理		员工乘车分布管理：平台保存车辆的所有监控数据，通过地图方式显示不同站点的车辆的行驶轨迹数据和员工乘车人数，方便管理者了解班车线路及站点设置合理性，为班车线路优化调整提供参考
			班车调度管理：基于通信无线网络和位置业务平台，为班车线路提供车辆实时视频传输及位置信息的监控、调度、管理等功能。结合综合运营服务，实现园区内班车资源的最优配置、科学管理，提高工作效率
			司机评价考核管理：员工可针对已经乘坐的班车进行乘坐感受评价，给当班司机留下好评或者投诉。车队可参考评价内容对司机进行绩效考核
综合安防	视频监控		支持数据采集：基于视频采集系统（主要由各观测点的摄像机组成）
			支持视频图像信号采集；支持视频处理：基于视频采集系统，支持对视频信号的数字化处理、图像信号的显示、图像信号的存储及图像信号的远程传输
			支持视频监控：借助智能安防监控箱作为前端摄像机接入，提供录像、检索、录像存储等服务
	人员定位		支持人员实时定位、越界告警、轨迹回放
	门禁访客管理		支持支持员工刷脸通行，并与人力资源管理系统
			支持考勤管理支持访客线上自助预约，提前录入人脸，入园时人脸识别自动通过
			支持证件拍照光学字符识别与访客卡与门禁关联

续表

一级指标	二级指标	分值	说明
园区环境与设备管理	园区环境管理		支持园区环境指标可视、空间资源的使用状态可视（工位、餐厅、会议等），为园区人员提供健康、舒适、绿色的环境，并实现空间资源的共享
	公共设备管理		支持对设施运行状态以及生命周期的各环节的可视化管理、主动维护和智能决策，提升设施管理服务体验
食堂管理	用餐服务		支持高峰期就餐人流密度可视、可查；支持人脸识别；支持厂区食堂用餐服务管理，包括食材采购管理，原材料的采购信息管理；支持每日菜单，根据不同时令设置不同的菜单，并提供周菜单到天的菜单设置功能；电子饭票，外部协作单位就餐时按照部门时间人数申请，生成二维码至移动设备方便就餐人员扫码用餐
	食材采购		实现原材料的采购管理，包括采购时间、供应商、数量、单位、采购人等
	食品安全		提供内外部人员进行食品安全的检验记录及安全事件记录功能
	就餐评价		提供内外部人员就餐后满意度的评价功能。系统提供简便易答的评估表，就餐人员可不定期通过移动设备进行评价，提高餐厅的服务质量
园区能耗管理	园区能耗管理		为园区的用电等管理提供能效实时监测、运营态势分析、主动预测和调优，为能源运营提供持续改进的手段
运营指挥中心	园区综合看板管理		面向园区运营管理者提供综合看板，实时展示园区体征监测、重点事件追踪、园区态势感知、生态环境指数等，支持园区状态可视、园区事件可控、园区业务可管，提升运营效率
	综合业务协同管理		基于综合看板管理，同时与中烟安全管理系统等系统协同集成，支持园区管理一体化调度

第三节 计算方法

能力子域得分为该子域每天要求得分的算术平均值，能力子域得分按下式计算：

$$D = \frac{1}{n}\sum_{1}^{n} x \tag{8-1}$$

其中，D 为能力子域得分，x 为能力子域要求得分，n 为能力子域的要求个

数。能力域的得分为该域下得分的加权求和，能力域得分按式（8-2）计算：

$$C = \sum (D \times r) \tag{8-2}$$

其中，C 为能力域得分，D 为能力子域得分，r 为能力子域权重。

能力要素的得分为该要素下能力域的加权求和，能力要素的得分按式（8-3）计算：

$$B = \sum (C \times \beta) \tag{8-3}$$

其中，B 为能力要素得分，C 为能力域得分，β 为能力域权重。

成熟度等级的得分为该等级下能力要素的加权求和，成熟度等级的得分按式（8-4）计算：

$$A = \sum (B \times \alpha) \tag{8-4}$$

其中，A 为成熟度等级得分，B 为能力要素得分，α 为能力要素权重。

第四节 成熟度等级判定方法

当被评估对象在某一等级下的成熟度得分超过评分区间的最低分视为满足该等级要求，反之，则视为不满足。在计算总体分数时，已满足的等级的成熟度得分取值为 1，不满足的级别的成熟度得分取值为该等级的实际得分。智能制造能力成熟度总分为各等级评分结果的累计求和。评分结果与能力成熟度对应关系如表 8-3 所示。根据表 8-3 给出的分数与等级的对应关系，结合实际得分 S，可以直接判断出企业当前所处的成熟度等级。

表 8-3 分数与等级的对应关系

成熟度等级	对应评分区间
五级（引领级）	$4.8 \leq S \leq 5$
四级（优化级）	$4.8 \leq S < 4.8$
三级（集成级）	$4.8 \leq S < 3.8$
二级（规范级）	$4.8 \leq S < 2.8$
一级（规划级）	$0.8 \leq S < 1.8$

参考文献

[1] Aremendia M, Ghassempauri M, Ozturk E, et al. Twin－Control: A Digital Twin Approach to Improve Machine Tools Lifecycle [M]. Switzerland: Springer, 2019.

[2] Cyber Vision 2025: USAF Cyberspace Science and Technology Vision 2012－2025 [R]. United States Air Force AF/ST TR 12－01, 2012.

[3] DHL Trend Research. Digital Twins in Logistics: A DHL Perspective on the Impact of Digital Twins on the Logistics Industry [EB/OL]. [2019－06－27]. https://logistics.dhl/vg－en/home/insights－and－innovation/thought－leadership/trend－reports/digital－twins－in－logistics.html.

[4] Digital Twin Manufacturing Framework－Part 1: Overview and General Principles: ISO/CD 23247－1 [EB/OL]. [2019－09－04]. https://www.iso.org/standard/75066.html.

[5] Digital Twin Manufacturing Framework－Part 2: Reference Architecture: ISO/CD 23247－2 [EB/OL]. [2019－09－04]. https://www.iso.org/standard/78743.html.

[6] DoD. DoD Strategy For Operating In Cyberspace [R]. 2011.

[7] Donilon T. Commission On Enhancing National Cybersecurity [R]. Report on Securing and Growing The Digital Economy, 2016.

[8] Drazen D. Cyber－Physical Systems: Navy Digital Twin [G]. ISEA of the Future Forum, 2018.

[9] Faris M, Daneshkhah A, Hosseinian－Far A, et al. Digital Twin Technologies and Smart Cities [M]. Switzerland: Springer, 2020.

[10] Gartner Survey Reveals Digital Twins Are Entering Mainstream Use [EB/OL]. [2019－02－20]. https://www.gartner.com/en/newsroom/press－releases/2019－02－20－gartner－surv ey－reveals－digital－twins－are－entering－mai.

[11] Gen L, Kelley J. Air force 2025 [R]. Maxwell Air Force Base, 1996.

[12] Grieves M, Vickers J. Digital Twin: Mitigating Unpredictable, Undesirable Emergent Behavior in Complex Systems [M] //Humerfeltk, Alves A. Trans-Disciplinary Perspectives on System Complexity. Switzerland: Springer, 2016.

[13] Grieves M. Virtually Perfect: Driving Innovative and Lean Products through Product Lifecycle Management [M] . Florida: Space Coast Press, 2011.

[14] Hey T, Tansley S, Tolle K. The Fourth Paradigm: Data-Intensive Scientific Discovery [M] . Redmond: Microsoft Research, 2020.

[15] Information Technology - Internet of Things Reference Architecture: ISO/IEC 30141: 2018 [S/OL] . [2018 - 08 - 26] . https: //www. iso. org/standard/65695. html.

[16] Jumper J, Evans R, Pritzel A, et al. Highly Accurate Protein Structure Prediction with Alpha Fold [J] . Nature, 2021, 596 (7873): 583-589.

[17] Kritzinger W, Karner M, Traar G, et al. Digital Twin in Manufacturing: A Categorical Literature Review and Classification [J] . IFAC, 2018, 51 (11): 1016-1022.

[18] Lipsey R, Carlaw K, Bekar C. Economic Transformations: General Purpose Technologies and Long-Term Economic Growth [M] . New York: Oxford University Press, 2016.

[19] Marburger J. Strategic Plan For The U. S. Integrated Earth Observation System [R] . Interagency Working Group on Earth Observations, 2005.

[20] Maybury M. Air Force Cyber Vision 2025 [Z] . 5th International Symposium on Resilient Control Systems, 2012.

[21] Mazanec B. Lessons for the Cyber Battlefield from the Early Nuclear Era' s Single Integrated Operating Plan [EB/OL] . [2019-01-18] . https: //www. fdd. org/analysis/2019/01/18/lessons-for-the-cyber-battlefield-fro m-the-early-nuclear-eras-single-integrated-operating-plan/.

[22] Myo Kyaw Sett, Humza Akhtar, Bao Huy Huynh, et al. Digital Twin Development for Serial Manipulators: Data Driven Optimized Planning and Sequencing of Tasks [J/OL] . IIC Journal of Innovation, 2019 (11) . https: //www. iiconsortium. org/news/joi-articles/2019-November-JoI-Digital-Twi n-Development-for-Serial-Manipulators. pdf.

[23] Narayan S. Extending Digital Engineering from the Component to the Mission Level [G] . Global Product Data Interoperability Summit, 2019.

[24] Nath S. Digital Twin for the Transportation Industry [Z] . Intelligent Trans-

port Systems Forum, 2019.

[25] National Research Foundation Prime Minister' s Office Singapore. Virtual Singapore [EB/OL]. [2021-02-20]. https://www.nrf.gov.sg/programmes/virtual-singapore.

[26] Nature. Big Data: Science in the Petabyte Era [EB/OL]. [2021-08-31]. https://www.nature.com/nature/volumes/455/issues/7209.

[27] Organization for Economic Co-operation and Development. The Digitalisation of Science, Technology and Innovation: Key Developments and Policies [EB/OL]. [2021-05-20]. https://www.oecd-ilibrary.org/sites/b9e4a2c0-en/index.html?itemId=/content/publication/b9e4a2c0-en.

[28] Piascik R, Vickers J, Lowry D, et al. Technology Area 12: Materials, Structures, Mechanical Systems, and Manufacturing Road Map [R]. NASA Office of Chief Technologist, 2010.

[29] Science. Special Online Collection: Dealing with Data [EB/OL]. [2021-08-31]. https://www.sciencemag.org/site/special/data/.

[30] Shafto M, Conroy M, Doyle R, et al. Technology Area 11: Modeling, Simulation, Information Technology and Processing Roadmap [R]. NASA Office of Chief Technologist, 2010.

[31] Shand J. Air Force Strategy Study 2020-2030 [R]. USAF, 2011.

[32] Sousa-Poza A. Mission Engineering [J]. International Journal of System of Systems Engineering, 2015, 6 (3): 161-185.

[33] The Aspen Institute. Homeland Security and Intelligence: Next Steps in Evolving the Mission [R/OL]. [2012-01-18]. https://www.aspeninstitute.org/publications/homeland-security-intelligence-ne xt-steps-evolving-mission/.

[34] Tuegel E J, Ingraffea A R, Eason T J, et al. Reengineering Aircraft Structural Life Prediction Using a Digital Twin [J]. International Journal of Aerospace Engineering, 2011.

[35] Tunyasuvunakool K, Adler J, Wu Z, et al. Highly Accurate Protein Structure Prediction for the Human Proteome [J]. Nature, 2021 (596): 590-596.

[36] UPS 与 SAP、Fast Radius 携手实现 3D 打印规模化生产 [EB/OL]. [2016-11-15]. https://3dprint.ofweek.com/2016-11/ART-132107-8130-30066687.html.

[37] Van der Auweraer H. Connecting Physics Based and Data Driven Models: The Best of Two Worlds [R/OL]. [2018-03-06]. https://www.ima.umn.edu/

2017-2018/SW3.6-8.18/26842.

［38］Wei X，Qiu J，Yong K，et al. A Quantitative Genomics Map of Rice Provides Genetic Insights and Guides Breeding［J］. Nature Genetics，2021，53（2）：243-253.

［39］CODATA 中国全国委员会．大数据时代的科研活动［M］．北京：科学出版社，2014.

［40］Dorothy E. Denning. 信息战与信息安全［M］．吴汉平，译．北京：电子工业出版社，2003.

［41］《计算机集成制造系统》编辑部．《计算机集成制造系统》数字孪生系列报道（一）：数字孪生及应用［EB/OL］．［2018-02-27］. https：//xw. qq. com/cmsid/20180227G07OMW.

［42］《智能制造》编辑部．周济院士：智能制造是第四次工业革命的核心技术［J］．智能制造，2021（3）：25-26.

［43］蔡文文，王少华，钟耳顺，等．BIM 与 SuperMap GIS 数据集成技术［J］．地理信息世界，2018，25（1）：120-124+129.

［44］段海波．当正向设计遇见增材制造［EB/OL］．［2018-02-08］. https：//mp. weixin. qq. com/s/O4mn2MQesiZ29EK_ERZlXQ.

［45］冯振华，李濛，杨洋，等．新一代三维 GIS 关键技术研究与实践［J］．测绘与空间地理信息，2017（s1）：85-87.

［46］顾星晔，段创峰，姚远，等．3D-GIS 与 BIM 的数据融合与应用关键技术研究［J］．建筑工程技术与设计，2017（18）：3485-3486

［47］郭宗峰，邵广和，耿炳新．陆军部队进攻战斗效果评估模型［J］．指挥控制与仿真，2014，36（4）：76-81.

［48］国外航空发动机维修模式及其竞争关系［N/OL］．中国航空报，2016-09-20.［2016-09-20］. http：//www. cannews. com. cn/2016/0920/158649. shtml.

［49］韩军徽，杨晶，康琪，等．OECD“走向数字化”项目对我国科技创新领域应对数字转型的启示［J］．全球科技经济瞭望，2020（9）：34-38.

［50］航空工业科技质量部．以创新开启航空制造技术未来［N］．中国航空报，2018-10-11.

［51］郝秋红．创成式设计与增材制造，颠覆传统设计制造模式［EB/OL］．［2017-09-21］. http：//m. e-works. net. cn/report/2017GDAM/GDAM. html.

［52］何枭吟，王晗．第四次工业革命视域下全球价值链的发展趋势及对策［J］．企业经济，2017（6）：151-156.

［53］胡权．数字经济学家的使命及主要任务［EB/OL］．［2019－10－08］．https：//mp. weixin. qq. com/s/oE0E4FMQYTuTqmaG43ewJw.

［54］黄梦龙．基于三维 GIS 的城市规划辅助决策技术研究［J］．测绘与空间地理信息，2015（12）：165-167.

［55］科技部　财政部关于发布国家科技资源共享服务平台优化调整名单的通知（国科发基〔2019〕194 号）　［EB/OL］．［2021－06－11］．http：//www. gov. cn/xinwen/2019-06/11/content_5399105. htm.

［56］李春成．科技革命和产业变革大循环与科技创新趋势［J］．创新科技，2021，21（4）：1-8.

［57］李耐国．信息战新论［M］．北京：军事科学出版社，2004.

［58］李炎．军用数据链应用现状及其未来趋势［J］．长春理工大学学报（高教版），2009，4（11）：187-188.

［59］梁乃明，方志刚，李荣跃，等．数字孪生实战：基于模型的数字化企业（MBE）［M］．北京：机械工业出版社，2019.

［60］刘魁，王潘，刘婷．数字孪生在航空发动机运行维护中的应用［J］．航空动力，2019（4）：70-74

［61］马爱丽，曹梦宇，唐玮璇，等．基于智能井盖的物联网+市政一体化系统［J］．物联网技术，2016（3）：105-107.

［62］迈克尔·格里夫斯．智能制造之虚拟完美模型：驱动创新与精益产品［M］．方志刚，张振宇，等译．北京：机械工业出版社，2017.

［63］全国信息技术标准化技术委员会．物联网参考体系结构：GB/T 33474-2016［S］．北京：中国标准化出版社，2017.

［64］赛迪顾问．中国智能城市发展战略与策略研究（2019）［R］．2019.

［65］孙林岩，李刚，江志斌，等．21 世纪的先进制造模式：服务型制造［J］．中国机械工程，2007（19）：2307-2312.

［66］泰一数据．突破传统智慧城市禁锢超级智能城市来了［EB/OL］．［2018-04-25］．https：//www. sohu. com/a/229374157_99987923.

［67］唐乾琛．数字孪生技术发展趋势与安全风险浅析［EB/OL］．［2019-08-18］．https：//mp. weixin. qq. com/s/ZbcYyVIlUxKfSpbAPLeJXg.

［68］唐月亮．《物联网支持下传感技术作为智能城市服务模型的探究》翻译报告［D］．开封：河南大学硕士学位论文，2014.

［69］陶飞，刘蔚然，张萌，等．数字孪生五维模型及十大领域应用［J］．计算机集成制造系统，2019，25（1）：1-18.

［70］陶飞，马昕，胡天亮，等．数字孪生标准体系探究［EB/OL］．［2019-

11-26］. https：//www. sohu. com/a/356688593_774700.

［71］田丰，杨军．城市交通数字化转型白皮书［R］．阿里云研究中心，2018.

［72］王东．大数据时代科学研究新范式的哲学反思［J］．科学与社会，2020，6（3）：116-127.

［73］王会霞，陈宜成，谭浪，等．基于云平台的体系化仿真技术研究［J］．控制与信息技术，2018（6）：100-103.

［74］王瑜，刘西涛，李健玲，等．3D-GIS 技术的发展与应用［J］．甘肃科技，2009，25（8）：57-58+75

［75］王赟，蔡帆．国外武器装备体系仿真技术综述［J］．兵工自动化，2015，34（7）：15-20.

［76］温杰．GE 公司研制全新的 Catalyst 涡奖发动机［J］．航空动力，2018（5）：16-18.

［77］徐波，王瑞丹，陈祖刚，等．科学数据中心综合运行评价体系赋权研究［J］．中国科技资源导刊，2021，53（4）：96-103.

［78］徐逸飞．浅谈人脸识别在新型智慧城市建设的应用［J］．新商务周刊，2017（11）：227

［79］阳镇，陈劲．数智化时代下企业社会责任的创新与治理［J］．上海财经大学学报（哲学社会科学版），2020（6）：31-51.

［80］杨洋．数字孪生技术在供应链管理中的应用与挑战［J］．中国流通经济，2019（6）：58-65.

［81］以数字孪生城市推动新型智慧城市建设［EB/OL］．［2017-12-15］. http：//www. sohu. com/a/210638709_481474.

［82］约翰·A. 惠勒．宇宙逍遥［M］．田松，南宫梅芳，译．北京：北京理工大学出版社，2006.

［83］张晓东．火箭弹数字化设计技术研究［D］．太原：中北大学硕士学位论文，2018.

［84］赵春江．智慧农业发展现状及战略目标研究［J］．智慧农业，2021，1（1）：1-7.

［85］中国电子技术标准化研究院．智能制造发展指数报告（2020）［R］.2021.

［86］中国信息通信研究院．G20 国家数字经济发展研究报告（2018 年）［EB/OL］．［2018-12-19］. http：//www. caict. ac. cn/kxyj/qwfb/bps/201812/P020181219311367546218. pdf.

[87] 中国信息通信研究院．数字孪生城市研究报告（2019 年）[R]．2019.

[88] 中国信息通信研究院．中国数字经济发展白皮书 [EB/OL]．[2021-8-31]．http：//www. caict. ac. cn/kxyj/qwfb/bps/202104/P020210424737615413306. pdf.

[89] 周洪波，施平望，邓雪原．基于 IFC 标准的 BIM 构件库研究 [J]．图学学报，2017，38（4）：589-595.

[90] 朱礼俊，史秀保．城市仿真技术发展历程及技术流派初步研究 [J]．城市建设理论研究，2012（13）：1-4.